LA VIE OUVRIÈRE

L'OUVRIER ESPAGNOL

Observations vécues

PAR

JACQUES VALDOUR

TOME I — CATALOGNE

RENÉ GIARD
ÉDITEUR
2, RUE ROYALE
LILLE

ARTHUR ROUSSEAU
ÉDITEUR
14, RUE SOUFFLOT
PARIS

1919

L'OUVRIER ESPAGNOL

DU MÊME AUTEUR

La Vie ouvrière, observations vécues.......	3 50
La Méthode concrète en sciences sociales...	2 50
Les Mariniers, 2e édition, augmentée.........	3 50
Réponse à quelques objections..............	1 50
L'Ouvrier agricole..........................	4 50
Les Mineurs.................................	4 50
Deux Chauffeurs-conducteurs...............	3 »

En préparation :

L'Ouvrier espagnol. — Tome II : *Andalousie et Aragon, Castille et Pays basque.*

LA VIE OUVRIÈRE

L'OUVRIER ESPAGNOL

Observations vécues

PAR

JACQUES VALDOUR

TOME I. — CATALOGNE

RENÉ GIARD
ÉDITEUR
2, RUE ROYALE
LILLE

ARTHUR ROUSSEAU
ÉDITEUR
14, RUE SOUFFLOT
PARIS

1919

INTRODUCTION

L'auteur n'oublie pas ses devoirs à l'égard d'un grand et noble peuple dont il a eu l'honneur d'être l'hôte si courtoisement accueilli : il n'entend donc pas se mêler aux querelles des Espagnols ni prendre parti dans leurs affaires. Le sujet traité l'oblige cependant à en parler beaucoup et à en juger quelque peu. Mais il ne critique les faits qu'il constate qu'en vue d'en dégager pour ses compatriotes d'utiles leçons.

Le développement politique et économique de l'Espagne est à la fois en retard et en avance sur les étapes parcourues par la France dans son évolution régressive déjà plus que séculaire. L'Espagne joue donc pour nous le rôle d'un miroir où l'on verrait à la fois le passé et l'avenir comme actuels : les phases que nous avons traversées redeviennent présentes et nous sont données en spectacle ; les extrémités auxquelles nous pouvons être réduits si nous continuons à descendre notre courbe nous apparaissent dans toute leur réalité menaçante. Ces considérations jointes à des raisons tirées du voisinage des deux pays, de leurs affinités ethniques, de leur communauté de civilisation, de leurs rapports historiques, et à ce fait que l'auteur connaissait déjà l'Espagne, lui ont dicté son choix de ce terrain d'études ouvrières à l'étranger.

Cette enquête, un peu antérieure à la guerre, éclaire singulièrement les événements actuels. Les faits qui y sont réunis et analysés nous fournissent, en outre, la contre-épreuve des conclusions que nos recherches antérieures nous avaient amené à formuler pour la France et nous permettent de les étendre à l'Espagne. Cette extension des solutions pratiques des problèmes sociaux permet d'émettre l'hypothèse de la légitimité de leur généralisation : elles n'apparaissent plus comme spéciales à un pays donné, mais comme dépendant de la constitution intime et des conditions intrinsèques de vie de toute société parvenue à un certain degré de développement.

Ce travail est le fruit d'une année de vie ouvrière en Espagne.

Le premier volume comporte une étude détaillée du milieu barcelonais. Il était nécessaire de lui accorder un développement aussi complet pour faire comprendre au public français dans quelles conditions le problème social se pose et évolue en Espagne. L'analyse des facteurs de l'opinion dans les milieux ouvriers et, en particulier, des journaux populaires, en montrant que les polémiques républicaine et socialiste revêtent presque exclusivement le caractère de controverses anti-catholiques, mettra en évidence — ce qui n'apparaît pas toujours avec autant de netteté chez nous — que les mouvements sociaux sont préparés, provoqués et conduits dans des buts politiques et religieux.

Les expériences de vie ouvrière ont été réalisées dans les principales provinces espagnoles, celles qui exercent le plus d'influence sur la vie nationale et qui présentent à l'observateur les types les plus différenciés : Catalogne, Andalousie, Aragon, Castille et Pays basque.

L'OUVRIER ESPAGNOL

CHAPITRE PREMIER

LA CATALOGNE. — BARCELONE

§ 1er. — ASPECTS MATÉRIEL ET SPIRITUEL DE LA VILLE

A) Quartiers ouvriers

A huit heures du soir, le carrefour des populeuses et misérables *Calle del teatro* et *Calle de Mediodia* regorge de monde. Deux agents de police, chargés d'assurer la circulation, invitent de temps à autre à ne pas stationner : « *Haga Usted el favor...* Que « Votre Seigneurie me fasse la faveur de... » circuler ! Ils emploient la formule de politesse des gens bien élevés, qui est universellement en usage : tout le monde ici est bien élevé.

Contre un angle du carrefour, s'écoule l'eau d'une fontaine publique. Les gens du voisinage viennent s'y approvisionner. Une fillette s'éloigne, sa cruche pleine. Un jeune garçon, venu pour se désaltérer à la fontaine, saisit en silence le vase et, le tenant très haut, incliné, boit au jet qui s'en échappe. Sa soif apaisée, il emplit à nouveau le récipient, sans mot dire, le remet à l'enfant et se perd dans la foule.

La rue étroite et grouillante s'achève à la *Calle Marques del Duero*. Bien typique est l'aspect de ce boulevard extérieur lorsqu'il commence à envelopper l'ouest de la vieille ville, entre le quartier San Pablo et le *Barrio* (1) neuf de Montjuich. Sur plusieurs centaines de mètres, l'avenue se déroule entre deux rangées d'énormes cafés, de cinémas et de théâtres : une sorte de foire permanente à l'usage des nombreux ouvriers qui habitent ses deux bords conspire pour leur reprendre tout l'argent gagné et accroître, en même temps que croît leur salaire, leur dépense, en même temps que s'augmente leur faculté d'achat, leurs besoins d'acheter. De la sorte, ils ont beau travailler davantage, ils sont toujours aussi pauvres. Donc, on en reste maître. Et aussi, en augmentant leur productivité et leur consommation, on augmente la richesse générale, c'est-à-dire, *in concreto*, la richesse particulière des industriels habiles et des commerçants avides, ou, plus exactement, des grands capitalistes organisateurs de trusts industriels ou commerciaux et des grands financiers leurs commanditaires.

1. Quartier.

Saturer de plaisirs le travailleur, ce n'est pas seulement vider son gousset, mais épuiser son corps et tuer son âme. La complicité des travaux forcés et des plaisirs intenses asservit promptement un homme. Usé, il est rejeté et remplacé : un animal coûte cher, une machine coûte très cher ; mais l'homme, qui sert l'animal ou la machine, ne coûte rien ; peu importe qu'il se fasse une grande consommation d'hommes, pourvu que la statistique accuse une augmentation de la richesse, ce qui seul, d'après l'Economie politique libérale, mérite considération.

Comment donc amener l'homme à cet état de dégradation ? En le dépouillant de son capital de résistance, c'est-à-dire : en voilant la vérité religieuse qui, parce qu'elle lui confère une valeur surnaturelle et absolue, fait de lui, en tant qu'homme, la suprême richesse et non simplement le moyen de produire de la richesse ; en le dissociant des autres hommes, d'abord par la ruine de l'association familiale (1) qui est la société fondamentale, la première des sociétés et la plus essentielle, puis par la destruction de l'association professionnelle et de l'association civile locale. Après quoi, on l'affuble de droits formels — la participation apparente au gouvernement de l'Etat — et d'illusions millénaristes :

1. Ce n'est encore en Espagne qu'une menace : le divorce est inscrit au programme des libéraux.

pendant qu'il attend la palingénésie qui instaurera l'âge d'or, les réalisateurs réalisent; ils le font peiner et s'emplissent les poches.

Mais comment opérer cette mue de l'âme populaire ?

Plusieurs kiosques à journaux se succèdent, le long de l'Avenue Marques del Duero, entre les cafés, théâtres et cinémas. Ce qu'ils affichent, ce qu'ils étalent, ce qui tire l'œil, le voici : — un placard orné du portrait de Ferrer et annonçant l'apparition, en espagnol, en français et en anglais, de son livre « *L'Ecole moderne* » ; — *Tierra y Libertad*, qui insère la prose imbécile de Kropotkine (1); *El Motin*, illustré de scènes d'Inquisition, de tortures et d'antodafés, le moyen le plus sûr de détourner le public des problèmes actuels étant de fixer ses préoccupations sur un aspect imaginaire des problèmes anciens dont la compréhension lui échappe nécessairement; puis, les feuilles anticléricales de nuances politiques diverses, depuis le constitutionnel *El Liberal* jusqu'au républicain *El Progreso*, touches d'un même clavier et notes diverses mais harmonieuses d'un même air. Ces feuilles, placardées, s'offrent au passant curieux de les lire. L'article de tête de *Progreso* (2) débute ainsi : « On prétend nous faire croire qu'en Espagne

1. N° du 22 mai 1912.
2. 1er juin 1912.

« la question cléricale n'existe pas... » Elle est, en effet, plus facile à résoudre que la question sociale : il y suffit d'un peu de dynamite, de quelques bidons de pétrole et de lois « laïques ». Si la question cléricale n'existait pas, il faudrait l'inventer. Non seulement sa solution est facile et lucrative, mais elle permet d'ajourner d'autres solutions redoutées, comme la liquidation du régime parlementaire et l'organisation du travail. L'anticléricalisme constitue un dérivatif précieux. Les illustrés anticléricaux ne publient pas les dessins grossièrement outrageants des publications similaires d'Italie et surtout de France. *La Traga* est un de ces hebdomadaires anti-religieux illustrés qu'étalent avec complaisance les tenanciers des kiosques ; sans bourse délier, les ouvriers et apprentis peuvent s'en nourrir en revenant de leur travail. *La Campana de Gracia* appartient au même genre : le numéro du 1er juin 1912 caricature le pape. *El Motin* est le plus répandu. Dans son numéro du 30 mai 1912, un dessin représente l'autodafé d'une femme d'une grande beauté. Ces illustrés font surtout l'éducation des enfants qui ne lisent pas, mais regardent avidement : leurs convictions germent sur le fumier de ces images et s'y alimentent. A côté des journaux espagnols, s'alignent *Le Matin*, *Le Journal*, *Le Petit Parisien*, *l'Humanité* : tous les doigts d'une même main. Nous tenons là le certificat d'origine des idées propagées à Barcelone par les feuilles locales : le poison est en Espagne ; mais il vient d'ailleurs et la douane le laisse passer.

Les Cercles et Sociétés assurent un effet permanent à l'action épisodique du journal. Sur un côté du boulevard, se dresse le *Centro republicano du VIIe district*. Sur l'autre côté, la *Fraternitad republicana del pueblo seco* (1) — cercle, café et écoles — porte à porte avec la *Capilla evangelica* (2), et, dans une rue voisine, le *Cercle de l'Union libérale du VIIe district*. Entre ces trois lieux de réunion, s'élève la paroisse neuve de ce quartier neuf, Sta Madrona, toute noire encore de l'incendie qu'y ont allumé, au cours de leur « Semaine sanglante », les apôtres de la liberté des cultes. Les pétroleurs n'avaient pas eu la peine de faire beaucoup de chemin. Tout près de là, sur le Bd Marques del Duero, le *Centre républicain du VIe district* occupe, au rez-de-chaussée d'un immeuble, une vaste salle de café susceptible de contenir deux cents consommateurs et, au premier étage, une autre très grande salle. Ces locaux sont habituellement vides. J'y compte d'ordinaire une dizaine de consommateurs, presque tous en habits bourgeois et n'appartenant certes pas à la classe ouvrière : ce sont les politiciens de terrasses de café. Pendant que l'ouvrier peine à

1. Fraternité républicaine du peuple maigre.
2. Chapelle évangélique.

l'usine, ces intrigants se préparent à l'assurer qu'en les faisant députés et ministres d'un gouvernement républicain, il réalisera son propre bonheur. A une très petite distance, dans la vieille ville, au voisinage de l'exquise église romane de San Pablo, se succèdent le *Centre républicain du Ve district*, l'*Athénée pour l'instruction intégrale des deux sexes*, la *Maison du Peuple du Ve district* qui est un très vaste local avec café, bal, théâtre, conférences et écoles.

La population subit l'influence de tous ces foyers de mensonge, sans comprendre la leçon de choses que le Portugal lui administre à l'heure même : une dépêche de Lisbonne annonce que la grève générale est proclamée en principe pour protester contre la décision du gouvernement républicain qui a fait fermer les sièges syndicaux et emprisonner les chefs syndicalistes (1). Et les ouvriers espagnols continuent à attendre de la République leur émancipation ! Il est vrai qu'ils ne savent rien de ce qui se passe en Portugal. Leurs journaux se gardent de le leur dire. La liberté de la presse, la presse d'informations, les agences de nouvelles, les bureaux de publicité, le télégraphe, le téléphone servent à faire les utiles silences et à maintenir le public dans une ignorance calculée.

1. *El Correo catalan*, 24 juin 1912.

Dans Barcelone et ses faubourgs, pullulent ces Maisons du Peuple, Centres, Cercles, Ecoles, à la fondation et à l'entretien desquels n'ont jamais pu suffire les 750.000 francs extorqués par Ferrer à une vieille demoiselle charitable à laquelle il s'était présenté, comme Tartuffe, sous le masque de la piété (1). Les salariés n'ont pu tirer de leurs poches la différence. Il faut donc supposer que l'argent, qui certainement ne manque pas, vient d'ailleurs et même d'ailleurs que d'Espagne : nous retrouvons ici la main de ces secrets bailleurs de fonds que l'on surprend dans toutes les guerres civiles et religieuses déchaînées en divers pays au prix de leur liberté, de leur prospérité, de leur existence même.

La propagande protestante est active à Barcelone, comme dans toute l'Espagne, et d'ailleurs stérile ; le clair génie espagnol est trop amoureux de lumière et passionné de logique pour s'enfoncer dans le bourbier d'équivoques, faux-fuyants et contradictions, qui est tout le protestantisme ; il n'abandonne la pensée puissante et bien équilibrée, la raison harmonieuse et la haute spiritualité du catholicisme que pour choir dans la conception matérialiste de la vie et de l'univers. Etant entré dans la *Capilla evangelica* du Bd Marques del Duero à l'heure de l'office, j'y ai vu un pasteur qui, dans une salle dis-

(1) V. *La Semana sangrienta*, p. 15-20. A Barcelone, « Editorial ibero-americana », sans nom d'auteur.

posée pour soixante-dix à quatre-vingts personnes, peinait à endoctriner un auditoire composé de deux hommes et de cinq bonnes femmes. Un soir, à huit heures et demie, le prédicant donnait, dans le sous-sol de sa « chapelle », une « conférence évangélique » à une quinzaine d'hommes et de femmes qu'il avait réussi à recruter par le moyen d'un volumineux transparent. Dans le faubourg ouvrier de Gracia, plusieurs boutiques « évangéliques » obtiennent quelque succès auprès de clients qui s'y rendent pour toucher une prime d'apostasie. Dans les quartiers commerçants de la vieille cité, non loin de la cathédrale, une autre « chapelle évangélique », annoncée aux passants par une vaste pancarte, loge au premier étage d'une maison particulière ; je m'y suis rendu un dimanche, pendant l'office du matin, et j'y ai compté environ quarante personnes. Des familles d'industriels et de commerçants immigrés dans la péninsule y ont importé le protestantisme ; elles forment des îlots de prosélytes ardents et soutiennent de toutes leurs forces et de tout leur argent la propagande de leurs agents religieux et de leurs alliés, les anti-cléricaux.

On s'étonne, venant de France qui est depuis plus de trente ans un Etat laïcisé, que la pornographie ne s'exhibe pas encore aux étalages des libraires et aux kiosques de journaux. On aperçoit cependant, parfois, deux feuilles légères, *Papitu* et le « *K D T pour enfants de 16 à 80 ans* », qui publient quelques dessins et légendes fort lestes. Un nouvel hebdomadaire licencieux, illustré, *La Risa*, vient de faire son apparition. Dans un autre style, la presse populaire à grand tirage s'emploie ardemment à cette même prédication :

« La réaction... est essentiellement immorale... car « elle est une lutte insensée contre la Nature dont les « lois s'imposent toujours contre tous et contre tout et « qui reste victorieuse malgré tous les sophismes et « palliatifs de la pharmacopée ascétique... » Aussi « la « réaction » cherche-t-elle à « tenir toujours séparés les « garçons et les filles dans les écoles, asiles, maisons « de refuge, hôpitaux, etc. Les écoles mixtes lui inspi- « rent une horreur profonde... (1) » La même feuille fait l'apologie du divorce : « Une statistique parle de 3.000 « divorces prononcés par les tribunaux français en « 1912 et une autre fait monter à 1.800.000 ceux qu'ont « prononcés dans les vingt dernières années les juges « des Etats-Unis. Le Parlement anglais examine la « réforme de la loi du divorce sur la base de la nullité « complète du mariage et tous les pays cultivés abor- « dent vaillamment cette question des questions, fai- « sant entrer dans le temple vétuste de l'union conju- « gale l'air purificateur de l'esprit moderne. En Espagne seulement, le problème reste sans solution... Ici, nous « nous heurtons à la barrière quasi-infranchissable « qu'opposent à la rupture du lien matrimonial la théo- « cratie catholique romaine et l'esprit timoré... Le

1. *El Diluvio*, 1er février 1913, article hebdomadaire « *la Semana clerical* ».

« mariage espagnol, fils de la théocratie, est quelque « chose d'inquisitorial, d'irrémédiable et d'absolu... « S'il est vrai que s'inaugure en Espagne une période « libérale qui va couler notre esprit dans les moules « européens, commençons par détruire cette muraille « infranchissable du mariage indissoluble que la théo- « cratie espagnole défend avec rage! Place au divorce « libérateur! » (1)

Ainsi s'affirme l'union consubstantielle du libéralisme et de la libre-pensée avec les forces dissolvantes de la société espagnole et de toute société dotée de la même civilisation supérieure. La propagande malthusienne commence à faire son apparition. *El Progreso* (2) recommande la lecture de « *Salud y Fuerza*, importante revue de sexologie, « sociologie, philosophie et science médico-sociale, « consacrée à la diffusion des moyens propres à « améliorer la situation de la classe des prolétaires. »

On conçoit sans peine l'effet de telles idées et des pratiques qu'elles inspirent, ou des institutions qu'elles postulent, sur ce peuple à l'ardente imagination. Il suffit de voir dans les rues passer ces jeunes filles, belles, souples, gracieuses, élégantes — et précoces — pour se rendre compte qu'en de telles natures la tyrannie du désir doit être brisée par une discipline impérieuse.

Un soir, je passais devant un de ces débits où les

1. *El Diluvio*, 1er février 1913, « Chronique ».
2. 6 février 1913.

tonneaux, comme dans un cellier, s'alignent le long du mur : dans le fond, à peine cachée par un rideau de toile, une femme dansait la danse du ventre avec une étonnante maëstria ; une dizaine de spectateurs soutenaient, du claquement de la paume des mains, le rythme de l'almée ; l'un d'eux chantait à mi-voix ; les finales, arrêtées court, brusquement, de sa mélopée triste, étaient ponctuées d'un « Ah ! » de ses compagnons ; je voyais, dans leurs faces muettes, éclater le brasier de leurs yeux. L'Espagne s'était évanouie : il me semblait me trouver dans quelque ville du Maghreb ou dans un quartier lointain du Grand Caire. C'était l'Orient et le sang brûlant des Moresques. Et je m'expliquais alors quelles affinités lointaines donnaient cet accent âpre, ces sonorités ardentes, ce timbre rauque, d'une si émouvante et étrange puissance, aux voix des jeunes filles lançant le *Salve Regina* du mois de Marie sous les voûtes romanes de San Pablo et aux voix des enfants qui, le matin même, à la cérémonie de première communion, faisaient résonner de leurs hymnes les voûtes calcinées de Sta Madrona. Nous sommes en Orient, un Orient civilisé par le christianisme et capable des plus belles choses, mais aussi des pires. Que l'armature de cette société chrétienne cède, et c'est dans les pires que son équilibre se retrouvera. Les Maçons, les « Evangéliques », les Libres-penseurs travaillent à provoquer cette débâcle. Il ne manque plus que les Juifs pour organiser leurs efforts.

Aussi bien s'infiltrent-ils, venus de France, du Maroc, d'Italie, du Levant. J'ai rencontré l'un d'eux, évadé de ghetto ou descendant d'un de ces fils d'Israël convertis en apparence, il y a quatre siècles, et perpétuant un des types de sa race réfractaire : un rouquin à face blême, à bajoues molles, aux yeux dansants et fuyants, et flanqué de son rejeton, un drôle malpropre, impudent et grossier. L'Hébreu s'éloignait, et ses pieds énormes, rejetés en dehors, informes et raides, évoquaient dans mon souvenir les pieds semblables de certains de ses congénères campés à Paris, en Sorbonne et au Conseil d'Etat. Moins d'une heure plus tard, je croisais encore ce nomade : à l' « Ecole de police » du « Gouvernement civil », qui est situé au voisinage de la *Rambla* et du *Paseo de Colon*, il entrait comme chez lui, salué respectueusement par le planton.

Barcelone est comme la déchirure au flanc de l'Espagne, par où pénètrent toutes les toxines étrangères : elles pullulent, fermentent et menacent d'infecter tout le corps de la nation.

L'aspect de la *Calle Marques del Duero*, à sept heures du soir, propose un autre objet à nos méditations ; à cette heure-là, la rue s'emplit d'un long défilé de jeunes ouvrières (1) qui rentrent au fau-

1. Une Catalane, Mme Verdaguer (de la famille de l'illus-

bourg de Sans après leur journée de travail passée dans quelque atelier ou fabrique des abords occidentaux de la vieille ville. Que penser du travail des femmes ?

Pour certaines industries, ce travail peut être indispensable. Mais ces industries sont l'exception. Néanmoins, on tend à assujettir la femme à toutes les besognes. Les théories féministes exaltent cette tendance. Cela les juge. Si le féminisme se proposait vraiment d'émanciper la femme, c'est de la servitude de l'usine qu'il devrait chercher à l'émanciper. Si l'ouvrier d'usine se considère comme un esclave et appelle l'usine « le bagne », combien plus une femme doit-elle s'y considérer comme serve ! C'est le foyer domestique qui est le libérateur de la femme : et, par-dessus toute autre raison, pour cette raison concrète qu'elle y est chez elle, et maîtresse. Le féminisme réclame, au contraire, pour la femme, le droit de faire les mêmes travaux que l'homme. On peut être certain que, le jour où elle aura prouvé

tre poète catalan) a fondé un *Institut de culture de la femme* pour les ouvrières : 1.800 ouvrières le fréquentent. Elles paient une cotisation annuelle de cinq francs et reçoivent, en retour, chaque soir, de 6 heures à 10 heures, des leçons de français et d'anglais, de couture et de dactylographie. Le féminisme pratique, secourable, bienfaisant, ne trouve d'autre inspiration que l'inspiration religieuse. Des sœurs s'occupent de l'Œuvre professionnelle des servantes : elles les hébergent lorsqu'elles arrivent des provinces ou se trouvent sans ouvrage, s'occupent de les placer et, chaque dimanche, de les réunir et de les distraire.

son aptitude à les exécuter, l'homme la laissera les accomplir et l'y laissera seule.

La dissolution, en fait, par le travail des femmes, en droit, par le divorce, du foyer familial, et que l'on présentait comme une « émancipation » des travailleurs, aboutit à concurrencer l'homme par la femme, à les diviser, à les opposer en un conflit dont seul profite l'employeur puisque, disposant de plus de bras, il peut abaisser ou tout au moins ne pas élever les salaires. Le bloc familial était le premier et le plus essentiel élément de résistance de l'ouvrier aux prétentions capitalistes, son arme de choix contre l'exploitation industrielle. La libre-pensée, arme naturelle du patronat libéral, a brisé la famille, arme naturelle du prolétariat.

Le féminisme correspond à une nouvelle étape de cette dégénérescence. Dans une société « laïque », il n'y a plus d'autre loi que la force : le droit est le droit du plus fort. Mais l'homme est plus fort que la femme. Et il le lui fait bien voir dans toutes ces sociétés païennes, qualifiées de « sauvages », de « primitives », où l'homme, imposant sa loi à la femme, la contraint de travailler et vit de son travail. La femme se montrant apte aux plus dures tâches, son seigneur et maître les lui fait accomplir. L'homme vit du travail de la femme. Les sociétés nègres sont des sociétés féministes. La femme y est émancipée suivant nos plus modernes formules. Il suffit de s'entendre sur les mots et de comprendre qu'elle est émancipée des sauvegardes libératrices qu'elle ne possède que dans les sociétés chrétiennes. « L'émancipation » moderne de la femme, c'est son retour à la servitude ancienne, une régression vers un état qui fait d'elle de la chair à travail et de la chair à plaisir. Dans les vieux quartiers arabes du Caire, un nihiliste russe converti à l'Islam me disait : « Je possède trois pierres de touche pour juger de « l'intelligence d'un individu : l'anarchisme, la zoo« philie et le féminisme. » Je ne sais quelle approximation satisfaisante de l'anarchie l'Islam a pu lui fournir. Mais, dans sa chambre, pullulaient plus de punaises qu'il n'en fallait pour infester tout un quartier européen. Son féminisme valait sa zoophilie : « Il n'y a qu'en pays musulman, finit-il par « me confier, que je puis avoir, sans qu'on y trouve « à redire, autant de petites filles qu'il me plaît ».

Tout le centre de l'antique cité est traversé par la magnifique promenade de la *Rambla*, sur laquelle s'ouvrent quartiers riches et pauvres.

La plaine qui s'étend au nord de la vieille Barcelone est toute occupée par d'immenses quartiers neufs où les maisons à six étages se succèdent avec monotonie. Seule, la grande avenue centrale se hérisse sur ses bords d'ahurissantes architectures qui font l'orgueil des habitants depuis qu'apostasiant la somptuosité des sombres et fiers palais dont leurs aïeux avaient orné le cœur de l'antique cité ils se sont laissé choir dans les délirantes compositions des constructeurs impressionnistes et ultra-cubistes évadés d'Allemagne. Mais tous ces quartiers sont d'une propreté remarquable, qui mérite d'être proposée en exemple à beaucoup de villes françaises et à Paris même.

A travers tous ces quartiers, riches ou pauvres ou industriels, une seule paroisse ! Quelques couvents suppléent à cette absence de centres religieux. Une population considérable a peuplé une ville neuve d'étendue considérable : l'Etat, malgré les obligations auxquelles il a souscrit par un Concordat, s'abstient de pourvoir aux besoins religieux essentiels. La ville neuve donne l'impression d'une ville de religion laïque, où l'homme n'éprouve plus que des besoins matériels, boire, manger et le reste, s'enrichir par tous les moyens et se procurer toutes les jouissances. Une nouvelle mentalité se forme spontanément : l'homme n'est plus considéré que comme un moyen pour un autre homme de lui acquérir la puissance et les joies de la terre.

Plusieurs de ces quartiers nouveaux dressent des pâtés de maisons au milieu de champs ou de terrains vagues. La ville essaime dans son ancienne banlieue. C'est ainsi qu'en une demi-heure de tramway électrique on se rend de la Grande Poste à Horta à travers des faubourgs clairsemés et des champs où se dressent çà et là des usines ou des maisons isolées. Sur la petite place d'Horta, je lis sur une enseigne : *Coopérative collectiviste L'Emancipation ouvrière.* Sur un immeuble voisin s'étale cette inscription : *Centre républicain démocratique fédéraliste*, avec, au beau milieu, le triangle maçonnique.

Au Nord-Est de Barcelone et le long de la mer, est construit le vaste faubourg ouvrier de Pueblo-Nuevo, qui compte peut-être 20.000 habitants. Çà et là, sur les façades de maisons louées ou d'immeubles bâtis uniquement pour cette destination, on lit : *Centre socialiste*, ou *Centre républicain démocratique fédéraliste*, ou *Cercle républicain historique*, ou *Société de culture rationnelle et bibliothèque publique.* Qui paie tout cela ? D'où vient l'argent ? En revanche, pour tout le quartier, une pauvre chapelle inachevée.

Sur la plage même et un peu plus au Nord, s'alignent deux rangées de misérables cabanes en planches ou de huttes en joncs qu'habitent de pauvres pêcheurs. C'est le petit quartier de Pékin. Il possède un humble oratoire avec cercle ouvrier et école. Lors de la révolution ferrériste de Barcelone, une bande de pétroleurs voulut y mettre le feu. Les habitants ayant tenté de s'y opposer, les révolutionnaires les menacèrent d'incendier leurs cabanes. Les pauvres gens durent cesser toute résistance et la chapelle avec ses dépendances fut brûlée : où l'on voit que les anti-cléricaux sont les amis du peuple qui travaille et qui peine.

Lorsque l'on grimpe sur les pentes de Monjuich, la ville s'étale toute entière, immense : on songe à quelque vaste capitale ; les espaces encore vides semblent presque disparus sous la floraison des bâtisses. Si Barcelone achevait de remplir sa plaine, elle compterait plus de deux millions d'habitants. N'en concevons point d'orgueil : ces immenses cités sont un très grand mal. Les pentes abruptes de Monjuich sont couvertes de petits jardins et de cabanes. Du feuillage monte une voix d'homme qui chante une romance d'Orient. Dans cet agreste décor, on se laisserait persuader aisément de s'abandonner comme jadis, aux temps d'une civilisation plus douce, à la joie de vivre sous ce beau ciel, devant ce grand espace clair, près de la mer bleue, à l'ombre des jardins...

Les églises sont généralement très fréquentées, en tout temps, par des fidèles dont l'attitude recueillie dit la foi profonde. Mais quelle différence entre les églises du centre de la ville, si vivantes en semaine, débordantes de monde le dimanche, et les églises des faubourgs, presque désertes les jours ouvriers et, le dimanche, si peu remplies ! En outre, si, dans la vieille ville, les églises des quartiers du centre, commerçants et bourgeois, sont nombreuses, les anciens faubourgs de cette vieille ville, c'est-à dire les quartiers commerçants et ouvriers situés à l'Ouest de la Rambla, semblent, au point de vue paroissial, beaucoup moins favorisés. Depuis longtemps déjà, la vie religieuse et morale de cette population ouvrière était appauvrie. Cette régression la rendait propre à subir les suggestions les plus grossières. La perte du domaine colonial de l'Espagne a provoqué, à l'intérieur du royaume, des secousses violentes dont les anticléricaux ont cherché à tirer profit. L'introduction du régime industriel est devenue, comme dans les pays voisins, une cause active et permanente de déchristianisation. C'est une minorité infime qui est fanatiquement anti-religieuse. La grande masse ouvrière tombe dans l'indifférence et parfois même glisse à l'hostilité sous l'influence d'une propagande violente et intense à laquelle ne s'oppose aucun prosélytisme contraire. Les libéraux ont toujours vu d'un œil satisfait cette situation redoutable qu'ils travaillent de leur mieux à aggraver. Lorsque les bandes organisées des ferréristes pétroleurs pillèrent et incendièrent monastères et églises à la faveur d'un début de guerre civile, les libéraux pensèrent qu'elles facilitaient et hâtaient la réalisation de leur programme.

Le jour de la Pentecôte, les offices de San Pablo, vieille paroisse des quartiers ouvriers de la vieille ville, ont été suivis par quelques centaines de fidèles : très petite minorité de la population de cette église. Il y était donné une mission pour la neuvaine de saint Paul : à l'ouverture de la mission, un dimanche, à cinq heures du soir, j'y trouve une soixantaine de femmes et de jeunes filles, une dizaine de jeunes gens et quatre hommes. Les quartiers neufs, extérieurs à la vieille ville et construits au pied de Monjuich sont desservis par la paroisse neuve de Sta Madrona, qui peut compter 10.000 âmes : j'y ai trouvé, aux messes matinales du dimanche, à peine quelques hommes et jeunes gens et si peu de femmes que l'église serait restée presque vide si les enfants des écoles ne l'avaient envahie. Les membres du cercle catholique ouvrier assistent et chantent à la messe de neuf heures : j'y compte une vingtaine d'hommes et trois jeunes gens. Mais il y a affluence populaire à la messe de midi. Le clergé espagnol, qui est nombreux, pourrait fournir à toutes les exigences d'une action concertée : il satisfait son zèle en s'acquittant des strictes fonctions liturgiques. En face d'adversaires ardents et qui multiplient leurs efforts, on aperçoit à peine la défensive : il semble qu'il n'y ait que du laisser-faire. Les Ordres mendiants et prédicants — Dominicains, Franciscains, Capucins — ont bâti leurs couvents dans les quartiers neufs et bourgeois : on s'étonne qu'ils n'aient pas songé à créer des foyers de mission au cœur de ces quartiers ouvriers si profondément déshérités au point de vue spirituel comme au point de vue matériel.

Ces milieux populaires, malgré la vaste et puissante entreprise d'athéisation dont ils sont l'objet, conservent encore pour les manifestations religieuses des sentiments d'intime sympathie qui restent capables de jeter une flamme nouvelle. Le hasard me fait assister à une procession de clôture du mois de Marie organisée par les Salésiens et leurs élèves, au voisinage immédiat du Bd Marques del Duero, dans un quartier neuf d'usines et d'immeubles ouvriers : une nombreuse et joyeuse affluence témoigne de la popularité des cérémonies religieuses; des tapis et des étoffes flottent aux fenêtres, aux balcons des maisons à cinq étages; les ouvriers, qui se trouvent sur le passage de la procession, isolés ou en groupes, se découvrent, à quelques exceptions près. Je vois se dérouler une procession du Saint Sacrement, un dimanche, à Gracia; un autre dimanche, à Barcelonnette; un autre dimanche, à San Andres, faubourg ouvrier et révolutionnaire comme les précédents : l'attitude générale est très respectueuse; on se découvre et on s'agenouille. A Gracia, un homme est resté couvert et fumant avec ostentation une cigarette au passage du dais; tous autour de lui s'agenouillèrent; personne ne lui dit rien. Ce fait mérite d'être rapproché de la « tolérance » que montrent, à Paris, les libres-penseurs convulsionnaires des processions à la statue d'Etienne Dolet lorsqu'ils molestent les passants dont ils n'ont pas reçu un témoignage de suffisant respect. Au milieu de l'après-midi, au centre des Ramblas, c'est-à-dire au cœur même de Barcelone et à l'heure où la circulation est la plus active, là ou se mêlent les gens de toute catégorie et de tout quartier, le Viatique vient à passer : les voitures et tramways s'arrêtent, tout le monde se découvre, presque tout le monde s'agenouille; le prêtre est en voiture, la première voiture rencontrée et que son occupant s'est empressé d'offrir; le cocher se tient tête nue; les enfants de chœur marchent aux portières en agitant leurs sonnettes. Un matin, dans un autre quartier, un prêtre passait à pied, portant le Viatique: j'ai observé pendant quinze minutes l'attitude du public; sauf une demi-douzaine d'hommes qui ont gardé leur casquette sur la tête, tout le monde se découvrait et presque tous s'agenouillaient; et, à cette heure matinale, ce n'étaient que des travailleurs, ouvriers, bonnes, garçons de course ou de magasin, balayeurs, cochers, gens chargés de lourds fardeaux et qui, sous leur charge, ployaient un instant le genou. Il y a beaucoup de foi, et de foi vive, pratiquée, dans cette grande ville, comme dans tout le Nord, intelligent, actif, industrieux, de l'Espagne. Le Mercredi des Cendres, la procession des Pénitents de la Bonne Mort se déroule au cœur de la cité : à la nuit tombante, s'allonge le lent et lugubre défilé des cagoules noires, au milieu d'un profond silence coupé de loin en loin par le gémissement d'une trompe. Entre les deux longues files des Confrères de la Bonne Mort, des pénitents portent des ossements mêlés : « Ainsi seront les vôtres », proclament de larges banderoles ; ou un squelette d'enfant : « A tout âge l'on meurt » ; des crânes coiffés de couronne royale, de mitre, de tiare : « la mort égalise tout », « elle ne respecte aucune puissance ». Un Christ sanglant, de grandeur naturelle, porté sur une lourde croix, clôt le défilé. Derrière lui, se presse une foule orante tandis que, de toutes parts, les spectateurs s'agenouillent. Sur le trottoir, debout, la casquette enfoncée jusqu'aux oreilles, un homme éructe un blasphème scatologique. Les hommes qui suivent la croix répliquent : « *Ave, Maria purissima!* »

La tolérance que montre la monarchie espagnole pour la manifestation publique d'opinions anti-constitutionnelles surprend vivement le Français qui vient de quitter son pays dont il connaît les habitudes de délation et de répression républicaines. *El Diluvio*, journal républicain quotidien, de format livresque, comptant plus de quarante pages, dont une vingtaine d'annonces, est extrêmement répandu. Il est fréquent de voir des agents de police, en service sur la voie publique, le lire ostensiblement. S'ils se trouvaient aux gages de la République française et non du roi d'Espagne, ils ne pourraient lire, même à domicile, une feuille d'opposition, même constitutionnelle, sans être révoqués.

Très souvent, la salle de consommation d'un café s'orne d'emblèmes républicains. Dans un débit du port de Barcelonnette, je remarque un grand chromo représentant dans le lointain une ville qu'un poteau indicateur désigne comme étant Madrid, tandis que, dans la direction opposée, se lit l'indication « Barcelone »; de Barcelone arrive, se dirigeant sur Madrid, une foule d'hommes, d'ailleurs bourgeoisement vêtus, mais tous armés de fusils et guidés par une Marianne montée sur un char. Cette glorification de la révolte à main armée, cet appel à l'émeute, cette provocation à la guerre civile, sont affichés impunément dans un lieu public. La police ne tolèrerait pas des manifestations analogues chez les cabaretiers français.

Bien mieux : chaque dimanche, le drapeau républicain espagnol flotte aux fenêtres de tous les « Centres » républicains de la ville et des faubourgs. On sait qu'en France, on ne peut pas, même en l'encadrant de drapeaux français, arborer le drapeau du pape ou le drapeau français orné du Sacré Cœur, sans s'exposer à des poursuites judiciaires, bien qu'ils soient dépourvus de toute signification anti-constitutionnelle, mais seulement parce que leur caractère religieux déplaît à un parti qui s'est emparé du pouvoir et qui s'identifie avec l'Etat.

Il y a donc beaucoup plus de liberté politique dans le Royaume d'Espagne que dans la République française.

Depuis plusieurs jours, *El Progreso* annonce un « Meeting monstre » aux « Jardins du *Teatro del Bosque* », dans le faubourg de Gracia : « Les jeu-« nesses révolutionnaires de Barcelone, appartenant « à toutes les fractions de caractère progressiste, « invitent le peuple à » ce « meeting monstre... Dif-« férents orateurs élèveront la voix pour la Liberté « prisonnière, contre les gouvernements despotiques « et pour la rédemption du peuple... Peuple de « Barcelone, ne t'abstiens pas !... »

La manifestation a lieu un dimanche matin, à dix heures. Je me rends à Gracia. Maigre, le « meeting monstre » ! Environ trois cent cinquante individus, de toutes les « jeunesses » en effet, entre quinze et soixante-dix ans...

L'après-midi du même jour, dans un autre quartier, se déroulait une manifestation analogue. *El Progreso* en avait fait l'annonce en ces termes :

« Pour les victimes de S. Feliu. — Aujourd'hui, à
« quatre heures du soir, les Jeunesses radicales par-
« tiront de la Maison du Peuple pour aller dépo-
« ser un souvenir sur les tombes de nos compagnons
« Baeta et Puell, victimes de l'infâme embuscade de
« San Feliu de Llobregat... »

Il s'agit sans doute de libres-penseurs qui ont eu la malchance de rencontrer des adversaires moins résignés à subir de dangereuses brimades que ne l'étaient les moines et nonnes de Barcelone à se laisser griller.

La « Maison du Peuple » de Barcelone occupe un vaste et bel immeuble situé entre deux couvents qui furent humanitairement et complètement incendiés par ses soins. Je compte cent quatre-vingts manifestants environ, escortant les trois couronnes qu'ils vont porter au cimetière. Manifestation pacifique : Canalejas n'est-il pas premier ministre ? On peut remarquer que, lorsque les libéraux possèdent le pouvoir, Barcelone ne connaît plus ni bombes ni séditions. Perdent-ils le pouvoir ? Les troubles recommencent et les bombes éclatent. C'est donc que le gouvernement des libéraux travaille pour les émeutiers et sans doute aussi que les émeutiers travaillent pour les libéraux. Si ceux ci ne sont pas auteurs ou complices conscients, directs et volontaires, ils le sont en fait, indirectement et par la force même d'affinités cachées mais réelles. C'est ce qui se passe ou s'est passé dans tous les autres pays. Les libéraux et leurs complices travaillent de toutes leurs forces à faire croire aux Espagnols que l'Espagne est « arriérée », *atrasada*. Or, ce qui frappe le voyageur, c'est au contraire tout ce que l'Espagne, avec des ressources modestes et au milieu des ravages qu'exercent chez elle les idées étrangères, a su créer : Barcelone est une ville moderne que ne surpasse aucune ville d'Europe ; sa Faculté de Médecine et son hôpital, par leur aspect extérieur, semblent soutenir la comparaison avec la Faculté de Médecine de Paris et son Hôtel-Dieu. Saragosse possède aussi une Faculté de Médecine et des Sciences que pourraient lui envier nos provinces françaises. Et ces exemples ne constituent pas des exceptions. Cependant, les journalistes d'outre-Pyrénées s'acharnent à faire honte à l'Espagne d'être l'Espagne : ils lui crient sans cesse de « s'européaniser ». Ces prédications sont au rebours de la réalité et scandalisent l'observateur : l'Espagne, tout en s'assimilant ce qui lui est assimilable, convenable, nécessaire, doit, au contraire et par-dessus tout, s'hispaniser ; c'est de cela qu'à cette heure elle a plus que jamais besoin.

En quoi consiste, en somme, le programme des partis avancés catalans ? Il est beaucoup plus politique que social. Deux formules le résument : omnipotence parlementaire et séparatisme catalan.

Et ces deux formules se contredisent. Ce qu'il y a de légitime dans le catalanisme, c'est cette aspiration au régionalisme qui est conforme à la fois à la constitution d'un Etat libre et à la tradition historique de l'Espagne. Mais le parlementarisme est essentiellement centralisateur comme l'a maintes fois démontré Ch. Maurras, et, en tant que pouvoir anonyme, collectif et irresponsable, il est essentiellement despotique. Peut-on dès lors le présenter comme un moyen de réaliser la liberté politique ? Cette apologie ne s'explique que par les nécessités de la politique anticléricale : le despotisme centralisateur et parlementaire est considéré comme seul capable de livrer l'Espagne à la guerre civile et religieuse ; il est donc exalté comme étant le seul régime susceptible d'assurer la liberté des citoyens. Ses partisans connaissent toute la puissance de piperie des mots. Elle a cependant des limites et l'on y touche, en France. Le séparatisme catalan est également préconisé par la libre-pensée qui y voit un moyen d'affaiblir la catholique Espagne et de détruire, au moins en Catalogne, le catholicisme. Mais comment les Catalans ne réfléchissent-ils pas que la petite République catalane ne pourrait demeurer longtemps indépendante entre la France et l'Espagne ? Comment ne songent-ils pas aussi que la richesse industrielle de la Catalogne est précisément ce qui lui interdit de s'isoler ? Un pays industriel ne vit qu'à la condition de vendre ses produits au dehors ; et il ne peut s'assurer les débouchés nécessaires si des concurrents plus forts menacent de lui fermer ceux qu'il possède ou lui empêchent d'acquérir ceux dont il a besoin. Une guerre n'est pas le fruit d'un caprice, mais la conséquence d'un conflit ou d'un calcul d'intérêts. Plus que tout autre pays, un pays industriel doit être fortement armé pour la guerre défensive ou offensive s'il veut défendre ses marchés ou en acquerir ; sinon, il faut qu'il se résigne à disparaître. Un pays industriel devient donc nécessairement un pays militaire et sa puissance militaire doit être aussi redoutable que sa puissance industrielle est grande. La Catalogne devenue indépendante ne deviendrait jamais un Etat puissant : elle serait une proie.

Rien ne marque mieux la servitude en laquelle ces idées funestes et la presse qui les propage tiennent l'opinion, que le déchaînement de la révolution de Barcelone au moment même où les Maures massacraient des ouvriers espagnols sur la côte du Rif. Le gouvernement ne veut pas, en laissant ces assassinats impunis, provoquer l'assassinat des ouvriers qui ont échappé à la première agression : la population ouvrière de Barcelone se révolte ! La conception que se font de l'humanité, de la fraternité, de la solidarité, les ouvriers catalans, leur commande d'abandonner au péril leurs frères de travail et de prendre parti pour les Moresques que les balles espagnoles pourraient atteindre ! Cette aberration est l'œuvre des chefs de la classe ouvrière de Barcelone. Jamais guerre ne fut plus justifiée que celle du Rif : guerre de légitime défense, de préservation de toute la civilisation contre la barbarie musulmane, guerre conforme aux intérêts permanents de l'Espagne, à son besoin naturel d'extension et de domination sur une terre africaine qui continue réellement la sienne propre malgré le hasard d'un accident géologique. La Révolution de Barcelone fut un crime contre la justice et contre l'Espagne. Or, il a suffi de l'avènement d'un ministère libéral, c'est-à-dire anticlérical, pour que toute la tempête soulevée par cette expédition s'apaisât comme par enchantement et que la guerre du Rif prît une vaste extension sans plus provoquer aucune crise intérieure. C'est qu'en réalité il ne s'agissait que d'exploiter un incident pour déchaîner sur l'Espagne cette guerre de religion qu'elle a eu le bonheur de ne pas connaître au XVIe siècle ni à la fin du XVIIIe et qui, au XIXe, avait trop rapidement avorté (1).

Un ouvrier, avec lequel j'engage la conversation, avoue que le Nord du Maroc est un pays riche dont

1. La Grande Guerre, puis le déchaînement du Bolchevisme ont été, pour les forces cachées qui ne cessent d'exercer sur le peuple espagnol leur pression funeste, une occasion nouvelle de tenter de provoquer un bouleversement complet dans la péninsule.

l'intérêt de l'Espagne exigeait que le sol et le sous-sol ne fûssent pas abandonnés à la France. On est donc autorisé à dire que ce peuple ne manifeste pas ce qu'il pense par lui-même, mais ce que les journaux lui font penser. C'était un voisin de banc de promenade. Je lui avais demandé : « Combien les « Espagnols ont-ils de soldats, au Maroc ? — Je ne « sais. Peut-être cent mille. — Et ils n'ont pas « encore conquis le Rif ? » Geste évasif. Je poursuis : « C'est une conquête difficile : pays de mon- « tagnes et peuplades guerrières. Mais il est riche ? « — Très riche ! Il y a beaucoup de mines. — Alors, « l'Espagne a eu raison d'entreprendre de s'y éta- « blir ? — Assurément. Le sol est fertile, le sous-sol « renferme des mines et la France les aurait prises « avec tout le reste si nous n'y étions allés. — « Pourquoi donc les ouvriers de Barcelone se sont- « ils révoltés au début de la guerre ? » Geste évasif : « Je ne sais... » Ainsi donc, cet *obrero* comprend maintenant l'intérêt que son pays et sa propre classe ont à l'occupation du Nord du Maroc et il ne comprend pas comment sa classe a pu, par une sédition qui a mis la nation à deux doigts de sa ruine, s'opposer à une opération utile que le massacre, par les *Moros*, d'ouvriers comme lui, avaient rendue nécessaire. Des forces internationales et anti-espagnoles disposent d'agents assez influents sur une nombreuse catégorie d'Espagnols pour la manœuvrer à sa guise en vue d'atteindre des fins qu'elle ignore et qu'elle ne pourrait connaître sans les prendre en horreur, puisqu'elles sont contraires à ses intérêts de classe, à ses intérêts nationaux et à ses intérêts de race Cet ouvrier a répondu brièvement à mes questions, n'en a posé aucune, puis, estimant que la conversation s'était suffisamment prolongée, s'est éloigné poliment. Ils semblent tous ainsi : d'abord peu facile, peu liants, peu familiers, légèrement hautains. Un ouvrier, qui travaille à réparer Santa Madrona, se reposant un instant, je lui demande la cause de ces dégâts ; il me répond : « la Révolution », et, pour éviter que le dialogue se poursuive, retourne à sa besogne aussitôt. Un autre flânait sur les quais ; je lui demande où l'on peut trouver à travailler à la manutention des marchandises : il me désigne une jetée et s'écarte. Comme il s'y rendait lui-même, je l'y retrouve et lui demande s'il a découvert quelque besogne pour lui-même : il me fait un signe négatif et, se détournant un peu, affecte de regarder dans une autre direction. La crainte de se compromettre auprès d'un indicateur de police explique également cette réserve : le socialisme révolutionnaire a semé la désunion et la défiance.

Les gens du peuple gardent entre eux beaucoup de dignité et s'expriment poliment. S'ils ne se connaissent pas, ils ne répondent pas par un sec « oui » ou « non », mais par « oui, Monsieur » ou « non, Monsieur ». J'ai vu des ouvriers espagnols pénétrer en France, à Cerbère : ils étaient accueillis par le dédain, les rudoiements et bousculades des bas employés de la gare. Rien de pareil, à l'entrée en Espagne d'un ouvrier français, de la part des hommes d'équipe ou employés petits et grands de la gare de Port-Bou : là, comme dans l'intérieur du pays, je n'ai rencontré jamais que beaucoup de correction et même de courtoisie. A Barcelone, à la gare du faubourg de Sans, je me dispose à prendre le train : il pleut à torrents, le quai est dépourvu d'abri et je n'ai pas de parapluie ; un porteur de journaux s'approche aussitôt de moi et m'abrite sous le sien. Par contre, certaines crudités de langage ou familiarités nous surprennent. Celui qui arrive en Espagne s'étonne d'y entendre sans cesse l'interpellation « c.. ! » terme d'amitié exclamative usité à tout propos, même entre parents et enfants, hommes et femmes (ou réciproquement), et non pas seulement dans les classes populaires. Je l'omets dans les propos que je cite : il faudrait l'y mettre presque toujours. A tout instant aussi, dans les rues, cafés, restaurants, fabriques, résonnent des « psst ! » : c'est ainsi que l'on a coutume d'interpeller un inférieur ou un égal, même en d'autres catégories sociales que celles des ouvriers et des paysans.

Après un mois de séjour à Barcelone, il ne m'est arrivé de rencontrer que deux ouvriers en état d'ivresse, entre sept et neuf heures du soir, et jamais je n'ai vu le type, si fréquent chez nous, de l'ouvrier abruti par l'absinthe ou physiquement déformé par le travail : l'ouvrier est sobre et, s'il boit un peu de vin et d'eau-de-vie, s'abstient du poison vert ; d'autre part, il échappe encore à l'étreinte de cette hérédité industrielle qui pèse sur les travailleurs de chez nous.

L'aspect sévère et un peu froid des ouvriers catalans, leur attitude légèrement distante, leurs façons correctes et même distinguées cachent une âme ardente, aux passions éruptives qui jaillissent dans de brusques violences et de soudaines déflagrations d'énergie : tout à coup, une vive dispute éclate entre deux Catalans à propos de la valeur d'un petit couteau de poche que l'un estime à dix sous et l'autre à vingt ; la querelle dure dix minutes, accusant la même puérilité que chez les ouvriers et paysans de France — et de bien d'autres pays sans doute. Un cabaret du Bd Marques del Duero, vers la fin d'un après-midi de dimanche, regorge de clients ; quelques-uns ont devant eux un verre de vin blanc de deux sous ; la plupart causent ou jouent aux cartes ; soudain, d'une table de joueurs bondissent deux hommes qui s'étreignent et se cognent avec fureur ; dans le même instant, le patron et son frère sautent sur chacun d'eux, les ceinturent, les arrachent l'un à l'autre, jettent l'un à droite, sur le sol du cabaret, envoient l'autre, à gauche, rouler au milieu de la rue. Toute la scène n'a pas duré vingt secondes. Il s'agissait d'une contestation sur le gain, aux cartes, de la somme de cinq centimes. Les quatre hommes avaient chacun une quarantaine d'années. Tout ce tapage apaisé, de la petite cour du cabaret monte à nouveau le rythme passionné des danses : quelques couples ou bien deux jeunes gens se faisant vis-à-vis, fleur piquée à l'oreille, bras levés et castagnettes claquantes, dansent à une très vive cadence ; le travail compliqué et ardent des pieds, la grâce des souples attitudes sont soutenus par la guitare et par la mélopée d'un chanteur.

Nombreux sont les petits restaurants, les *Casas de comida*, où les ouvriers prennent leur nourriture. Sur les tables de la *Casa de comida* du Bd Marques del Duero où je dîne habituellement, traînent les journaux républicains *El Diluvio* et *El Progreso*. La population ouvrière de Barcelone n'est pas homogène : aux Catalans s'ajoute une forte minorité d'Espagnols des autres provinces, surtout de Valence et d'Aragon. A la table où je prends place, je retrouve quelques habitués : l'un est un jeune Valencien de vingt-cinq ans au plus, l'autre un Aragonais d'une vingtaine d'années, le dernier un Catalan approchant de la quarentaine. J'ai attendu que l'on cherchât à lier conversation avec moi : il m'a fallu patienter huit jours pour obtenir enfin ce résultat.

Le Valencien me dit, en achevant son frugal repas : « Les Espagnols se contentent de peu pour « vivre, mais ils aiment la vie, et toujours travailler, « ce n'est pas vivre. La vie, c'est l'indépendance, « le chant, l'amour... » Entendant ces mots, un consommateur, à une table voisine, pinça aussitôt de la guitare et le patron du débit se prit à chanter. Mon interlocuteur continuait : « Si un Espagnol a « gagné quelques milliers de francs, il cesse tout « travail. Les Français, les Anglais, les Allemands « n'agissent pas ainsi ; plus ils ont d'argent, plus ils « veulent en avoir. Ils ne l'emporteront pourtant « pas au ciel ! J'ai connu, ici même, un industriel « français plusieurs fois millionnaire : il travaillait « plus que tout le monde à l'usine !... »

Sans doute, les travaux forcés à perpétuité, ce n'est pas vivre. Mais est-ce vivre que de rester oisif? Sans doute aussi, cette activité intense permet de conquérir les puissances matérielles et de dominer la terre. Mais est-ce conquérir que d'être esclave de sa conquête? L'âpreté de la vie du plus grand nombre paie d'un prix trop élevé les acquisitions de notre civilisation outrancièrement industrialisée. Ceux qui sont tout nouvellement jetés en pâture à ses dures exigences jettent un regard de regret sur la vie plus douce à laquelle ils sont arrachés. Ce jeune Espagnol a raison. Mais il doit se résigner : un peuple de civilisation agricole ou commerciale, en contact avec d'autres peuples du type industriel, s'il ne les imite pas, est absorbé par eux. Contraint de se plier à leur discipline de fer, sa sensibilité s'exaspère et se révolte, puis se soumet avec larmes : sous peine de périr, il s'ouvre au régime industriel venu des pays du Nord et cela, qui est s'y assujettir, c'est vraiment mourir à son bonheur. La loi du travail forcené, qu'a déchaînée la concurrence et qui sévit sur notre temps, est profondément anti-humaine.

Ce Valencien travaille dans une fabrique de fer. Son père, me conte-t-il, avait fait le coup de feu dans les rangs de l'armée carliste, trente-cinq ans plus tôt, et, après l'échec de Don Carlos, avait dû s'exiler en France pendant six mois. « Oui, mon « père est carliste. Mais moi, non ! ah ! mais non ! « Je suis socialiste... » Y a-t-il opposition réelle entre l'idéal du père et l'idéal du fils ? N'est-ce pas plutôt une opposition factice, créée et entretenue par un parti qui vit de l'équivoque ? Pourquoi se battait le père ? Pour les libertés individuelles, locales et professionnelles. Contre qui se battait il ? Contre le libéralisme parlementaire, destructeur de ces libertés. Or, c'est précisément de la privation de ces libertés que souffre le fils. Mais les guides que l'ignorance et l'intrigue lui imposent le conduisent à confier ses intérêts, sa volonté, son enthousiasme aux socialistes qui, héritiers des libéraux, entendent donner à la puissance parlementaire toute l'extension dont elle est susceptible. Une assemblée souveraine, c'est une conspiration permanente contre les libertés protectrices de l'indépendance des individus, des familles, des métiers, des intelligences, des consciences, des communes, des provinces. Les socialistes se proposent d'assurer à cette conspiration redoutable toute son efficacité malfaisante, à ses effets toute leur ampleur. Le carliste savait ce qu'il voulait et pourquoi, où il allait et pourquoi, tandis que le fils du carliste s'abandonne et s'aliène à une formule sans savoir où elle le mène et cette formule le mène précisément là où il ne veut point aller. Quelle est donc la chose nouvelle qui est apparue en Espagne, séparant le fils du père ? La grande industrie sous le régime libéral : les capitaux, réellement libres, s'unissent et dominent, tandis que les individus, nominalement libres, restent désunis, divisés, pauvres et dominés par le Capital et par la puissance de l'Etat, elle-même assujettie aux grands détenteurs du Capital. Cette conséquence est le fruit de la science économique moderne qui fait abstraction de l'homme producteur pour n'envisager que la richesse à produire : extra-humaine, elle devient anti-humaine.

Ainsi, l'Espagne, autrefois victime de la science économique ancienne qui l'a ruinée en lui enseignant que l'or constitue la richesse et en lui inspirant la pratique du pacte colonial, est maintenant victime de la science économique moderne qui lui impose les illusions du *credo* libéral dont la tyrannie collectiviste constitue l'aboutissement nécessaire. Créée, civilisée, moralisée, intellectualisée et faite puissante et prospère, reine sur deux continents, par l'Eglise, l'Espagne a été affaiblie, ruinée, démoralisée, jetée dans l'ignorance et menacée de périr par les erreurs de la science séparée.

Ce jeune socialiste valencien trahit une profonde ignorance de l'histoire politique récente de son pays : il sait que la République a été déjà établie en Espagne, mais il n'en peut rien dire de plus si ce n'est que l'événement s'est produit au siècle dernier, que la République a vécu douze mois et que douze présidents s'y sont succédés. Il sait aussi qu'une guerre carliste a éclaté, mais il ne peut en donner la date et il en ignore les raisons. Il ne paraît pas avoir entendu dire que l'Espagne a été pourvue d'un roi italien, Amédée. Il ignore donc, et l'histoire récente de son pays, et ce qui, dans cette histoire récente, intéresse son parti. Comment, dès lors, peut-il participer librement et utilement au gouvernement intérieur et extérieur de l'Espagne ? *El Diluvio* (1) écrit que le corps humain doit être régi seulement par la tête parce que seule elle est intelligente, mais qu'au contraire le corps social doit être régi par toutes ses unités composantes parce qu'elles sont toutes intelligentes. Certes, ce Valencien est intelligent, mais son ignorance le rend exactement semblable à un homme dépourvu d'intelligence ; ou, du moins, son intelligence est de telle sorte qu'elle ne le rend évidemment pas apte à jouer dans son pays le rôle qu'une tête joue dans le corps. La « Chronique » de *Diluvio* du 4 juillet (et des autres jours, d'ailleurs) prouve non moins abondamment l'inaptitude complète de ses rédacteurs à remplir la fonction d'une tête pour le corps de l'Espagne. Un corps régi par une multitude de têtes mériterait d'être plaint. Et combien plus encore si le plus grand nombre de ces têtes ne possède point de cervelle ?

Comme tous les Espagnols, mon interlocuteur connaît vaguement le passé de grandeur de l'Espagne. « Autrefois, me dit-il, l'Espagne était le plus « grand pays du monde ; le soleil ne s'y couchait pas. « Il y a beaucoup d'années de cela... combien ? je « l'ignore. Mais aujourd'hui, c'est un petit pays... « — Le plus petit du monde ! s'écrie le Catalan, et « le plus pauvre ! Et cependant, par ses mines et

1. Numéro du 4 juillet 1912. « Chronique ».

« par son agriculture, il devrait être le plus riche.
« — Oui ! appuie le jeune Aragonais, notre sol renferme de l'or, de l'argent, du cuivre, du fer, de « tout ! — Mais, conclut avec force le Catalan, « l'Espagne est la plus pauvre parce qu'elle a de « mauvais gouvernements, comme elle a perdu « l'Amérique parce qu'elle y avait de mauvais gou« verneurs. »

Esprits simplistes, ils s'arrêtent à des explications superficielles et le Catalan, qui n'aime pas la Castille, s'y appesantit pour satisfaire ses rancunes. Les mauvais gouverneurs ont pu être pour quelque chose dans la perte des colonies américaines : mais un gouvernement qui a conquis à l'Espagne le Nouveau-Monde et le lui a gardé pendant quatre siècles malgré l'éloignement, malgré l'hostilité anglaise, malgré la tendance naturelle aux colonies grandissantes à s'émanciper de la métropole, n'est pas un gouvernement si mauvais. La cause profonde de la perte du Nouveau-Monde a été la doctrine du pacte colonial enseignée par tous les savants autrefois et dont l'Espagne n'a pas su se dégager à temps. La cause occasionnelle en a été la guerre de conquête jacobine menée par Napoléon, c'est-à-dire, en définitive, la Révolution française. Et après avoir ruiné l'Espagne au dehors, la Révolution française l'a ruinée au dedans : les idées politiques et anti-catholiques, semées en Espagne au cours de l'invasion, y ont porté leurs fruits naturels de guerres civiles et religieuses. Depuis cent ans, l'Espagne, se débattant au milieu des difficultés, querelles et divisions que l'anticléricalisme multiplie et que sa constitution politique entretient ou aggrave, reste impuissante à se consacrer à son relèvement par la mise en valeur des richesses de son sol et de son sous-sol.

« Napoléon, déclare le Valencien, a voulu conqué-« rir l'Espagne : il n'a pu y parvenir. Que de monde « il a fait tuer, et pour rien ! Quand les vieux de « soixante à quatre-vingts ans parlent de ce temps-là « et de cet homme, comme ils le maudissent ! » Ils ne le maudiront jamais assez ; leur pays, qui n'a pas été conquis par ses soldats, risque de l'être par les idées qu'ils véhiculaient. C'est maintenant surtout que cette conquête produit tous ses effets.

«... Chômer la saint Jean, la saint Paul, la saint « Joseph, d'autres fêtes encore, déclare le Valen-« cien, cela ne vaut rien pour l'ouvrier : quand il « ne travaille pas, il ne gagne rien. C'est le clergé « qui voulait ces chômages... » Et n'est-ce pas ce que veut l'ouvrier ? Ce Valencien ne se plaignait-il pas lui-même de l'excès de travail auquel il était soumis ? Ne me disait-il pas : « Toujours travailler, « ce n'est pas vivre ? » L'obnubilation intellectuelle produite par l'illusion socialiste l'empêche de voir qu'il a perdu précisément les garanties de repos et de liberté qu'il réclame et que lui assurait l'Eglise.

Le repos dominical répond à un minimum strictement suffisant. Quelques chômages supplémentaires sont très précieux. Ces jours fériés extraordinaires étaient, il est vrai, trop nombreux. Mais leur réduction restait possible et le pape l'a réalisée : Pie X n'a laissé subsister que six ou huit fêtes extra-hebdomadaires par an. Or, la force du sentiment populaire, le besoin de repos, de distraction, de joie libératrice, sont si impérieux que, malgré cette suppression, le peuple espagnol a spontanément maintenu, en fait, cette année-ci (1912), les chômages habituels de la saint Jean qui se trouvait un lundi et de la saint Pierre saint Paul qui se trouvait le samedi suivant. Chacune de ces fêtes a compté, avec le dimanche, deux jours et trois nuits de réjouissances. Malgré les patrons, tous les ateliers ont été désertés. Les « Centres » républicains anticléricaux, cédant eux-mêmes à la pression du sentiment populaire, ont organisé à cette occasion des bals et représentations d'opérettes : c'est là sans doute toute cette « culture » supérieure que réclame sans cesse *El Diluvio* pour « régénérer » le peuple espagnol. En réalité, la campagne contre les chômages traditionnels n'est qu'un épisode de la lutte contre l'idée catholique et les habitudes qu'elle inspire. Cette lutte s'alimente, comme à son foyer, à la Franc-Maçonnerie, religion ésotérique naturaliste qui vise à devenir universellement la religion secrète de l'Etat, d'un Etat dit *laïque*, forme la plus évoluée de l'Etat protestant ou Etat *sécularisé*. Mais les ouvriers sont les victimes de ces ambitions d'un autre ordre auxquelles ils doivent la transformation du travail modéré, qui seul convient à la dignité et l'indépendance humaines, en travaux forcés, et de l'usine en un « bagne ».

Voici une autre réflexion de l'ouvrier valencien : « Ici, l'hiver est très doux ; on peut se passer du « feu. Mais, en Russie, il fait un froid terrible parce « qu'il n'y a rien que des plaines, rien que des terres « basses. » Comme il ne comprend pas par quel mécanisme ces « terres basses » rendent basse la température, il en conclut, à la façon des enfants, que, là où les terres sont hautes, il fait chaud : conclusion qui lui paraît justifiée par cette considération de fait que l'Espagne est montagneuse et que ne contredit pas son expérience personnelle limitée au littoral accidenté du pays de Barcelone. Ignorant donc que l'Espagne montagneuse, distante de la mer, est très froide l'hiver, il reste convaincu que, de même que la température basse est associée aux terres basses, de même la température élevée est une propriété des terres hautes : ainsi, m'enseigne-t-il, « au Maroc, il « fait encore plus chaud qu'en Espagne et, à La « Havane, encore plus chaud qu'au Maroc, parce « que les terres sont très, très hautes. » Plus voisines du soleil, elles sont chauffées davantage par lui.

C. q. f. d. S'il faisait application d'une semblable science, expérience et raison au gouvernement de son pays, on en imaginerait les conséquences. Et cependant, il s'agit d'un ouvrier « socialiste », donc éclairé et en pleine possession de cette « culture » préconisée et distribuée quotidiennement par *El Diluvio* et *El Progreso* qui en attendent la rénovation de l'Espagne.

Le Valencien me dit encore, en soupirant : « Si « j'avais cinquante mille douros, je ne dînerais pas « ici. Je me nourrirais bien ! Mais être toujours « pauvre !... Toujours !... Naître, vivre et mourir « pauvre ! Comme c'est triste ! » Voilà l'inévitable perspective ouverte par le régime industriel aux travailleurs qui ont eu la chance de naître à une époque « scientifique ». A une population « affranchie » de la « Religion » qui est une « superstition » et un « fanatisme », la Science, érigée en philosophie et en morale, enseigne ceci : le plus fort tue, mange ou exploite le plus faible ; le plaisir est le but de la vie ; la fortune et le pouvoir, qui procurent le plaisir, appartiennent à ceux qui peuvent le prendre ; le rationnel et le réel ne font qu'un ; ce qui est, est ce qui doit être ; le fait légitime le fait ; le succès justifie tout ; ruons-nous sur les jouissances de ce monde, tant pis pour les écrasés ! Si donc tu es, et toute ta vie, un salarié, de quoi te plains-tu ? Ne connais-tu pas la vérité « scientifique » ? Te voilà affranchi, émancipé, libre ! Et maintenant, cours à l'usine : le sifflet, la cloche, la sirène t'appellent !

Soit ! mais notre « émancipé » n'est pas émancipé de sa nature d'homme. Il est homme : il a soif de justice. Il voit, sous le régime scientifique de la grande industrie, de grosses fortunes s'édifier rapidement, et son sort, à lui qui en a été le collaborateur, ne change pas : il vit au jour le jour, incertain du lendemain, à la merci d'un incident ou d'un accident. Il a perdu jusqu'à l'espérance ! Et cependant n'est-il pas entré dans le paradis de la Science et de la Révolution ? Ce régime industriel n'est-il pas issu des inventions scientifiques et de l'idéologie jacobine ? Et voilà que la Science combinée avec la Révolution fait de l'ouvrier l'éternel pauvre ! (1).

Dans une société, au contraire, où une Science supérieure à la Science enseigne que l'ouvrier est un homme, c'est-à-dire autre chose et plus qu'une machine à produire ou qu'une marchandise-travail, des considérations nouvelles surgissent qui justifient son aspiration à une liberté garante de sa dignité : l'homme doit rester libre et libre de s'associer pour défendre ses intérêts ; par l'association, il peut dominer la loi de l'offre et de la demande, qui le dominait jusqu'alors, et améliorer sa condi-

1. De là, un sentiment de haine folle qui le fait aspirer à détruire complètement la société. Il déchaîne le Bolchevisme et sa condition en devient pire encore.

tion en participant à la richesse collective du corps de métier, fruit de l'activité tenace et prévoyante des générations ouvrières. Mais comme cette plainte « être toujours pauvre ! » reste caractéristique de l'époque industrielle où il n'est question que d'être riche ! L'argent, la fortune est tout, tient lieu de tout, donne tout ! Nous vivons au temps de l'inégalité des biens et de l'asservissement à la richesse : notre démocratie est une ploutocratie. Voilà le produit de l'accouplement d'une Science naturaliste et d'une Révolution païenne, le fruit de la collaboration du jacobinisme et de la grande industrie.

Un soir, après dîner, mes trois voisins de table me proposent de jouer avec eux aux dominos. Deux heures durant, ce jeu nous retient. Le Catalan, le Valencien et l'Aragonais paraissent y prendre un vif plaisir : ils poussent de temps à autre des exclamations et de grands rires. Au cours de ces longues parties de dominos, le plus âgé et le plus jeune ont fumé chacun une cigarette et le Valencien et l'Aragonais ont bu un verre d'eau coupée d'un peu de sirop. A leur dîner, ils avaient bu chacun pour dix centimes de vin blanc — un verre — ce qui est la ration habituelle de tous les ouvriers avec qui je mange dans les divers petits restaurants populaires des différents quartiers de Barcelone ; et encore ne prennent-ils souvent que cinq centimes de vin blanc, de quoi remplir un verre à Bordeaux.

Le vin est toujours servi dans un carafon à bec long et mince et ils boivent au carafon sans approcher de leurs lèvres l'extrémité de ce bec. Les trois ouvriers, avec lesquels je joue ce soir et à la table desquels je dîne chaque soir, mangent tout au plus une soupe, un poisson ou une côtelette et une portion de légumes ; souvent, ils se contentent d'une demi-assiettée de soupe et de haricots blancs ou bien d'une côtelette ou poisson aux haricots, avec un sou de pain et un sou de vin : ils dépensent de six à neuf sous pour leur repas. Toute cette population ouvrière de Barcelone est sobre, vive, élégante, intelligente.

Je demande à mes voisins : « Comment se fait-il « que je ne rencontre pas d'ivrognes ? » Ils se récrient : « Oh ! que si, il y en a ! » J'insiste : « Beau- « coup ? — Ah ! non, protestent-ils, fort peu ! » Et cela est facile à constater ; les cafés et débits pullulent et ne manquent pas de clients, mais qui boivent très peu et causent beaucoup. Derrière le comptoir, s'alignent quelques bouteilles d'eau-de-vie et beaucoup de bouteilles de sirops ; à côté du comptoir, se succèdent côte à côte les tonneaux de vin. L'eau-de-vie se prend additionnée d'eau ; le vin se distribue par carafons de un et deux sous. Ce n'est pas à Barcelone que l'on entend demander « un litre » ! J'interroge le patron : « Vous n'avez pas d'absin- « the ? — Non. » Et, comme craignant de paraître fort arriéré, il s'empresse d'ajouter : « On en boit à « Barcelone, allez ! mais ce sont les riches, dans les « grands cafés ! — Eh oui ! surenchérissent le Valen- « cien et l'Aragonais, les riches ! eeux qui mangent « bien, qui boivent bien... » Ils ajoutent qu'au surplus ils n'ignorent pas que l'absinthe rend sombre, méchant, querelleur et, finalement, fou.

Le jeune Aragonais, abordant sans transition un autre sujet de différences entre mon pays et le sien ; « En France, dit-il, dans vos prisons, vous donnez « aux prisonniers des sabots de bois et vous les « faites tourner dans une petite cour pendant une « heure ou deux par jour. En Espagne, les prison- « niers sont libres de faire ce qu'ils veulent et on les « laisse tous ensemble ! Ah ! tous ensemble !... Et « ils chantent, ils causent, ils rient, ils jouent aux « cartes, à la pelote ! ... — Comment ! ils ne sont « pas astreints au travail ? — Non. — Pas isolés « dans des cellules ? — Ah ! on vient de construire « une prison comme ça, à Barcelone, une prison « *modèle*, souligne-t-il avec ironie. — Que voulez- « vous ! lui dis-je, c'est le progrès dans lequel nous « excellons et qui vous vient de France. » Alors, sérieux, il me regarde bien en face et conclut en affirmant avec force : « Je crois qu'en Espagne il y « a plus de liberté qu'en France. » Sur ces entre-faites, survient un Catalan qui a travaillé en France pendant dix-huit mois. On lui dit que je suis Français. Il vient à moi aussitôt et, à la mode française, m'offre un verre, qui fut, à la mode espagnole, un verre d'eau coupée de sirop.

A une table voisine, une demi-douzaine d'ouvriers jouaient paisiblement aux cartes. Soudain, de violents éclats de voix forcent notre attention ; l'un d'eux, les yeux étincelants de colère, le verbe haut, le geste brutal, tout le corps tendu et prêt à bondir, conteste un compte de jetons. Le patron s'approche et lui explique qu'il croyait à tort souffrir préjudice. Le calme renaît aussitôt. La violence de ces tempéraments, l'impétuosité et la soudaineté de cette violence sont incroyables. Une question d'intérêt et, bien plus encore, une affaire d'amour ou d'honneur les transforment avec la promptitude de l'éclair en furieux qui ne se possèdent plus. Que les passions politiques, déchaînées sans arrêt par des institutions dont elles constituent le maître-ressort, soufflent sur ces natures incandescentes et la vie normale du pays deviendra vite impossible. Les institutions étrangères introduites au XIXe siècle en Espagne y ont semé plus encore que dans notre pays des désordres redoutables.

Le Catalan, mon commensal de la *Casa de comida* du boulevard Marques del Duero — homme frisant la quarantaine — me demande, un jour : « Comment « trouvez-vous les Barcelonaises ? — Très jolies. « — Très jolies, oui, mais aussi très p..... ! »

Le jeune Aragonais évoque les souvenirs récents encore de la « semaine sanglante » : « Si vous aviez « vu ça, pendant la Révolution, à Barcelone... On « était tous dans les rues ..c'était plein de monde... « On pouvait faire tout ce qu'on voulait parce qu'il « n'y avait pas de soldats .. Mais aujourd'hui, on « ne peut pas bouger : il y a beaucoup de soldats et « davantage de police et de gendarmerie qu'avant « la Révolution... »

Cette remarque met en relief le rôle nécessaire de la force dans toute société qui veut vivre. Même si, métaphysiquement,l'on conçoit la société comme le résultat d'un accord entre libres volontés contractantes, on ne peut oublier que, dans la réalité de la physique sociale, les volontés des individus, loin d'être inspirées par la pure raison, sont pénétrées d'intérêts, de sentiments, d'idées ou de passions bonnes ou mauvaises, réfléchies ou instinctives, libres ou contraintes ou simplement suggérées, éclairées ou ignorantes, rationnelles ou fantaisistes ou stupides ou criminelles. De même que l'individu, pour se gouverner en filtrant ses idées, sentiments, intérêts et passions, doit faire effort sur soi et contre soi, se contraindre,se châtier, même en faisant spontanément appel à une assistance, un contrôle, une discipline tout extérieurs, de même la société qui veut se gouverner, se diriger et donc vivre, doit recourir à la force pour faire taire, pour discipliner, pour réduire ou même éliminer les forces brutales, obscures, capricieuses ou malsaines qui peuvent sommeiller dans ses couches élevées ou profondes, ou bien s'agiter, chercher leur expansion à travers tout le corps social en l'ébranlant de convulsions peut-être mortelles.

Mon interlocuteur ne retrouve dans ses jeunes souvenirs que le sentiment joyeux de l'enfant qui fait l'école buissonnière, tire les cordons de sonnette, siffle, crie, s'enhardit même à casser quelques carreaux.« On pouvait faire tout ce qu'on voulait.» Une Révolution est envisagée par ces imaginations ignorantes et puériles comme une bacchanale où tout un peuple pourra se livrer au délire des joies matérielles (1).Ce jeune homme a justement qualifié les événements de Barcelone en les nommant « la Révolution » : préparée de longue main par des conspirateurs professionnels, elle a réussi en Portugal et failli réussir en Espagne. Beaucoup de bandes de pétroleurs barcelonais n'étaient composées que d'adolescents, comme mon insouciant voisin de table, dont on avait exploité l'ignorance, l'amour-propre, l'agilité, les instincts de violence et le goût du désordre. Lorsque le pouvoir abdique, la société

1. N'est-ce pas sous ce jour que la Révolution russe et les débuts du Bolchevisme ont apparu au peuple russe ? Une kermesse monstre qui a fini rapidement par devenir monstrueuse, une immense débauche qui s'est achevée dans les larmes, la famine, les épidémies et les horreurs sanglantes.

menace de se dissoudre. Les jeunes agents de sa ruine n'ont point conscience des maux qu'ils déchaînent. Cet Aragonais devenu comme tant d'autres un instrument dans des mains criminelles ne mesurait pas alors ni maintenant ne mesure davantage l'étendue des maux dont il ouvrait les sources ; il ne comprenait, pas plus qu'il ne le comprend encore, que l'extension de ces émeutes ne pouvait qu'être aussi funeste à son pays, à sa classe et à lui-même, qu'avantageux à quelques profiteurs cachés. La force est nécessaire pour contenir dans une société équilibrée tous les éléments ignorants et brutaux qui pourraient la détruire et que manœuvrent des tacticiens intéressés et occultes. Si la force est nécessaire à toute organisation sociale qui veut durer, elle ne l'est pas moins à toute nouvelle organisation sociale qui veut se substituer à l'ancienne. Pour conquérir le pouvoir comme pour le garder, ni la claire et froide raison ni le mécanisme pacifique par lequel une opinion plus ou moins faussée se manifeste ne suffisent : croire en leur toute-puissance est illusion d'utopiste. Rien sans l'opinion ; mais rien par la seule force de l'opinion ; rien sans le secours de la force. Tous les politiques réalistes, quelle que fût leur doctrine, l'ont compris. Plus que tous les autres, ont pratiqué cette méthode les Jacobins, c'est-à-dire ceux qui, les plus audacieux dans la destruction violente et sanglante de l'ordre social qu'ils haïssent et dans la conservation légalement violente et sanglante de l'ordre social qu'ils aiment, montrent le plus d'hypocrite ténacité à exalter dans leurs écrits et leurs discours une société uniquement fondée sur l'accord libre et fraternel des citoyens.

L'Aragonais révolutionnaire et le Valencien socialiste s'accordent toutefois pour me donner l'assurance que les députés nourrissent l'unique ambition de devenir ministres en vue de s'assurer les profits matériels du pouvoir et que les agitateurs révolutionnaires n'éprouvent d'autre souci que d'acquérir ce pouvoir profitable : « Ils nous pro-« mettent tout, me disent-ils, et, quand ils sont élus, « il n'est plus question de rien. Ils se servent de la « Révolution pour parvenir et, une fois parvenus, « la trahissent. La République a régné en Espagne « pendant une seule année et douze présidents s'y « sont succédés ! » Ces jeunes désabusés ne sont certainement pas une exception dans le peuple espagnol qui, bien que ne nourrissant plus d'illusion sur les députés, ne se lasse cependant pas encore du régime parlementaire. Volé par ses députés, il n'est pas désabusé de la nécessité d'en élire, de même qu'il s'avoue exploité et grugé par les comités révolutionnaires, mais reste révolutionnaire conformément au programme de ces comités. Il ne sait rien de ce qui lui vaudra la Révolution sinon qu'elle portera au pouvoir des ambitieux avides de butin, et il s'obstine, dans son illusion absurde et tenace, à croire qu'un grand soulèvement du peuple, en bouleversant tout, renouvellera la société en faisant un paradis sur terre.

On conçoit combien est aisée l'éclosion de ces puérilités alléchantes au milieu du pullulement de jeunes gens de quinze à vingt-cinq ans — dont beaucoup émigrés d'autres provinces — qui constituent la majeure partie de la population ouvrière de Barcelone, âmes passionnées, violentes, têtes promptes à prendre feu, exaltés toujours prêts à passer aux actes ; on voit quelle prise offre aux pirates démagogiques cette masse effervescente, dépourvue de sauvegarde, dépouillée des principes directeurs de l'intelligence et de la volonté, exaspérée par les conditions de cette existence de labeur industriel si contraire aux exigences de sa nature. Ils sont témoins de l'édification rapide de grandes fortunes, le luxe s'étale sous leurs yeux et, alors qu'ils en ont été les indispensables collaborateurs, il demeurent toujours liés à leur tâche obscure et aussi pauvres. Alors surgissent les conseillers perfides qui s'emploient de toute leur énergie à l'œuvre désormais facile du déboisement intellectuel et moral de l'âme espagnole ; quand ils l'auront définitivement dénudée, ravagée, stérilisée, transformée en un sol plus mort et plus maudit que ne l'est celui des plateaux les plus pierreux et des sierras les plus désolées, ils pourront traiter les corps, cet agencement d'os et de muscles, comme on traite les bêtes de somme.

N'en doutons point : une révolution est, en vérité, nécessaire et d'où sortira l'affranchissement d'un peuple dont les liens datent d'un siècle et vont se resserrant et s'alourdissant de jour en jour, une révolution dont nous savons très nettement ce qu'elle doit être : — l'extirpation de tous ces germes d'ignorance, de mensonge, d'abrutissement, de corruption et de servitude que sèment à pleines mains les équipes menées par des Canalejas ou des Lerroux, par *El Diluvio*, *El Liberal*, *El Progreso*, par des modérés, inconscients imbéciles, ou par des enragés, conscientes canailles ; — la ruine définitive de ces institutions parlementaires omnipotentes qui préparent le despotisme d'une Assemblée unique pesant sur une Espagne « une et indivisible » ou les tyrannies d'Assemblées régnant chacune sur un lambeau de l'Espagne déchirée ; — l'organisation enfin d'un pays libre, un et divers, investi de droits et de libertés réelles, laissant aux citoyens et à leurs groupes naturels, familles, cités, provinces, métiers, société spirituelle, la souveraineté dans ces domaines où ils apparaissent seuls comme les maîtres compétents et les législateurs avertis.

B) Logement

Dans le quartier *San Pablo* ou celui de l'étroite et grouillante *Calle del Arco del Teatro* qui occupent la partie sud-ouest de la vieille ville, abondent les logements populaires : *Posadas*, ou *Casas de dormir*, ou *Camas para dormir*, ou *Habitaciónes economicas* (1).

Les prix varient entre un et quatre réaux (2) par nuit. Pour une peseta (3), on occupe une chambre sur rue; pour un, deux ou trois réaux, un cabinet sur une courette ou une alcôve obscure.

La *posada* où je loge d'abord, dans le quartier S. Pablo, compte une demi-douzaine d'étages. Chaque étage comprend une chambre sur chaque façade, deux cabinets sur courette et deux cabinets noirs. Cet « hôtel meublé » est proprement tenu et d'apparence plus bourgeoise qu'ouvrière. Je paie trois réaux un cabinet long de deux mètres vingt et large de un mètre soixante-dix, meublé d'un petit lit de fer, d'une chaise, d'un broc, d'un seau et d'une cuvette, et prenant jour sur une cour de mêmes dimensions; mais il est fort clair, étant situé au der-

1. Auberges, maisons pour dormir, lits pour dormir, logements bon marché.
2. Un *real* vaut vingt-cinq centimes.
3. Un franc.

nier étage. On paie en entrant, chaque soir, lorsque le logeur remet la clef, et il faut sonner pour sortir : les portes de chaque étage sont fixées, du côté du palier, par un crochet ; la bonne ou la logeuse ou l'un de ses enfants vient délivrer le client, prend sa clef et court à la chambre qu'il quitte pour s'assurer que rien n'en a été soustrait.

J'ai tenu à habiter également dans la populeuse *Calle del Teatro*. Je me suis adressé d'abord à une maison qui offrait des « *camas para dormir* » à vingt-cinq centimes. (Dans une autre de ces maisons, il y a des lits depuis vingt centimes). Du débit qui occupe le rez-de-chaussée, on accède par un étroit escalier à un entresol obscur, sorte de palier occupé par un lit ; là, une petite échelle aboutit à un trou carré percé dans le plancher de l'étage supérieur ; en surgissant de cet orifice, on aperçoit plusieurs lits dans une pièce, puis on traverse plusieurs chambres contenant chacune de quatre à huit lits placés côte à côte. Je demande un cabinet : il n'y en avait qu'un, avec un seul lit, éclairé et aéré seulement par une petite ouverture munie d'un treillage et donnant sur l'un des dortoirs.

Le courage m'ayant manqué de prendre gîte en ces lieux, je me suis rendu dans un hôtel meublé voisin où j'ai loué, au prix de deux réaux par jour, un cabinet de deux mètres trente de largeur sur un mètre trente de profondeur, prenant jour sur une courette carrée de deux mètres à deux mètres cinquante sur chaque côté. Je me trouve au premier étage et l'immeuble en compte cinq : c'est dire qu'au fond de ce puits il ne fait pas très clair. La lumière est encore diminuée par la présence d'une toile tendue sur un cadre maintenu par quatre morceaux de bois plantés aux quatre coins extérieurs de ma fenêtre et faisant une saillie de vingt centimètres sur la petite cour ; je ne reçois que la clarté qui parvient à se glisser derrière cette toile destinée à me préserver de la curiosité des allants et venants dans l'escalier dont une fenêtre fait exactement vis-à-vis à la mienne. L'immeuble est vétuste, mais les murs intérieurs sont blanchis à la chaux. Mon mobilier est aussi sommaire que celui de ma précédente habitation : un petit lit, une chaise, une cuvette sur un support de fer à trois pieds avec seau et broc. Les chants des locataires qui montent aux étages supérieurs ou en descendent, leurs appels, la rumeur exhalée de la rue où se tient en permanence un petit marché, s'engouffrent, par l'escalier d'en face, dans la courette et l'emplissent de bruit. C'est le seul que j'entende. De la *Casa de dormir* comme de celle du quartier S. Pablo aucun bruit ne me vient, aucun cri, ni appel, ni dispute. Il y demeure de pauvres gens : jamais, comme il est si fréquent chez nous, de querelles, de rixes, de coups, point d'ivrognes bruyants, têtus et stupides. Je ne vois pas plus que je n'entends mes voisins ; je les ignore. C'est bien la maison du sommeil. La bonne tenue générale de cette population surprend celui qui a un peu l'habitude de nos faubourgs. Et il en est de même de la rue, du quartier, de ses nombreux débits de vin.

Ces bas quartiers de la vieille ville n'abritent qu'une infime partie de la population travailleuse. Auprès des ouvriers de France et des pays du Nord, les ouvriers de Barcelone jouissent d'une situation privilégiée : non seulement le climat est doux et le ciel presque toujours en fête, mais l'habitation ouvrière, si misérable dans nos villes industrielles et nos faubourgs, bénéficie à Barcelone des avantages de tous ces quartiers nouveaux qui surgissent çà et là dans la plaine : immeubles neufs, salubres, baignés d'air et de lumière, logis qui s'ouvrent souvent sur de larges espaces, sur des champs, des avenues, sur un horizon de montagnes.

C) Vêtement et nourriture

La vie est très bon marché en Espagne. Un pantalon d'ouvrier, en velours ou en drap, sur mesure, coûte six ou sept pesetas ; un pantalon de confection, en coutil, deux pesetas ; une chemise, deux à trois pesetas ; une paire d'espadrilles, une peseta, et elle dure de un mois à six semaines ; la plupart des gens du peuple font usage de cette chaussure légère, élégante, économique, qu'un climat sec permet de porter presque toute l'année.

Le blanchissage d'une chemise, un gilet de flanelle, un caleçon et trois mouchoirs, me coûte cinquante centimes.

La nourriture est également très bon marché. Les laiteries pullulent : le matin, elles s'emplissent de clients, ouvriers, employés, femmes qui consomment pour deux, trois, quatre *perros chicos* (1) de lait, un sou de pain et parfois, en outre, deux sous d'œufs au lait ou de fromage à la crème.

Les débits de vins sont innombrables. Souvent on y sert à manger : « *Se sirve de comer* » annonce l'enseigne. Ou bien, c'est une « *Casa de comida* », « *Gran casa de comida* », restaurant ultra-modeste où l'on peut manger une soupe, une portion de viande aux pommes de terre, des légumes et du pain, pour deux réaux (cinquante centimes). Une *Casa de comida* de la *Calle Marques del Duero* prend des pensionnaires à neuf et onze pesetas par semaine. Dans une misérable *Casa de comida* de la *Calle del Teatro*, qui loge à la nuit, en chambrée, pour vingt-cinq centimes, je fais un jour mon repas, comme les autres habitués, avec dix centimes de pain, dix centimes de haricots et un verre d'eau Mes voisins de

1. Le *perro chico* est une pièce de cinq centimes.

table chantonnent la *Marseillaise.* S'imaginent-ils que la République espagnole leur donnerait du rôti? Un piano mécanique survient dans la rue : les enfants se mettent-à danser à la cadence de ses valses. Tout à coup, la manivelle fait jaillir la *Marseillaise.* Des passants, aussitôt, sifflotent l'air républicain. Je l'ai entendu, d'autres fois encore, dans les cafés et jardins des clairs faubourgs, l'après-midi du dimanche : «... La République... régnera ! » Cela pourrait bien finir par arriver, pour leur châtiment.

Dans le quartier du *Parallèle*, entre le Marché et la *Calle Marques del Duero*, mon regard est attiré par cette enseigne : « Restaurant ouvrier de Santa Madrona ». J'y entre par curiosité. Je retrouve là, mais très perfectionnée, l'œuvre si utile du restaurant populaire à bon marché que j'avais vu, médiocre mais suffisant, à Roanne, plus que médiocre et insuffisant, à Lyon. Il paraît difficile de mieux faire que dans ce restaurant de Santa Madrona et le succès répond aux efforts tentés. Le restaurant est ouvert de midi à une heure trente. J'arrive un peu après midi : toutes les places sont occupées et l'on fait queue sur deux files dans le vestibule. Le local se compose de deux salles, une pour les hommes et susceptible de contenir une centaine de consommateurs ; l'autre, plus petite, pour les femmes ; toutes les deux très claires et d'une extrême propreté. On s'assied sur des bancs, à des tables de marbre blanc.

On achète, en entrant, des jetons à une Sœur de saint Vincent de Paul. La cuisine est très soigneusement préparée, le pain est de premier choix, les portions sont très abondantes. On déjeune fort bien pour environ trente centimes. Le même repas, et moins bon, eût coûté le double dans une *Casa de comida*. Un vaste tableau accroché au mur indique le menu du jour et les prix. Par exemple : pain, 200 grammes, 8 centimes ; vin (un grand verre), 4 centimes ; soupe, 4 centimes ; salade, 6 centimes ; omelette, 17 centimes ; morue aux pommes, 15 centimes ; légumes, 6 centimes ; viande avec légumes, 17 centimes ; orange, 4 centimes. Il ne m'a pas paru, ce matin, que l'on ait servi moins de trois cents déjeuners d'hommes. Tous les consommateurs étaient des ouvriers des fabriques voisines, des manœuvres, au milieu desquels apparaissaient quelques paysans venus des environs et aussi quelques petits bourgeois ou employés pauvres. Depuis ma première enquête, à Roanne, j'ai toujours considéré qu'il n'y avait pas d'institutions plus utiles aux ouvriers et plus urgentes que celle qui leur donne la nourriture saine à bon marché et celle qui leur assurerait à bon compte un logis salubre. A Barcelone, les logements ouvriers sont peu coûteux et généralement salubres dans les quartiers neufs.

Dans le quartier situé à l'opposé de Santa Madrona, dans le nouveau Barcelone qui s'étend vers le faubourg de Clot, s'élève l'*Albergue San Antonio* : là, les plus pauvres peuvent faire un véritable repas pour dix centimes avec une soupe épaisse et abondante; un supplément de dix centimes leur donne droit à une portion de viande.

Le seul inconvénient de ces institutions, dans nos sociétés où, le travail n'étant pas organisé, les travailleurs affluent, refluent, émigrent et nomadisent au hasard, serait de faciliter une immigration ouvrière qui déjà fait surabonder les bras et alimente une masse flottante inemployée et inemployable parce que dépassant les besoins de l'industrie. Ainsi, la colonie française de Barcelone compte environ 40.000 personnes, ouvriers pour la plupart. Constamment, il arrive des Français, seuls ou avec leur famille, sans ressources, sans relations, sans travail, souvent sans métier, et qui ne savent où ils mangeront et, le soir venu, où ils coucheront. Presque tous s'adressent aussitôt à la chapelle française, desservie par les P. P. Maristes dont le dévouement dépasse par trop les ressources. La Société de bienfaisance française n'est pas moins débordée. L'assistance par la charité et l'assistance par le travail ne suffisent pas à satisfaire à tant de bras en surnombre. La seule immigration des Espagnols des autres provinces amène un excès dans la demande de travail. D'ailleurs, il ne faut pas se faire d'illusions sur les sentiments que les Espagnols nourrissent à notre égard : d'une façon générale, ils détestent en nous des concurrents prospères et des voisins qui n'ont pas toujours respecté leur territoire ; ces sentiments peu amicaux ont été exaspérés par l'invasion au temps du premier Empire ; c'est le plus clair profit que, de ce côté des Pyrénées comme au delà des Alpes, nous ont valu la politique et l'ambition de Napoléon Ier. Par une inconcevable aberration, ce que les Espagnols nous empruntent, c'est précisément ce que nous avons de détestable, ces idées jacobines qui détruisent l'Espagne comme elles détruisent la France.

L'attrait exercé par Barcelone sur de nombreux ouvriers français du Midi de la France s'explique en grande partie par le bon marché de la vie : en somme, on peut s'y loger et s'y nourrir avec trente-cinq sous par jour.

Deux causes d'ordre général expliquent ce bon marché : — l'Espagne n'est pas encore très industrialisée ; le régime agricole et mercantile est le régime de la vie à bon marché ; le régime industriel, celui de la vie chère ; — l'Etat espagnol n'est pas encore complètement parlementarisé ; il y subsiste des forces indépendantes des caprices et des intérêts des politiciens ; si le Parlement concentrait en lui toute la souveraineté et pouvait l'exercer sur toute chose, il ne maintiendrait sa puissance qu'à la condition de satisfaire aux appétits des électeurs et des élus par un gaspillage effréné de la richesse publique sous forme de places et de lois sociales que traduiraient l'augmentation incessante et stérile des impôts et, par voie de conséquence, la cherté croissante de la vie.

D) Le caractère et les usages

Dans les rues des quartiers populaires du sud, je remarque plusieurs fois des jeunes garçons assis à la turque sur le seuil de leur porte. Un soir, trois jeunes ouvriers rentrant de leur travail s'engagent dans une avenue où sévissait un piano mécanique. Aussitôt ils se mettent à danser, valser, tourner, battre des entrechats ; après avoir valsé furieusement près du piano, ils s'éloignent en dansant encore. Le repos à l'orientale, de la joie, des danses, des chansons et l'amour suffiraient à remplir la vie de ce peuple.

Les formes de la politesse semblent dans une certaine mesure dérivées des habitudes musulmanes : ni on ne se découvre, ni on ne se donne la main. Sous ces conventions particulières s'échange beaucoup de politesse, courtoise mais distante et familière tout ensemble, aussi bien chez le peuple que dans la bourgeoisie, entre gens de même rang comme entre catégories différentes de la société. Chez tous, le visage est immobile, sévère, un peu mélancolique, le regard plein d'expression ; ils sont naturellement élégants et s'habillent avec recherche. Ils ont tous de la race. Leur fierté naturelle dégénère aisément en orgueil.

Les formules de politesse écrites sont quelque peu emphatiques : si l'on écrit à un homme, on lui « baise les mains » ; à une femme, on lui « baise les pieds ». Même exagération dans les mots d'accueil : on vous offre aisément l'hospitalité ou mille services, mais il serait du dernier mauvais goût d'accepter. Rendre réellement service, m'assurent des Français résidents, troublerait la quiétude d'une invincible indolence. De fait, si j'ai trouvé dans les autres provinces beaucoup d'empressement, un zèle actif efficace pour m'aider dans mon entreprise, j'ai rencontré, chez les Catalans, malgré de chaudes recommandations, une politesse passive et des protestations purement verbales du désir de me plaire. Un ingénieur à qui je suis présenté et vivement recommandé pour qu'il me fasse accepter dans diverses usines me promet tout ce que je désire : rien de plus facile, assure-t-il, et il fera tout le nécessaire. Je reviens quelques jours plus tard : il paraît légèrement surpris de me revoir, trouve à certaines tentatives des difficultés, à d'autres du danger ; par ailleurs, il sent le besoin de prendre des informations. A une nouvelle démarche, il se montre moins accessible ; il finit par me recevoir, mais il est débordé d'occupations, il a du reste échoué dans ses efforts pour me rendre service, il se montre pressé, distrait et finalement m'éconduit.

Les résidents français sont unanimes à m'assurer qu'il est dans les habitudes locales d'offrir tout, mais à la condition que vous n'usiez de rien ; la serviabilité n'est guère qu'une attitude courtoise. Ce n'est peut-être pas tant le fruit d'une horreur profonde pour les besognes supplémentaires que d'un nationalisme très voisin d'une véritable xénophobie qui pousse à écarter l'étranger, quel qu'il soit.

L'ouvrier catalan accueille visiblement à contrecœur l'ouvrier étranger et en tolère avec quelque peine la présence. Je le constate personnellement à mainte reprise. Déjà, un patron français me prévient que l'ouvrier catalan se montre très jaloux de se réserver le travail de sa province, qu'il voit d'un mauvais œil venir dans les ateliers de Catalogne même un Espagnol d'une autre province, à plus forte raison un étranger. Ce nationalisme contraste avec la facilité qu'en France la classe ouvrière montre généralement à se laisser pénétrer et même exclure de son patrimoine de travail par les ouvriers de toutes nations.

Un grand orgueil inspire ce nationalisme jaloux. L'ouvrier catalan a de soi une très haute opinion : il se croit volontiers supérieur à tous les ouvriers du monde ; il ne considère pas qu'il ait besoin d'apprendre des étrangers et n'avoue pas qu'en fait il est enseigné par eux. Il possède, il est vrai, une supériorité incontestable et vraiment exceptionnelle dans l'art de la ferronnerie, mais qui n'est pas celle dont il songe à se prévaloir plus particulièrement. On considère le Catalan comme orgueilleux et égoïste, le Valencien comme traître, l'Andalou comme amoureux et flâneur, l'Aragonais comme franc, têtu, querelleur, travailleur, dur à la fatigue, économe ; le Castillan comme un *caballero* loyal, fier, obligeant, nonchalant et prodigue.

Tous ces éléments sont représentés à Barcelone. On y compte, parmi les ouvriers de métier, 95 o/o de Catalans, le surplus provenant des autres provinces, mais catalanisé par un séjour prolongé. Ils ne parlent tous, entre eux et avec leurs patrons et contremaîtres, que le catalan. Les nombreux ouvriers qui arrivent des autres provinces d'Espagne s'emploient comme manœuvres dans les diverses fabriques et usines : ils ne se fondent pas dans la population, n'en apprennent pas la langue, et généralement après six mois, un ou deux ans, retournent chez eux avec quelque argent gagné.

L'amour-propre espagnol se manifeste de la façon suivante chez les cireurs de bottes : j'entre dans une de leurs confortables boutiques de la Rambla (1) ; mes chaussures nettoyées, je demande un coup de brosse

1. Il n'est homme de la condition la plus modeste qui ne s'offre ce luxe s'il a trois ou quatre sous à dépenser.

pour mes vêtements ; le cireur me tend la brosse et, lorsque je me suis moi-même brossé la poitrine, il consent à me brosser le dos ; c'est tout ce à quoi il peut condescendre pour un client qui n'est pas mieux vêtu que lui. Encore dois-je m'estimer très honoré de son effort. Plusieurs fois déjà, j'ai fait nettoyer mes chaussures dans un de ces « salons » au voisinage de la Grande Poste ; un jour, mes chaussures cirées, je demande un coup de brosse pour mes vêtements ; le cireur me tend la brosse et va s'asseoir en fumant une cigarette. Il me laisse ainsi me brosser complètement moi-même. Aussi, en me retirant, ne lui donnè-je que le prix du tarif du cirage des chaussures, quinze centimes, sans pourboire. Il me demande vingt centimes. Je m'écrie : « Alors « vous ne pouviez pas brosser mon veston ? — Si. — « Et vous ne l'avez pas fait ? et vous me demandez « vingt centimes ? Bon ! les voilà ! mais je ne revien« drai plus ici. » Sans un mot, négligemment, il me rend mon argent. Le pur geste méditerranéen ! Le pur geste oriental ! Il n'est pas un indigène des rives de la Méditerranée, mais surtout de l'Afrique du Nord ou du Levant, qui, mécontent de ce qu'il a reçu, ne manifeste son mépris en refusant l'argent.

Ce dédain se rencontrera naturellement chez le petit employé. J'entre dans une pharmacie du centre de la ville pour me faire faire un insignifiant pansement à un doigt écorché. L'employé me répond qu'il ne sait pas faire de pansement, que sa pharmacie n'est pas une « maison de secours ». Et si un passant tombe malade ou est blessé dans la rue ? « Ça ne le regarde pas », assure-t-il. La vivacité avec laquelle j'ai accueilli cette manifestation de désintéressement et le ton que j'ai pris pour l'inviter à accomplir à mon égard son devoir professionnel l'ont immédiatement amené à plus de docilité. Peut-être a-t-il cédé à la crainte de provoquer la rancune de quelque propagandiste par le fait. La lâche prudence amènera toujours le bourgeois à composition.

La fierté naturelle des Espagnols les porte tout à la fois et contradictoirement à mépriser les idées, habitudes et choses étrangères, et cependant, par crainte d'être traités de rétrogrades, à les rechercher et les adopter en les dépassant. C'est ainsi que l'on est frappé du très grand nombre de « boy-scouts » que l'on rencontre à Barcelone : ces « explorateurs barcelonais », comme ils se désignent, « explorent » généralement la Place de Catalogne et le *Tibi Dabo*, comme les « explorateurs parisiens » de même ordre explorent la Place de la Concorde et le Bois de Boulogne. L'anglomanie et ses costumes grotesques sévissent ici comme ailleurs : l'Espagne tend à perdre le sens de son génie propre ; boussole affolée, elle subit tour à tour toutes les suggestions des maniaques du parti de « l'européanisation ». La manie, en l'espèce, est soigneusement calculée : elle vise à être sécularisante; l'institution des boy-scouts est une entreprise anti-confessionnelle. Ce qui suffit pour lui valoir les sympathies du gouvernement libéral.

Un religieux français, proscrit par la République et réfugié en Espagne depuis 1903, me dit de l'ouvrier catalan qu'il est franc et loyal; il agit suivant ses convictions qui sont toujours sincères et ardentes et qu'il pousse jusqu'à leurs plus extrêmes conséquences.

Un industriel porte sur ses ouvriers le jugement suivant : « Tous mes ouvriers sont Catalans. Entre « eux, ils se livrent sans cesse à de vives discussions « sur la politique, les rapports du capital et du tra- « vail, le socialisme. Très violents en paroles, ils s'en « tiennent généralement aux paroles. Ils montrent « beaucoup de probité professionnelle, ne pratiquent « pas le sabotage, ne nourrissent aucune haine person- « nelle contre moi. Assez indolents, ils n'éprouvent « pas de plus vive satisfaction qu'à l'annonce de l'oc- « troi d'un jour de chômage supplémentaire, surtout « si on jette le pont entre deux jours fériés ».

Un ingénieur français, directeur d'une grande entreprise industrielle à Barcelone, m'expose son opinion sur l'ouvrier catalan : « Il ne pense pas, il sent ; « il n'a pas d'idées, mais des passions. Quand il « discute une question, c'est parce qu'il a lu, la « veille, un article de journal ou une brochure qui la

« traitait ; comme il est doué d'une excellente mé-
« moire, il paraît documenté et pourvu d'idées per-
« sonnelles. Il lit d'ailleurs rarement : 70 o/o des
« ouvriers sont complètement illettrés ; le surplus
« n'a reçu qu'un rudiment d'instruction primaire.
« Mais ils parlent tous avec abondance et facilité,
« non seulement avec correction mais avec une
« grande élégance et souvent même une vive élo-
« quence qui leur est naturelle. Leurs conversa-
« tions habituelles ont trait aux femmes et jeunes
« filles courtisées ou rencontrées dans la rue, aux
« pièces de théâtre ou de cinéma vues la veille, aux
« courses de taureaux. Mariés, ils ne parlent jamais
« de leurs femmes ou de leurs enfants. Ils sont d'une
« extrême sobriété : jamais on n'en voit qui soit
« ivre. Si un ouvrier est ivre — fait très rare — il
« est de Madrid ou de Bilbao. Mais 60 o/o de ces
« sobres Catalans jouent de l'argent et beaucoup
« perdent au jeu le salaire de la semaine. L'ouvrier
« catalan est indolent : il a désir et besoin d'oisiveté.
« Il s'acquitte consciencieusement de sa tâche. Mais
« il est incapable de faire un travail *fini* ; il n'y en a
« pas un sur cent qui *finisse* une besogne délicate ;
« un ouvrier d'art, venu pour poser dans mon cabi-
« net des gonds de porte, les a posés de travers.
« L'ouvrier catalan se contente de l'à peu près (1).

1. Trait de psychologie orientale.

« Spontanément, il n'éprouve ni soucis matériels,
« ni soucis professionnels, ni soucis politiques, ni
« préoccupations d'idées : il se laisse vivre. Son
« exaltation politique et le rôle perturbateur que,
« sous cette influence, il joue, sont exclusivement
« l'œuvre artificielle de meneurs intéressés à créer,
« entretenir et aggraver cet état de choses. Voici un
« fait qui marque à la fois l'empire qu'exercent sur
« lui les habitudes et son incapacité à réfléchir : mes
« ouvriers — tous Catalans — ont coutume d'être
« payés, leur semaine étant de vingt-six à vingt-huit
« pesetas, avec un billet de vingt cinq pesetas et de
« la monnaie d'appoint ; un samedi, la caisse étant
« par hasard munie de douros (1) et démunie de
« billets, les ouvriers reçurent leur salaire en argent ;
« ce fut, tout de suite, une protestation très vive et,
« aussitôt après, le refus d'accepter la monnaie ; ils
« criaient : nous voulons les billets ! nous voulons
« les billets ! Il fallut céder. On envoya chercher
« des billets de banque. »

Un autre fait montre le misonéisme de l'ouvrier catalan, même lorsqu'il s'agit d'améliorer les conditions de son travail : un patron tisseur me signale un accident fréquent dû à la projection de la navette qui peut atteindre un voisin ou un ouvrier passant près des métiers et le blesser très sérieusement, œil

1. Pièces de cinq francs.

crevé, fracture du crâne, etc. Pour y remédier, on a imaginé divers dispositifs qui, sans gêner le travail du tisseur, empêchent le jet de la navette : les ouvriers n'en ont accepté aucun, malgré les efforts des patrons et les injonctions des inspecteurs du travail, et sans fournir aucune justification de leur refus.

D'autres patrons français de Barcelone m'assurent également que « l'ouvrier catalan ne fait pas de « beau travail, ne se préoccupe pas d'en faire et ne « peut parvenir à en faire ; il ne devient jamais ce « qu'on appelle en France un bon ouvrier ; ce qu'il « produit est inférieur ; c'est une sorte de camelote, « comparable aux produits allemands. »

D'après un autre patron français, il faut constamment redire à l'ouvrier catalan ce qu'il doit faire ; il attend passivement qu'on lui répète les mêmes instructions. Cependant, son orgueil est extrême : il s'estime supérieur à tous les ouvriers espagnols et étrangers. Le même état d'esprit règne chez les patrons catalans. Les Catalans n'ont pourtant rien inventé ; ils ont reçu l'industrie de France, d'Allemagne, d'Angleterre, et ne l'ont pas même perfectionnée. Doués d'une intelligence très vive, ils se montrent incapables de travail soutenu, d'effort patient, même de simple application. Doués de beaucoup d'aptitude et de goût pour la musique, ils n'ont jamais produit d'œuvre musicale. Enfin, comme dans le reste de l'Espagne, ils professent, ouvriers ou patrons, une indifférence supérieure à l'égard du temps: le temps, si précieux dans les affaires, surtout dans l'industrie, n'est rien pour eux. Ce qu'ils promettent pour un jour n'est prêt que plusieurs jours plus tard, ou plusieurs semaines! Les rendez-vous d'affaires se remettent de jour en jour. Un voyageur de commerce a besoin de deux semaines pour régler ce qui, en France, se réglerait en trois jours.

Les ouvriers catalans se montrent susceptibles, violents, mais généralement francs et accessibles à la raison. Un ingénieur électricien français, en renvoyant de la grande administration qu'il dirige, un certain nombre d'employés qui le volaient sans vergogne, s'était attiré de violentes inimitiés: « Un « matin, me conte-t-il, sortant de chez moi, je suis « abordé par un de ces mécontents qui, une main « dans la poche, sur la crosse de son revolver, me « déclare qu'il est venu pour me tuer. — Et pour- « quoi cela ? — Parce que j'ai été renvoyé injuste- « ment; réintégrez-moi ou je vous tue. Une discus- « sion animée se poursuit entre nous pendant une « demi-heure. Finalement, je lui déclare qu'il peut « me tuer, mais que je ne le réintégrerai pas; qu'au « surplus, tout directeur que je suis, je n'en reste « pas moins un salarié comme lui et qu'en définitive « les véritables responsables, ce sont les actionnaires

« pour le compte desquels je travaille : pourquoi « n'allez-vous pas plutôt les tuer ? L'homme réflé- « chit une seconde, avoue que j'ai raison et s'en va. « Il était certainement venu me trouver avec la « froide résolution de me tuer. Mais mon calme et « surtout notre conversation et mes arguments « avaient transformé ses sentiments. »

L'esprit de vengeance des Catalans ne se traduit pas toujours avec cette franchise, mais par des procédés prudemment tortueux. Le même ingénieur me rapporte que, dans une grande grève, des charretiers ayant remplacé les grévistes, ces « jaunes » périrent tous, empoisonnés d'une façon restée mystérieuse, au cours de l'année qui suivit la grève. Ces vengeances secrètes ne sont pas en usage que dans le monde ouvrier : un avocat ne gagne pas le procès qui lui avait été confié ; son client, furieux, soudoie un voyou qui se poste, la nuit, à un coin de rue, sur le chemin habituel de la victime ; ce mercenaire, armé d'une hache, tente de trancher le cou de l'avocat et ne réussit qu'à lui briser la mâchoire.

Les ouvriers catalans se montrent sensibles aux bons procédés. Le patron d'une grande usine a spontanément pris des mesures de protection en faveur de son personnel et inauguré des pratiques de traitement affectueux ; ces initiatives lui ont attiré les critiques des autres patrons qui l'assuraient qu'il y perdait son temps, sa peine et son argent. Il accorde le service médical gratuit à ses ouvriers et à leurs familles, il leur paie tout ou partie du salaire pendant la maladie, il entretient avec eux des relations amicales, leur offre dans certaines circonstances un banquet avec réception dans ses jardins, distractions variées, buffet et menus cadeaux. Il a ainsi obtenu ce résultat positif qu'au cours de plusieurs grèves générales et même violentes, ses ouvriers ont refusé de quitter leur travail, bien qu'il leur ait laissé toute liberté de se joindre à leurs camarades, soit pour obéir à leurs convictions intimes, soit pour éviter d'être molestés par les grévistes. Ses ouvriers sont payés de quatre à neuf pesetas par jour; les manœuvres débutent à deux pesetas soixante-quinze centimes et passent en peu de temps à trois pesetas; la journée est de dix heures, conditions un peu plus avantageuses que dans les maisons similaires. Cette divergence de vues entre patrons s'explique, au fond, par l'opposition de leurs idées directrices. Celui qui s'inspire de l'idée chrétienne incline, malgré le déchaînement de la concurrence, à rechercher, dans la marchandise-travail, l'homme, et à établir entre le capital et le travail des rapports humains. Ceux que dominent les conceptions du libéralisme économique tiennent pour leur droit leur force et pour leur loi leur intérêt, estiment que le propriétaire a le droit d'user et d'abuser de sa propriété et que le travail qu'ils paient est leur propriété, traitent le travail comme une marchandise et ne considèrent dans l'ouvrier que la marchandise-travail. La conception libérale, c'est-à-dire païenne, des rapports du travail et du capital explique et justifie toutes les violences auxquelles se livre parfois la classe ouvrière : sous ce régime, elle n'a conquis que de haute lutte et par la terreur qu'elle a réussi à inspirer un traitement moins inhumain, le droit de coalition temporaire ou permanente. Jusqu'à ce moment-là, le capital et ses détenteurs possédaient seuls, par la grâce de la Révolution française, la liberté et la force, les garanties légales nécessaires, la protection de l'Etat. C'est parce que l'ouvrier a rué entre les brancards au point de faire craindre que tout ne soit brisé, que la ploutocratie s'est laissé arracher quelques petites concessions, extrêmement éloignées d'ailleurs de ce qu'exige la justice chrétienne qui juge les problèmes sociaux, les riches et la richesse, d'un point de vue pleinement humain parce que divin.

Cette ploutocratie se traduit, en politique, par les institutions parlementaires qui propagent, développent et renforcent, dans tous les corps élus et les administrations publiques, une vénalité à laquelle se laissent aisément glisser les Espagnols. Un industriel de Barcelone me raconte que son père reçut un jour la visite du directeur des douanes qui lui demanda carrément s'il consentirait à lui verser une annuité de « tant » : « Mon père le mit à la « porte. Aussitôt, les amendes de pleuvoir jusqu'à « ce que mon père entrât en composition. Je suis « depuis peu de temps propriétaire de cet immeuble : « il m'est encore impossible de connaître le montant « de mes impôts. J'ai reçu plusieurs fois la visite du « percepteur : il ne veut rien préciser ; il attend de « connaître mes offres et le cadeau que je lui pro- « mettrai. Il ne s'agit pas d'un cas isolé : tout se « passe partout ainsi. Nous avons eu autrefois une « municipalité conservatrice, à Barcelone : l'alcalde « était intègre ; on ne l'était pas autour de lui. « Depuis lors se sont succédées des municipalités « d'opinions plus avancées : ça été le pillage. »

La municipalité lerrouxiste actuelle (1) éventre tout un quartier du centre de la vieille ville, trace une large voie, fait creuser profondément le sol de la future chaussée et y construit de vastes tunnels : nul ne peut dire encore quelle en sera la destination, égoût, métropolitain, ou autre chose encore. Mais les gens de Barcelone ajoutent : « Peu importe, « pourvu que l'on démolisse et que l'on construise, « que l'on creuse et que l'on comble ; l'essentiel est « que s'exécutent de grands travaux publics qui « rapportent à nos élus d'importants et multiples « pots-de-vin. Jamais le gaspillage et la concussion

1. Nous rappelons que toute cette étude est antérieure à la guerre.

« n'avaient, avant l'arrivée des amis du républicain « révolutionnaire Lerroux au pouvoir municipal, « atteint d'aussi scandaleuses proportions ! » Que serait-ce si cette équipe d'affamés, s'emparant du pouvoir central, établissait en Espagne une République ?

Un gros commerçant me confie qu'en acceptant de payer cent pesetas par an à un inspecteur, il s'est épargné de débourser les cinq cents pesetas d'amendes annuelles que celui-ci lui infligeait auparavant. Un autre industriel me rapporte qu'un inspecteur des finances, venu pour fixer son chiffre d'impôts, lui avait demandé sans ambages un don de tant de milliers de réaux : « J'ai offert la moitié de cette « somme. Il me répondit qu'il ne pouvait accepter « si peu d'argent, car... et il me montra la liste de « ses chefs et la somme qu'il devait allouer à chacun « d'eux par prélèvement sur celle qu'il me deman- « dait. Si je maintenais mon rabais, il ne lui reste- « rait rien. Nous avons fini par nous entendre. « D'ailleurs, quiconque a quelque argent à toucher « au Trésor doit en abandonner une partie pour ob- « tenir le reste. Lorsque le gouvernement manque « d'argent, il ne paie pas ses fonctionnaires !... »

Cette corruption est générale en Espagne. On me cite le cas suivant : à X***, un patron en conflit avec l'administration va trouver une haute personnalité et lui offre 4.000 réaux (1.000 francs) pour régler le différend. Le haut fonctionnaire envoie le lendemain sa carte avec ces mots : « Pas quatre, mais six. »

Le gouverneur de Barcelone vient d'être changé : un libéral succède à un libéral, un larron à un larron. Celui qui est parti, après avoir toléré pendant un certain temps les jeux dans les cercles et lieux publics, les avait interdits. Celui qui le remplace les tolère à son tour : comme son prédécesseur, il est payé par les tenanciers ; on cite les chiffres, 120.000 pesetas par mois Lorsqu'il se sera enrichi, il deviendra vertueux comme son prédécesseur : il interdira les jeux.

De tout ainsi et tous ainsi. Un siège de conseiller municipal est considéré comme devant procurer à son titulaire une certaine fortune.

Mais nous ne pouvons plus, nous autres Français, crier au scandale : *L'Action Française* ne nous apprenait-elle pas, en même temps que ce que rapporte à certains parlementaires et hauts fonctionnaires de la police la tolérance des jeux dans les cercles et casinos, que l'on dit couramment à Paris qu'une place de conseiller municipal de cette ville vaut 30.000 fr. de rente ? Et un vice-président radical de notre Chambre des députés n'assurait-il pas publiquement, dans la ville qu'il représente si mal, qu'un député qui ne sait pas se faire 40.000 francs de revenu n'est qu'un imbécile ? La Troisième République a propagé la corruption administrative. Des adjudications publiques ne sont faites que pour la forme : on offre 10.000 francs à un homme politique du Midi s'il fait obtenir l'adjudication de la toile pour culottes de gendarmes ; un imprimeur devient adjudicataire pour un ministère en oubliant son portefeuille sur la table du ministre. Bien connue est la vénalité de la douane d'un de nos plus grands ports de commerce. Dans certaines communes du Midi, les électeurs gouvernementaux ne paient pas d'impôts. Certains ministres, en entrant dans des sociétés financières, ont réalisé des fortunes scandaleuses. Et mille autres cas semblables (1).

En Espagne, il n'y a pas que les fonctionnaires ou les hommes politiques pourvus d'un mandat électif qui exploitent et pressurent leurs administrés ou leurs électeurs. Les politiciens révolutionnaires ne tirent pas moins profit des craintes que leurs prédications inspirent. Un industriel de Catalogne me confie qu'il verse annuellement une certaine somme à l'un des chefs des comités révolutionnaires pour qu'aucune grève n'éclate chez lui ; les journaux socialistes s'abstiennent de toute critique contre sa maison ; il paie une assurance contre la grève. Le cas n'est pas isolé et l'exemple vient de haut. Tout le monde raconte que, lors du premier voyage du

1. La guerre nous a montré quelle était l'effroyable puissance corruptive de l'or allemand.

jeune roi Alphonse XIII à Barcelone, le chef des républicains révolutionnaires, Lerroux, reçut du gouvernement 5.000 douros : sur quoi, Lerroux déclara à tous ses partisans qu'il fallait faire la manifestation du mépris en rendant les rues désertes sur le parcours du cortège ; il organisa, à l'heure même de la cérémonie officielle, de grands meetings populaires dans tous les quartiers et faubourgs de la ville, empêchant ainsi toute tentative de manifestation hostile. D'ailleurs, Lerroux excelle à duper le bon peuple : un soir qu'il devait parler dans une réunion publique au faubourg San Andres, le plantureux dîner qu'il faisait comme de coutume dans le meilleur restaurant de Barcelone le mit en retard ; il s'en excusa en arrivant au meeting, alléguant ses absorbantes occupations de propagandiste, assurant même qu'il n'avait pas eu le temps de dîner ; tirant alors de sa poche un morceau de pain et un peu de jambon, il les mangea séance tenante, au milieu d'ovations délirantes, puis il prit la parole.

Lerroux est aujourd'hui millionnaire. Les attaques dont il est présentement l'objet de la part d'autres chefs révolutionnaires manifestent leur âpre désir de mordre au gâteau à leur tour. Ils voudraient écarter le repu. C'est une bataille de chiens autour d'un quartier de viande.

Lerroux, enrichi, vient de fonder à Barcelone une banque soutenue par la haute finance juive de Paris. Attaqué à ce sujet, il a déclaré qu'il avait créé cette banque dans l'intérêt du parti ouvrier, afin de faire vivre et de multiplier les *Casas del pueblo.* Soyons assuré qu'il n'en assumera pas personnellement les charges. Le prétexte allégué pour sa défense nous a simplement livré le secret du mécanisme grâce auquel s'organise, vit et prospère le parti de la Révolution : c'est l'argent international qui installe richement en de vastes immeubles de si nombreux « Centres » ou *Casas del pueblo*, qui multiplie tant de journaux quotidiens ou hebdomadaires, qui fait vivre une armée de politiciens, de journalistes et d'orateurs populaires. Les importations et manipulations de fonds s'effectuent sous le masque d'une banque et sous le voile de l'anonymat. La classe ouvrière, naturellement, n'y voit que du feu. Elle est un instrument aux mains de la Révolution. *El Progreso* (1) proteste violemment contre les attaques dont, à propos de sa banque, Lerroux est l'objet. Mais ces protestations ne donnent pas le change sur la réalité : les méthodes appliquées à la France et à l'Espagne sont identiques — mêmes moyens, même but, mêmes profiteurs, mêmes agitateurs et politiciens, la propagation des mêmes doctrines verbales, le recours aux mêmes procédés de corruption, de publicité, d'intimida-

1. 24 octobre 1912.

tion, de violence, de mensonges, calomnies et, au besoin, incendies, terreur, assassinats. La vénalité des politiciens socialistes espagnols ne diffère pas de celle des politiciens socialistes français, nantis, rentés, enrichis par l'exploitation de l'ignorance, de la crédulité et de la misère des ouvriers.

E) Journaux populaires, propagande, programmes politiques, courants d'idées

Les kiosques à journaux de toute la ville sont inondés d'exemplaires d'*El Motin* (1) qui, soigneusement affichés, étalent partout leurs illustrations provocatrices. Cette feuille semble avoir pris à tâche, sans redouter d'en fatiguer le public, de le saturer des visions horrifiques de prétendues scènes de l'Inquisition, d'agir sur son imagination par l'obsession de l'image. Etrange faiblesse de l esprit humain qui se laisse engager en des querelles rétrospectives et se fait mobiliser pour la guerre aux fantômes quand le péril le menace d'une Inquisition laïque autrement outillée, puissante et redoutable que ne le fut jamais sa devancière ! L'Etat jacobin dispose de moyens jadis inconnus : le progrès n'est pas un vain mot. Quand tout l'outillage moderne —

1. La Sédition.

capitaux, grande industrie, presse, enseignement, assistance — est aux mains d'une assemblée omnipotente, on peut affamer tout un peuple et mettre aux fers sa pensée et ses bras. Les excitations contre l'Inquisition ancienne, si rudimentaire, forcément limitée dans son objet comme dans ses moyens, sont habilement calculées pour égarer les méfiances du public en les détournant de cette Inquisition moderne qui se constitue à l'abri de l'Etat parlementaire et centralisé et qui absorbe toutes les ressources de la nation pour les tourner contre elle. Cette campagne ressemble à une utile jonglerie, au tour de main du Grec qui fait sauter la carte.

L'anti-cléricalisme use successivement et opportunément du procédé révolutionnaire et sanglant et de la méthode légale et lente. Par l'un, il pénètre de vive force dans la place et s'y installe en conquérant : il n'est crime qu'il n'ose pour s'imposer par la terreur. Par l'autre méthode, il asseoit sa conquête et tend à la rendre définitive : il jugule ses adversaires par une guerre civile administrative, une guerre de religion légale ; il opère comme travaillent les apaches chaussés de « silencieuses ». Le parlementarisme apparaît comme le système parfaitement approprié à cette politique. Il implique ce principe que la loi crée le bien et le mal, le vrai et le faux, le juste et l'injuste, que, par elle-même, la loi est juste et qu'il n'y a pas de droit contre elle ; ce despotisme est présenté comme le souverain bien ; une sorte de guerre civile sourde et permanente découle de la Constitution même. Les intérêts des grandes puissances financières reçoivent secrètement satisfaction et leurs entreprises demeurent masquées par les manœuvres de diversion anticléricale. En persuadant le peuple que ses malheurs sont l'œuvre du clergé, on l'empêche de remonter à leur véritable source. Notre riche et douloureuse expérience aurait dû cependant servir à l'Espagne : elle est assez éloquente. Et voilà que notre histoire recommence ici ! Pourquoi ? Parce que l'opinion espagnole ignore notre histoire présente. Et elle l'ignore parce que cette opinion est fabriquée de toutes pièces par de puissantes et secrètes organisations internationales qui, soutenues par les puissances d'argent, concentrent sur l'opinion publique tous leurs moyens d'action.

La presse catalane catholique ou dite indépendante reste subordonnée aux grandes Agences internationales d'informations qui sont maçonniques et juives. Le journal « indépendant » *Las Noticias* avertit lui-même ses lecteurs que les nouvelles qu'il publie proviennent de l'Agence Havas. Le maniement de l'opinion, en Espagne comme dans les autres pays, reste au pouvoir d'une puissance anti-catholique et anti-nationale. On le voit bien, chez nous, où le silence se fait sur toutes les choses d'Espagne dès qu'il ne s'agit plus de soulever contre ce pays l'opinion de l'Europe. De même, hormis quelques rares détails échappés à la conspiration du silence, nous n'avons rien su de l'abominable régime terroriste et sanglant que l'immonde République maçonnique a fait peser sur le Portugal. La puissance de perversion de l'opinion internationale est extraordinaire, grâce à une presse nombreuse, convenablement outillée, docile aux mots d'ordre et documentée par de grandes Agences auxquelles la presse indépendante a la naïveté de recourir, n'ayant jamais su se pourvoir d'organes informateurs. J'ai rencontré en Extrême-Orient un universitaire russe qui, après quelques instants de conversation, me récitait la formule connue : « Les moines ont ruiné l'Espagne. » C'est là un article important du *Credo* international des imbéciles. A bord d'un baquebot, deux pacifistes, énergumènes de l'Armée du Salut, l'un Anglais et l'autre Norwégien, tentèrent, en profitant de ce qu'ils m'encadraient à table, de m'embrigader parmi les adeptes du nouvel Evangile, celui du « martyr » Ferrer. On ne criera jamais assez haut que c'est le peuple de Barcelone qui est le martyr de ce malfaiteur.

On démêle aisément les forces lâchées contre l'Espagne sous le couvert de la presse ; on remonte sans peine aux sources bien définies qui alimentent les idées dont elle propage la malfaisance : le naturalisme sous sa forme pseudo-scientifique, politique et religieuse ou millénariste, est ardemment propagé par les soins de prédicants qui dissimulent derrière le masque de la raison ou de la science, du socialisme, du libéralisme, de l'idéalisme humanitaire, les foyers libre-penseur, juif, maçonnique et protestant où ils réchauffent leur zèle. Au cours de l'analyse qui va suivre, les théories émises par les journalistes populaires relèvent de ces inspirations diverses. L'esprit protestant y est particulièrement saisissable : ce n'est pas par les misérables petits temples, ouverts un peu partout et restés vides, qu'il se propage, mais par le ministère des journalistes. *El Diluvio* représente tout particulièrement cette passion anti-catholique et anti-espagnole. Or, pas plus qu'en France ou tout autre pays, le protestantisme ne peut représenter en Espagne une force édificatrice. Il faut posséder la vie pour la communiquer. Chez ses propres adeptes, le protestantisme n'est qu'une dérobade, une fuite, un écoulement hors de la pensée chrétienne, une glissade au naturalisme. L'âme espagnole est trop extrémiste pour s'accommoder des compromis, trop réaliste pour se payer de verbiage luthérien ou de jargon calviniste, trop lucide pour consentir à patauger dans ce marécage anti-intellectuel, trop franche pour se prêter à cette hypocrisie : ou le surnaturalisme catholique, ou le naturalisme des païens modernes ! Comme mouvement religieux, la tentative protestante est vouée à un échec certain. Mais l'esprit du protestantisme reste un péril extrême pour la civilisation : il agira dans la société espagnole, si elle se laisse pénétrer par lui, comme le ferment caché d'une politique dissolvante de la conscience religieuse de l'Espagne, comme une force d'intrigues secrètes, comme une puissance de corruption et de ruine, comme l'associé naturel de tous les ennemis de la grandeur ibérique. Il vient ici en ennemi. Il est le souffle d'une vieille haine. Comme les Juifs, dont le rejet assura l'indépendance et la force du peuple espagnol, les Protestants ont des revanches à prendre contre cette nation qui a su, pendant près de quatre siècles, se défendre d'en être empoisonnée. Mais à défaut du protestantisme, les Protestants travaillent à lui inoculer l'esprit protestant.

On s'imaginerait bien à tort que les journaux dits « démocratiques » s'occupent de la défense des intérêts populaires et de la recherche des solutions réalisables qui seraient propres à améliorer la condition des travailleurs : il n'y est question que de cléricalisme et de guerre au cléricalisme. C'est une intoxication et une excitation permanentes. L'ouvrier prend son journal comme une absinthe : c'est le convulsivant qui lui détraque l'âme.

Par exemple, *El Progreso*, organe du républicain Lerroux, porte en sous-titre « Journal autonomiste d'union républicaine ». Le 27 mai 1912, sous la mention « Un curé hydrophobe », il publie un entrefilet débordant d'attaques personnelles, passionnées et d'ailleurs ineptes. Ce journal semble avoir concentré dans ses colonnes tout le venin de cette presse libérale bourgeoise qui a commencé à sévir chez nous avec *Le Constitutionnel* et qui, multipliée de nos jours à l'usage des diverses nuances de la même opinion, se manifeste par *Le Temps*, *Le Matin*, *Le Radical*, *La Lanterne* et *Le Siècle*.

El Liberal, dans ses « éphémérides » du 27 mai, insère un article, qu'il croit spirituel, sur Ravaillac, « créature angélique, pleine de séraphiques intentions » et assassin.

La « Chronique » quotidienne de *El Diluvio*, le 28 mai, commence ainsi : « Naître à la vie intellectuelle dans l'Université vaticanesque d'Espagne et à la vie politique au milieu des éclats de la Révolution de septembre, voilà l'éternelle énigme de la politique espagnole. Moitié moine et moitié seigneur féodal, corps de girondin et tête d'abbé mitré, voilà la moderne énigme que personne ne s'est préoccupé de déchiffrer et que fait connaître le nom de Montere Rios... » Il n'y a pas là d'autre énigme que celle d'une civilisation où l'idée chrétienne garantissait les droits, les libertés, la dignité humaine et la justice et qui, envahie par la grande industrie et la grande finance à l'heure même où les violences jacobines avaient détruit les libertés politiques et les garanties morales, redescend aux bassesses du naturalisme et tombe aux servitudes de la ploutocratie. Les générations qui naissent dans un pareil milieu sont les victimes de cette contradiction redoutable. Comme la société, les âmes apparaissent divisées contre elles-mêmes.

El Progreso, le 23 mai, et *El Intransigente*, le 25, dénoncent la grande conspiration des Jésuites de Barcelone ! Le second de ces journaux étale en manchette : « L'organisation militaire des Jésuites ». Le couvent de la *Calle de Caspe* serait transformé en une véritable « forteresse », percée de meurtrières, bourrée de remingtons et de munitions... et cent autres horrifiques détails (1).

Tous ces contes de la Mère l'Oie, renouvelés de Michelet, Quinet, Eugène Süe et de notre vieux *Constitutionnel*, qui ont abruti plusieurs générations bourgeoises et ouvrières, en France, au XIXe siècle, et aidé, au début du XXe, à faire éclater la sanglante révolte de Barcelone et la barbare Révolution portugaise, sont jetés dans le public catalan dans l'espoir

1. Tout se bornait à la construction, aux angles de l'immeuble, de tourelles défensives, comme la plupart des monastères et beaucoup d'églises de Barcelone et des environs en ont été munis à la suite de la révolution avortée de 1909. Les prêtres et moines espagnols ont la sagesse de tirer parti des leçons de l'expérience et de ne pas tenir le droit de légitime défense pour un vain mot. Ces exemples virils mériteraient d'être suivis ailleurs.

d'y renouveler les mêmes désordres. Qu'on ne s'attende donc pas à trouver dans la presse populaire des études sur les besoins populaires et les meilleurs moyens d'assurer leur satisfaction : ces journaux, n'étant au service que des passions irréligieuses d'une certaine bourgeoisie associées à des entreprises antinationales, travaillent exclusivement à créer un état d'esprit anti-clérical et à exalter le fanatisme anticatholique. Pour se rendre compte de la canaillerie et de la sottise dont l'homme est capable, il suffit du spectacle de ces écrivains qui assurent que de la destruction du couvent des Jésuites dépend le bonheur du peuple et du spectacle des gens qui croient à ces écrivains. Aucun homme capable de réfléchir n'arrivera à se représenter comment les rapports du travail et du capital seront définis et surtout améliorés par le fait de la destruction du couvent de la *Calle de Caspe*. Mais il se représentera l'effort fait pour accréditer cette croyance comme une entreprise de malfaiteurs et l'acceptation de cette croyance comme une preuve éclatante de stupidité. Le 25 mai, *El Diluvio*, sous la rubrique « La semaine cléricale », publie un long réquisitoire contre les Jésuites. C'est une obsession et un mot d'ordre : obsession que l'on cherche, évidemment sur une consigne reçue, à déterminer dans le public. Le jeu du *toro* nous fournit une image de l'anticléricalisme. Le *toro*, c'est le *pueblo*, le peuple : vigoureux, ardent, il piaffe, écume, frappe du sabot, renifle l'air, se précipite dans l'arène pour tout détruire. Il y est soigneusement enfermé et ne trouve rien que le chiffon rouge de l'anticléricalisme que l'on agite sous ses yeux. Les *banderilleros* de presse, de meetings, de Parlement l'excitent et l'affolent de mille manières. Le *torero*, *l'espada*, l'Etat laïque et capitaliste, le Libéralisme économique, le capital dévoreur d'hommes se jouent de la fureur du *toro* qui donne de la corne dans la guenille de l'anticléricalisme ou dans le ventre de chevaux fourbus. Quand on s'est bien joué du *toro*, quand on a bien exploité sa rage, on le crève. Pour un *toro* crevé, dix de retrouvés. A la prochaine !

Las Occurencias, hebdomadaire anticlérical illustré de Madrid, s'étalent à presque tous les kiosques de Barcelone et le plus souvent à côté d'*El Motin* de façon que les gravures injurieuses de ces deux feuilles renforcent mutuellement leur effet, s'imposent davantage aux regards, s'incrustent dans les imaginations et les mémoires. Tandis qu'*El Motin* exploite presque exclusivement l'horreur instinctive que provoque la vue des supplices — où un public ignorant et dépourvu d'esprit critique ne peut discerner la simple application aux cas spéciaux et exceptionnels de l'Inquisition d'une procédure générale appliquée à toutes les affaires judiciaires — *Las Occurrencias* se font une spécialité d'illustrer, en première page, *en le dénaturant*, le fait divers récent qui lui paraît le plus propre à exciter le réflexe de la rage antireligieuse. Par exemple, le numéro du 14 juin 1912 représente « une lutte terrible, au cours « d'une opération chirurgicale, entre deux médecins, « amoureux d'une belle Sœur de charité. » Le numéro du 21 juin porte cette légende en gros caractères, en haut de la page illustrée : « Horrible fanatisme religieux ». En bas on lit : « Séduites par les prédi- « cations d'un fanatique, une multitude de jeunes « filles et de dames distinguées souffrent d'horribles « martyres dont la description épouvante. » Entre les deux légendes s'étale l'horrifiant spectacle d'une dizaine de « jeunes filles et dames distinguées », étendues en robe de bal sur les dalles d'une crypte, les yeux clos, comme mortes, cinq de chaque côté, les têtes placées vers le centre où leurs chevelures emmêlées forment un chemin sur lequel passe, pieds nus, les yeux clos et les mains jointes, un capucin. Le public — ouvriers, apprentis, enfants — s'arrête, s'attroupe, regarde, lit le commentaire, s'imprègne, et la calomnie de Basile fait son chemin. J'achète le numéro du journal et je lis en deuxième page l'explication de cette scène : il ne s'agit nullement d'un capucin et de je ne sais quelles martyres du catholicisme, mais d'une nouvelle secte américaine dont le fondateur, un Irlandais, Lawrence O' Rourke, propage les pratiques inspirées par l'ascétime hindou et qui consistent à infliger des épreuves dont ne souffre pas la chair insensibilisée par l'extase. Mais les rédacteurs visaient, par toute cette mise en scène menteuse, par cet infâme truquage journalistique, à un résultat certainement obtenu : semer et faire fermenter la haine contre le catholicisme. Le charlatan n'est pas seulement O' Rourke, mais aussi le journal *Las Occurencias*. Le mensonge aide à propager le mensonge anticlérical.

La Campana de Gracia, hebdomadaire catalan, anticlérical illustré très répandu, est disposé par les marchands de journaux à leur éventaire de façon que tout passant en subisse les provocations. Le numéro du 22 juin 1912 est accroché tout grand ouvert pour exhiber l'illustration en couleurs qui orne la double page centrale ; un gros curé, allongé sur le ventre au bord d'une falaise, regarde avec une longue-vue des femmes qui se baignent. D'autres exemplaires de ce même numéro présentent au public l'image en couleurs placée sur le verso de la couverture : une carte d'Espagne s'y déploie, couverte de *Plazas de toros* et toute hérissée de clochers, avec cette légende qui veut être ironique : « En plein XXe siècle ! » Mais, à ce spectacle, je songe : Eh quoi ! y aurait-il encore, « en plein XXe siècle », un peuple qui ne soit pas mis aux fers dans les « bagnes » de l'industrie et qui puisse tout à la fois vivre de la vie de l'âme et goûter un des jeux les plus passionnants que les hommes aient imaginé ! Quoi ! il n'existerait pas au monde que des brutes conduites au travail en longs troupeaux, ivres de rage et d'alcool, mais domptées ! Il y a donc vraiment, sur terre et sous un ciel joyeux, des flèches de pierre où chantent les cloches, des cirques où s'enthousiasme un peuple libre et fier ! Et l'on m'a enseigné la supériorité des Barbares gavés de viande, abrutis de travail, de bière et de gin !... O peuple heureux où fleurissent les clochers et les jeux !

L'Esquella de la torratxa, hebdomadaire satirique illustré, jouit d'une grande notoriété. Il orne naturellement tous les kiosques à journaux et parfois même s'y accompagne de grandes affiches-réclame.

Le grand quotidien constitutionnel libéral, *El Liberal* de Barcelone (1) se répand en détails complaisants sur « la fête de l'arbre » célébrée annuellement et qui s'est déroulée, la veille, dimanche, à l'avenue de Tibidabo, devant les autorités civiles et militaires et 2.000 enfants des écoles. Cette cérémonie nettement païenne mérite d'être rapprochée, non seulement de fêtes semblables que le gouvernement libéral d'Italie a instituées, mais de tout un système de cérémonies civiles du même type imaginées en France par les héritiers de la religion

1. 17 juin 1912.

jacobine de la Nature et de l'Etat et qui tendent à constituer le cérémonial, le rituel, la liturgie du néopaganisme contemporain.

La Publicidad, journal républicain modéré, reproduit (1) le grand discours-programme prononcé à Reus par Melquiades Alvarez, chef du parti républicain réformiste, c'est-à-dire modéré. Je note deux phrases qui nous suffisent, à nous Français familiarisés avec ce verbiage, pour en caractériser l'esprit :

« La République, à laquelle nous aspirons, par « cela même qu'elle est l'incarnation légitime de la « démocratie, répudie tout contact périlleux avec le « désordre... » Cela, c'est l'utopie de la « bonne » République.

« Nous sommes anticléricaux parce que nous « entendons expressément que le citoyen espagnol « soit avant tout soumis à son pays et non à Rome... » Cela, c'est la formule maçonnique dans toute sa pureté et la redite du mot d'ordre lancé en France : « Guerre aux Romains! » Comme si les catholiques espagnols n'avaient pas toujours été ardemment fidèles à l'amour de leur pays! Comme si la rebellion contre l'Espagne et le soin de la trahir n'étaient pas le fait de tous les anticléricaux, depuis les libéraux jusqu'aux lerrouxistes, tous aveuglément

1. 12 juin 1912.

dociles à la consigne de guerre civile et de guerre religieuse qu'ils reçoivent de l'étranger !

Les querelles entre républicains espagnols sont profondes et violentes. Le meeting de Reus avait été précédé d'une tentative de grand meeting républicain à Barcelone ; mais les partisans de Lerroux y avaient provoqué un tumulte tel que la réunion avait été dissoute par la police. Melquiades Alvarez, ayant promené à Reus sa « bonne » République, put prononcer son discours ; mais, à l'issue de la réunion, une querelle ayant éclaté entre républicains de nuances différentes, un jeune homme fut tué et un autre blessé, ainsi qu'il arrive ordinairement en Espagne dans ces sortes d'affaires. *La Publicidad* (1) imprima aussitôt un article larmoyant sur les effets funestes des divisions entre républicains : « Pauvre jeunesse qui, ne se sentant pas « disposée au noble sacrifice romantique pour une « révolution glorieuse, consume des énergies en « disputes et agressions !... » Et de s'apitoyer sur les excès fratricides auxquels ces querelles intestines donnent naissance ! Combien cela ne prouve-t-il pas, plus encore que sa stérilité, le danger de la politique de partis pour ce peuple effervescent ? Que dire de cet appel « au noble sacrifice romantique » de la « jeunesse » ? Peut-on plus naïvement recou-

1. 14 juin.

rir à l'exploitation littéraire et sentimentale d'âmes généreuses, sensibles, mais ignorantes, inexpérimentées, par des politiciens, sonores imbéciles ou répugnants escrocs, qui attendent d'une « révolution glorieuse », payée par le sang des travailleurs, les satisfactions du pouvoir et la richesse qu'il procure? Il est à souhaiter que la jeunesse, non seulement « se sente » de moins en moins « disposée à ces sacrifices romantiques », mais encore se refuse de plus en plus à « consumer ses énergies en querelles et agressions » dont profitent seuls les agitateurs professionnels.

Le lendemain, *La Publicidad*, dans un article sur « Les ennemis de la République », tenait à exprimer son sentiment, « partagé par beaucoup de « républicains de cette ville et par tous les républi- « cains honorés, décents et dignes de cette province « et de toute l'Espagne » et qui est que les lerrouxistes, par leurs excès de langage et leurs actes de violence, déconsidèrent la République par avance et font le jeu des monarchistes tout prêts à assurer que ces mœurs intolérables resteraient celles des républicains s'ils devenaient maîtres du gouvernement. Pour nous, Français, cela ne fait pas même question. Il est regrettable que les Espagnols ne connaissent pas mieux notre histoire contemporaine.

Lisons ce qui accuse les influences étrangères sur

l'anticléricléricalisme espagnol : « Comment parle Anatole France ». Sous ce titre. *La Publicidad* (1) donne le récit de l'interview suivante :

« Un groupe de jeunes socialistes a visité, à Paris, « Anatole France, l'illustre écrivain, à son retour du « Maroc. On a parlé de la politique espagnole. Et « l'auteur de *L'Ile des pingouins* a dit : Est ce que le « parti conservateur de votre pays ne comprend pas « que les coutumes sont plus fortes que les lois?... »

(Est-ce qu'Anatole France ne comprend pas que les lois agissent sur les coutumes et que, pour cela même, les anticléricaux tiennent essentiellement à s'emparer de la machine à fabriquer les lois?) Les jeunes socialistes lui demandent :

« L'étranger ne s'irritera-t-il pas de voir MM. Maura « et La Cierva au gouvernement? Et ne les obligera-t-« il pas à se démettre comme il l'a déjà fait l'autre « fois » (après l'émeute de Barcelone) « par le moyen du « *boycottage moral* (2) ? — Cela dépend de vous autres, « Espagnols. S'il est certain que l'Espagne est vivante « et que ses hommes politiques ont le privilège de « redoubler les énergies du peuple pour le bien de « l'Humanité, vous devez souhaiter que ces ministres « reviennent au Pouvoir, car ils seront logiquement, « et du haut du Pouvoir, les principaux auteurs de la « Révolution espagnole. »

Admirable article qui avoue! L'anticatholicisme

1. 28 juin.
2. Souligné dans le texte.

espagnol et la Révolution anticatholique en Espagne, dont le coup de Barcelone (1909) fut la tentative avortée, ne sont pas l'œuvre de l'Espagne, mais l'œuvre, en Espagne, d'Espagnols traîtres à leur pays et complices de l'Etranger. Quel symbole révélateur que tous ces petits pingouins d'Espagne pingouinant avec le Grand-Pingouin Anatole qui pingouine comme ferait le plus pieux des pingouins !

El Intransigente (1) publie la composition de la junte du parti républicain radical du troisième district : elle comprend un commerçant, deux industriels, un médecin, un avocat, un journaliste, un étudiant, un typographe. Le typographe est placé là pour sauver les apparences. L'énumération montre que ce parti révolutionnaire est exclusivement dirigé par des bourgeois dont les intérêts de classe sont défendus et les passions sectaires servies par les ouvriers qu'ils embrigadent.

Les faits miraculeux de Lourdes sont l'objet des railleries d'*El Intransigente* (2) et d'*El Progreso* (3) qui, par contre, publiait (4) un article « scientifique » intitulé : « Plasmologie et Biomécanique universelles », que je reproduis en entier, tellement il donne la mesure du charlatanisme et de la sot-

1. 17 juin 1912.
2. 25 juin et 2 juillet.
3. 28 et 30 juin
4. 30 juin.

tise de ce journal de progrès et d'affranchissement par la science :

« L'Institut international de Plasmologie et de Biomé-
« canique universelles, fondé depuis peu à Bruxelles,
« est entré en pleine période d'activité avec la publi-
« cation du premier numéro de son organe officiel, les
« *Archives de Plasmologie générale.* La Plasmologie
« complète la Biologie expérimentale par l'étude des
« phénomènes physico-chimiques et dynamiques qui
« se produisent spontanément dans les solutions miné-
« rales et dans le protoplasma cellulaire des minéraux
« et des roches, comme dans l'organisme et le proto-
« plasma de tous les êtres de l'Univers Eternel dont la
« terre, les planètes et les astres ne sont que les molé-
« cules vivant dans l'Ether, protoplasma de l'infini. La
« Plasmologie et la Biologie de l'Univers ont une impor-
« tance scientifique et sociale considérable et consti-
« tuent la synthèse de toutes les sciences. Cette synthèse
« sera la base fondamentale de la philosophie positive,
« de la sociologie et de la paix du monde dans la
« nouvelle humanité. La création d'un Institut interna-
« tional de Plasmologie et de Biomécanique universelles
« s'impose dans l'intérêt du progrès et de la civilisation,
« de la diffusion et de l'ensignement de la science de la
« vie dont tout le monde jouit et souffre sans connaître
« son mécanisme ni son harmonie. L'Institut, fondé
« dans un but exclusivement scientifique, est dirigé par
« un comité central dont font partie... »

On imagine sans effort le lecteur habituel de semblables articles faisant le scientiste de terrasse de café au *Centro* républicain radical. Ce prospectus est tout à fait à sa place dans *El Progreso* et à la suite de ses articles sur Lourdes. Mais on reste effrayé à la pensée des ravages que ces pauvretés peuvent exercer dans les cervelles ignorantes des lecteurs de ce journal, têtes chaudes et simples d'esprit.

La manière de ce quotidien rappelle à s'y méprendre celle de *La Lanterne* : un jour, il est question d'un Frère enseignant qui aurait frappé avec brutalité un de ses élèves ; un autre jour, de l'intolérance religieuse qui s'exercerait dans les prisons. Tout cela semble inspiré par les campagnes menées en France par une presse immonde et qui ont permis à la République d'obtenir le vote de toutes ses lois d'oppression. Dans un premier article, intitulé « Nos moines au Maroc », *El Progreso* (1) assure à ses lecteurs que, si les négociations entre la France et l'Espagne sont « interminables », si l'accord entre les deux pays ne se réalise pas, cela tient seulement à ce que l'Espagne exige pour les congrégations religieuses leur reconnaissance légale dans tout l'empire marocain. Les moines portent donc toute la responsabilité des difficultés pendantes. C'est de cette politique étrangère fantaisiste que cette feuille si excellemment anticléricale emplit l'esprit des ouvriers espognols. Nul n'ignore cependant que le ministère anticatholique de Canalejas était inca-

1. 21 juin.

pable de soutenir les intérêts spirituels des catholiques, que les difficultés pendantes entre la France et l'Espagne résultaient uniquement de notre présence au Maroc regardé par l'Espagne plus encore que l'Oranie comme son prolongement naturel et son héritage historique, que cette question de principe se traduisait, en fait, par des contestations relatives au partage du territoire et à la délimitation de la frontière, qu'enfin l'interminable durée des négociations tenait à notre absence de politique extérieure, aux maladresses du Quai d'Orsay et à notre affaiblissement militaire et naval. Mais la réalité est sans cesse déformée par le faux point de vue auquel se place le fanatisme libre-penseur.

El Progreso est d'ailleurs hostile à l'intervention française au Maroc et le montre chaque fois qu'il le peut. Dans cet article même, il déclare que « la « France a tort lorsqu'elle occupe le Maroc, séquestre « le sultan, fusille les Marocains amoureux de leur « indépendance ». Mais il ajoute que, « pays laïque », la France a raison de défendre le Maroc contre les moines.

El Progreso ne se contente pas de prêcher l'anticléricalisme : il l'organise en une contre-Eglise ayant ses dogmes et ses rites. Presque chaque jour, il relate, sous la rubrique « Anticléricalisme en action », les « actes civils », c'est-à-dire les cérémonies et sacrements de la religion laïque. Le 15 juin, par exemple, il annonce aux fidèles, pour le jour même, un mariage civil — le cortège partira du « Centre démocratique » — et, pour le lendemain, « l'inscription civile » d'un garçon auquel sont infligés les noms de « Egalité, Pompée et Affranchi » et d'une fille qui subira ceux de « Flora, Electra et Liberté ». Les parents de ces enfants sont, ainsi que de coutume, qualifiés de « coreligionnaires », car il s'agit bien, en effet, d'une religion et fort ancienne, le paganisme.

Le 28 mai, le même journal avait longuement décrit une de ces cérémonies : — « Anticléricalisme « en action. — Actes civils. — Inscription. — Comme « nous l'avions annoncé, le dimanche 26 courant, a « été affiché l'acte d'inscription, sur le Registre « civil, d'un garçon et d'une fille, l'un, fils de nos core- « ligionnaires... » A. et B., « et l'autre, fille de nos « coreligionnaires... » C. et D. Le premier a reçu le nom de « Libre » et l'autre les noms d' « Aurore, Electra ». Nous avons connu, en France, quelques épisodes de cette religion de la sottise humaine. Le journal cite complaisamment les témoins, raconte tout au long les détails de la réception au Club radical, décrit « la manifestation civile se déroulant « dans la rue au milieu des sympathies du public « qui contemplait cet admirable cortège d'intelli- « gences supérieures, d'hommes enthousiastes et de

« femmes belles et joyeuses, futures mères des sol-
« dats de la République espagnole... »

Presque toute une colonne de la seconde page du journal est remplie par ces inepties.

Lorsque *El Progreso* ne déborde pas d'injures, mensonges, calomnies ou sottises du genre de celles que nous avons citées, il menace. A Sabadell, de bruyants manifestants lerrouxistes ayant été invités par la gendarmerie à cesser de pousser des cris hostiles et ayant été finalement dispersés, la première colonne de la première page du journal, le lendemain, débute par une note menaçante intitulée « Les Préludes ». On y lit : « Ceux qui propagent « parmi le peuple l'indignation contre les exécrables « tyrans Maura et Cierva (1) sont reçus par la garde « civile, mauser au poing. Les manifestations de « Sabadell se produiront normalement dans toute « l'Espagne si la monarchie nous impose Maura et « Cierva. Avec ces hommes, ni l'ordre ni la tranquil- « lité ne sont possibles... Espérons que les autorités « comprendront. Ce qui s'est produit à Sabadell « n'est qu'un prélude. »

« Les autorités », c'est à-dire le roi. Le chantage à la Révolution est visible. On dit que Canalejas est

1. Dont le ministère, renversé à la suite de la Révolution de Barcelone, en 1909, avait été remplacé par le ministère libéral Canalejas qui craignait le retour au pouvoir de ses prédécesseurs.

près de tomber du pouvoir et les conservateurs sur le point d'y revenir : Lerroux, dont les libéraux font les affaires, prépare déjà, par des excitations de plus en plus répétées, de nouvelles émeutes afin d'imposer, par la terreur, le maintien de ses complices au gouvernement.

El Progreso doit être tenu seulement pour l'une des principales manifestations journalistiques de l'organisation insurrectionnelle des républicains espagnols. Mais l'action de la presse, même quotidienne, est insuffisante parce qu'elle reste encore trop épisodique : si elle prépare les esprits à accepter certains faits, elle ne suscite pas ces faits. C'est l'activité des Sociétés secrètes, permanente et invisible, qui crée ces faits dont la presse affiliée rend possible l'acceptation. Rien de plus instructif, à ce sujet, qu'un article d'*El Progreso*, publié le 26 juin 1912 sur « Les *carbonarios* portugais » :

« Dans notre voisine, la République portugaise, se « pose à cette heure la question des *carbonarios*. Doi- « vent-ils se dissoudre ?... »

Suit un long extrait d'un journal d'Oporto, *Folha Nova* :

« De graves conservateurs s'épouvantent et soutiennent « que la situation d'un pays comme celui-ci où, un an « après la proclamation de la République, les sociétés « secrètes subsistent encore, n'est pas la situation d'un

« pays normal, pacifié et qui mérite confiance. Tout en « repoussant cette opinion, le député Antonio Granjo « a dit au Parlement que la Charbonnerie devrait se « dissoudre. Aussitôt, le député Luz de Almeida a répliqué que la Charbonnerie ni ne s'était dissoute, ni ne « se dissoudrait, convaincue qu'ayant été d'un si grand « concours pour l'établissement de la République, elle « avait beaucoup à faire pour la consolider. Et il n'y a « aucun doute que c'est à la Charbonnerie qu'est due « en grande partie, sinon en totalité, le mouvement victorieux du 5 octobre (1). Tous ceux qui ont parlé ou « écrit en connaissance de cause sur la Révolution l'ont « expressément reconnu... La Maçonnerie, au début du « XIXe siècle, était une société politique qui exerçait une « grande influence en Italie et en France. Réorganisée « dans ce dernier pays, au temps de Napoléon, elle a « beaucoup servi aux desseins de l'Empereur... Au Portugal, elle est très ancienne et a exercé sur notre « politique une influence décisive... En 1896... elle réunit, « sous la direction de Luiz de Almeida, les étudiants des « Ecoles supérieures, sous le titre profane de Junte révolutionnaire académique. Depuis ce moment-là et avec « la formation de la Vente Jeune Portugal, est apparue « la Charbonnerie actuelle qui a exercé sur la vie maçonnique et la vie profane portugaises une action palpable, évidente... Même dans les temps les plus tranquilles de la vie du constitutionalisme, ces associations ont été et sont aujourd'hui même des éléments « d'ordre et de progrès. Les sociétés tendent à l'immobilisation : les formes sociales, presque toujours, se « cristallisent, deviennent fermées, misonéistes. Il est « nécessaire de toujours lutter contre l'inertie immobi-

1. 1910.

« liste qui a tant de fois jusqu'ici retardé l'évolution du « milieu. La vie sociale est cela même, une série de « mouvements, de secousses, de révolutions de plus ou « moins grande intensité. Si nous allons au fond de tous « les mouvements collectifs, nous trouvons presque tou- « jours une minorité qui peu à peu arrive à s'imposer à « la multitude .. Dans l'ombre, secrètement, elle répand « ses semences qui, un jour, après avoir accompli le « travail silencieux de la germination, finissent par dres- « ser, en un triomphe colossal, la gerbe des têtes libé- « rées. Ces associations secrètes jouent, par cela même, « et toujours, un grand rôle dans la vie des peuples « parce qu'elles assurent le succès final des minorités ; « elles expriment l'esprit, toujours renouvelé, des révo- « tions qui engendrent les libertés et le progrès. »

Cette tendance à l'immobilisme n'est pas fatale ni même réelle, quoi que prétende l'auteur de l'article : les changements normaux suivent normalement les modifications inévitables qui se produisent sans cesse dans les idées, les intérêts et les faits sociaux. Mais les sociétés secrètes suscitent des causes artificielles et violentes de changements brusques et dépourvus de rapports intrinsèques avec la réalité : elles sont donc malfaisantes. Il est plus faux encore de dire qu'elles engendrent la liberté puisqu'elles établissent sur la société leur gouvernement particulier et tendent à le perpétuer. L'assujettissement de la masse des citoyens à leurs intérêts spéciaux et à leurs fins propres, voilà le but de leur effort et le résultat de leur succès. Le petit nombre des affiliés acquiert la liberté souveraine et la multitude, libre jusqu'alors, lui devient asservie.

Mais il est extrêmement intéressant de noter l'aveu du journal maçonnique portugais *Folha nova*, cité par le journal maçonnique *El Progreso*, que la Maçonnerie est une société politique, qu'elle constitue un foyer permanent de conspiration contre la paix publique et qu'elle est la cause de ces révolutions qui, depuis plus d'un siècle, déséquilibrent la France, l'Italie, l'Espagne, le Portugal, l'Amérique latine, les mettent à tout moment à deux doigts de la ruine.

L'opinion éclairée commence à être très nettement fixée sur ces divers points en France où, jusqu'à ces dernières années, le plus grand nombre s'attardait encore à ne voir dans la Maçonnerie qu'une société philanthropique, une association de secours mutuels, ainsi que, par le plus impudent des mensonges, elle prétendait l'être. La Maçonnerie, lorsqu'elle réussit à détruire le régime ancien, ne se dissout pas; elle reste l'armature secrète du régime nouveau, le gouvernement occulte dont le gouvernement apparent et officiel enregistre les volontés. Au point de vue social, les abus anciens subsistent, se développent et s'aggravent d'abus nouveaux : le peuple, qui a sottement travaillé à établir ce despotisme, finit, mais trop tard, par s'en rendre compte, comme le prouve cet article de la feuille anarchiste *Tierra y libertad* (1) :

« Encore la jeune République.

« La République portugaise, qui fut établie et soutenue « par l'effort des candides ouvriers, retourne une fois « de plus dans les vieux sentiers en se déclarant enne- « mie des revendications du prolétariat. Alors que « celui-ci s'apprête à la lutte pour son émancipation, les « autorités républicaines, sous le secourable prétexte de « maintenir l'ordre public, commettent toutes sortes « d'attentats contre les ouvriers et leurs organisations, « les plaçant dans des conditions d'infériorité par rap- « port à la bourgeoisie dont elles facilitent le triomphe.

« Mais si la République portugaise est « jeune » par son « âge, elle est, par ses procédés, une vieille fourbe à « l'égal des républicains anciens et des monarchies qui « subsistent encore par ici. De fourbe elle peut se quali- « fier, elle qui, après avoir, dans la dernière grève géné- « rale, rempli de morts et de blessés les rues et de pri- « sonniers les prisons, a montré sa magnanimité par « l'octroi d'une large amnistie. En vérité, le plus grand « bénéfice en fut pour elle et pour l'Etat qui, après avoir « assuré le triomphe de la bourgeoisie, jeta le lest qui « lui pesait tant.

El Diluvio est un facteur de l'opinion publique beaucoup plus important encore que *El Progreso* et certainement le plus important de tous les quotidiens de Barcelone. Républicain et anti-catholique, paraissant sur 48 pages in-8° (dont 22 pages d'an-

1. 26 juin 1912.

nonces), distillant dans ses articles copieux, souples, riches d'idées d'ailleurs sophistiques, d'arguments d'ailleurs spécieux, de faits d'ailleurs frelatés, les théories insinuantes ou violentes, nuancées ou ardentes, toujours haineuses et tenaces, qu'ont propagées en Europe et tout spécialement en France les ennemis de l'Eglise, *El Diluvio* se répand partout, chez les ouvriers, les employés et les petits commerçants, envahit tous les lieux publics, cafés, petits restaurants et laiteries populaires. C'est en le feuilletant que l'on se rend le mieux compte des forces de corruption et de mensonge déchaînées sur l'Espagne, de leur origine, de leurs procédés de propagation publique, des préjugés et des erreurs dont le flot montant imprégne peu à peu les intelligences, dissout les mœurs et les institutions, prépare et précipite la décadence et la ruine de la nation.

Presque tous les articles de *El Diluvio* sont caractérisés par un anti-cléricalisme virulent. Le 2 juin 1912, par exemple, on trouve, vers la fin de cette brochure quotidienne, deux articles sur la politique étrangère. Or, l'un traite des « Jésuites en Bavière », l'autre concerne « Les élections en Belgique » ; on y lit que « le parti libéral et le parti socialiste ont fini « par s'entendre pour mettre un terme aux ambi- « tions démesurées des congrégations religieuses » ; *El Diluvio* déprécie l'Espagne d'autrefois dont la force vive se perdait, assure-t-il, en des centaines de monastères (1), et gémit (2) sur l'absence, dans l'Espagne contemporaine de « penseur de haut vol dont la réputation soit européenne. » Cela tient à ce que « l'Espagne se pétrifie dans le dogme et cesse, « sous la dictature du clergé, de penser. » Elle est « devenue inféconde... depuis qu'elle s'est mise « sans conditions au service du catholisme... Notre « patrie, privée de l'action stimulante des grands « agitateurs de la pensée, s'enfonce peu à peu dans « un nirvana pareil à la mort... Nous savons qui est « responsable d'une aussi affreuse situation » : le catholicisme. Quotidiennement, *El Diluvio* répète ces critiques. Par contre, il publie de nombreux articles sur « La nécromancie à Barcelone : il assure que « le meilleur chrétien peut se vouer en toute « tranquillité à la Haute Magie sans s'exposer à per- « dre le ciel » ; il insiste sur « l'horreur de la science « moderne pour le surnaturel » et, de ce que « la « Haute Magie repose sur le principe que, dans la « nature, il y a des forces occultes nommées fluides », il conclut à son caractère scientifique (3). Il est intéressant de rapprocher cette prédication de toute une série d'articles semblables qui ont paru dans *Le Matin* : le ton en était légèrement sceptique,

1. 2 juin 1912, p. 20.
2. *Id.* « chronique. »
3. 13 juin.

mais très tendancieusement favorable à ces superstitions. Ces journaux s'efforcent de les substituer à une Religion à la fois rationnelle et mystique et de les faire partager simultanément par ceux qui la professent et par ceux qui l'ont reniée.

Le samedi 15 juin, *El Diluvio* commence sa revue anticléricale hebdomadaire, publiée sous le titre habituel « La semaine cléricale », par de violentes attaques contre les sœurs de charité enseignantes et hospitalières : « Ces communautés *charitables* de « nom méritent d'être définies Congrégations de « malfaiteurs pour l'exploitation des pauvres. » Cette « semaine cléricale » fourmille ordinairement de petits scandales imaginés de toutes pièces ou qui ont déjà servi. Dans la « chronique quotidienne », s'étale la doctrine d'*El Diluvio*. Il y est enseigné que les peuples « qu'avaient civilisés » la Grèce et Rome « furent condamnés aux humiliations du « moyen âge », et que l'Espagne, « énervée par le « règne séculaire du despotisme dogmatique... » sera sauvée par « de nouveaux établissements de « culture émancipés de toute influence théocratique (1). » Pour obtenir « la paix des esprits », il est « nécessaire de désarmer la bête sauvage (2) et de « lui enlever les moyens de nuire qui » sont « les « innombrables ordres monastiques et son union

1. 17 juin.
2. L'Eglise.

« avec l'Etat (1). » Le catholicisme « manque d'effi-
« cacité pour conduire la vie humaine par les sen-
« tiers du bien (2). » « En quelque maison d'ensei-
« gnement que circule un froc ou une soutane,
« infailliblement apparaissent deux facteurs... la
« luxure et la cruauté (3). » « Une des choses qui
« distinguent l'Espagne du reste de l'Europe est
« qu'elle ne possède pas de dissidents... qui, admet-
« tant un ou divers points de la religion, rejettent
« les autres. Cette particularité pourrait bien être
« une des causes principales qui ont fait de notre
« pays une nation malade (4). » Suit un vif éloge des juifs et des protestants. La France, ayant évité les erreurs de l'Espagne, possède un « savant bio-
« logiste... Metchnikoff » qui a découvert « la cause
« et le remède de la vieillesse (5). » Paris est « l'in-
« telligence directrice qui a transformé la France
« en un paradis par son bien-être et une puissance
« mondiale par sa richesse et sa force (6). »

Cette prédication continuelle contre le catholicisme, jointe aux polémiques sociales et politiques où les journaux de gauche prodiguent les excitations à l'émeute, tend à rendre inévitable le retour des

1. 20 juin.
2. 22 juin.
3. 14 novembre.
4. 11 novembre.
5. 26 juin.
6. 2 juillet.

violences de juillet 1909 ou à appuyer, par la crainte de leur déchaînement, l'action légale, hypocritement parallèle, des libéraux complices.

La Révolution de Barcelone de juillet 1909 avait été préparée de longue main — depuis 1892 — par les comités révolutionnaires et les sociétés secrètes d'Espagne, ramifications des organisations similaires existant dans les grands Etats européens et surtout en France. Les comités avaient distribué à leurs affiliés des appels à la révolte, accompagnés du programme suivant (1) :

« Abolition de toutes les lois existantes,
« Expulsion ou extermination des communautés reli-
« gieuses.
« Dissolution de la magistrature, de l'armée et de la
« marine.
« Démolition des églises.
« Confiscation de la Banque et des biens des civils
« ou militaires ayant gouverné en Espagne ou dans ses
« colonies perdues.
« Emprisonnement de tous ces fonctionnaires jusqu'à
« ce qu'ils se justifient ou soient exécutés.
« Défense absolue de quitter le territoire pour tous
« ceux qui ont rempli des fonctions publiques.
« Confiscation des chemins de fer et de toutes les
« Banques dites de crédit.
« Pour l'accomplissement de ces premières mesures,
« il se constituera une Délégation de trois Délégués ou

1. Publié dans *La Semana sangrienta*, p. 10, Edition ibéro-américaine, Barcelone.

« ministres : Finances, Affaires étrangères, Intérieur, « nommés par plébiscite, solidairement responsables « devant le peuple, Délégation dont ne pourra faire partie « aucun avocat.

« Vive la Révolution exterminatrice de tous les exploi- « teurs !

« Vive la Révolution vengeresse de toutes les injus- « tices (1) ! »

Une circulaire assurait les conjurés qu'au moment jugé favorable, par exemple une grève générale, la famille royale et les ministres seraient massacrés ; on s'emparerait partout, le même jour et à la même heure, à la faveur de la panique générale, des édifices publics et l'on y installerait les juntes révolutionnaires :

« Haut les cœurs, donc ! Haut vos cœurs nobles et « vaillants, fils du Cid ! (2) »

Tous ceux qui voulaient s'inscrire pour prendre part à la Révolution devaient envoyer leurs noms et adresses à M. Ferrer, poste restante, rue La Fayette, Paris, et indiquer les noms et adresses de

1. C'est le programme bolcheviste. La même main se retrouve dans tous ces complots contre l'Eglise et la civilisation. Dans tous les pays, la presse libérale modérée, comme la presse radicale, socialiste, révolutionnaire, fit l'éloge des événements de Barcelone. Ils furent dépeints comme une tentative pour instaurer le régime de la justice sociale et de la liberté, méconnues ou violées par le cléricalisme.

2. *La Semana sangrienta*, p. 14.

leurs amis adhérents, dire s'ils possédaient ou non des armes, s'ils pouvaient ou non accomplir et payer le voyage de Madrid. Ferrer, unanimement proclamé par ses amis d'Espagne et de l'étranger l'apôtre de la « culture moderne » en Espagne, était un ancien contrôleur de billets sur les chemins de fer catalans qui avait tout juste acquis le rudiment de l'instruction primaire; après quoi, au hasard de lectures d'ouvrages de vulgarisation, il s'était bourré des lieux communs où se complaît la sottise contemporaine. Mais il était affilié à la Franc-Maçonnerie. Le F.·. Ferrer, avec l'assistance des Loges de Paris (1), préparait le coup de Madrid qui fut d'abord tenté à Barcelone où il échoua, mais qui réussit à Lisbonne quinze mois plus tard.

Les conjurés profitèrent, à Barcelone, de l'impopularité de la guerre du Rif et de l'envoi à Mélilla

1. A la suite de l'exécution de Ferrer, le Grand Orient de France lança une proclamation où se lisent les affirmations suivantes : « ... Ferrer est l'idéal maçonnique. Le Grand « Orient de France proteste, au nom de ses loges réparties « par toute la terre, et invite le monde entier à protester « contre la barbarie. La Maç.·. universelle salue en Ferrer, « très grand et très bon, un des martyrs de la libre-pensée. » (Cité par Villaescusa, *La Révolution de juillet à Barcelone*, p. 130). Ferrer n'a fourni qu'une démonstration nouvelle de l'équivalence de la libre-pensée, de l'imbécillité et du crime. Cet appel du Grand Orient de France n'en a pas moins été entendu, non seulement en Europe et en Amérique, mais en Espagne même où la fraction remuante et bruyante de la classe ouvrière obéit à l'impulsion maçonnique comme un pantin à la main qui tire ses ficelles.

de la plupart des troupes de la garnison. Il ne restait, à Barcelone, en dehors de la police et de la gendarmerie, que 1.500 soldats : ces forces ne permettaient plus d'assurer l'ordre dans une ville de 600.000 habitants disséminés sur un espace aussi grand que Paris. Les témoins de la Révolution sont unanimes à affirmer qu'ils eurent le sentiment très net que tous les événements se déroulaient suivant un plan arrêté d'avance. Les conjurés étaient abondamment pourvus d'armes et de munitions. Loin d'être spontané, le mouvement fut déchaîné et dirigé méthodiquement par des gens habitués à manier les foules inconscientes et à les conduire vers des fins connues d'eux seuls. Dès le début, les voies ferrées et les lignes télégraphiques avaient été coupées, isolant Barcelone de l'Espagne et du monde. Aussitôt, furent mises en circulation dans la ville les rumeurs les plus alarmantes et les bruits les plus décourageants pour tous ceux qui ne trempaient pas dans le complot : on racontait que la Révolution était maîtresse des grandes villes d'Espagne, que partout l'armée fraternisait avec les révoltés et que la garde civile (gendarmerie) refusait de se battre. On avait certainement escompté que le triomphe à Barcelone de la République maçonnique entraînerait sa proclamation dans le reste de la péninsule.

Les établissements religieux furent seuls l'objet des attentats révolutionnaires. Ils étaient dispersés dans ces quartiers nouveaux, presque déserts, coupés de grands espaces vides, qui s'étalent au loin dans la plaine autour de la vieille cité. Quelques-uns se trouvaient à la périphérie de la vieille ville, dans des quartiers populeux. Asiles, écoles, collèges, couvents, églises et presbytères, qui n'étaient pas protégés par la force publique ou par des groupes de voisins armés, furent incendiés et pillés. La bravoure des émeutiers ne s'est exercée que sur des femmes, des enfants ou des hommes désarmés. De grossiers mensonges étaient lancés dans le public pour justifier ces attentats : le cercle catholique ouvrier de Santa-Madrona fut envahi sous prétexte que des armes y étaient cachées (raison alléguée plus tard à Lisbonne par les envahisseurs de couvents) ; après une perquisition infructueuse, les émeutiers revinrent et incendièrent l'immeuble sous le prétexte, faux d'ailleurs, qu'il était propriété des Jésuites. Contre le couvent et les écoles gratuites des Franciscaines (qui furent également incendiés, parmi beaucoup d'autres), le bruit avait été répandu qu'il s'y trouvait une religieuse martyrisée, tenue enfermée dans un cercueil : il s'agissait du corps de Léonore, reine de Chypre, fille des rois d'Aragon, depuis des siècles conservé revêtu des vêtements royaux et sceptre en main.

Un moine franciscain et un frère mariste furent tués à coups de fusil ; le curé de Pueblo Nuevo fut brûlé vif dans son église et, le lendemain, son cadavre outragé et mutilé ; les apôtres de la fraternité universelle s'amusèrent à lui crever les yeux et lui couper les bras ; plusieurs religieuses furent violées, soit dans leur monastère envahi, soit dans les maisons où on les conduisit sous le prétexte de les mettre à l'abri des émeutiers. Dans plusieurs monastères, les tombes furent profanées, trente-cinq cadavres outragés et promenés par la ville en une cavalcade où une troupe de hyènes à face humaine mêlait la parodie sacrilège à l'obscénité. Pour amener le peuple à ces extrémités, les meneurs répandaient le bruit que les tombes renfermaient des trésors et que les cadavres portaient la marque des supplices auxquels des religieuses seraient maintenant encore condamnées pendant leur vie. Plusieurs prêtres et frères, vingt-cinq enfants et jeunes gens furent, en haine de la foi, gravement blessés ; deux religieuses, deux femmes, trois enfants, quatre ouvriers connus par les émeutiers pour leur foi religieuse furent assassinés. Une bande d'énergumènes, partie de Badalona, se dirigea sur la Chartreuse de Montalegre pour la piller et l'incendier ; à mi-route, ils firent demi-tour, un homme dévoué aux Chartreux ayant eu l'esprit de leur dire : « Prenez « garde ! les moines sont armés », ce qui était inexact mais suffit à calmer l'ardeur des matamores anticléricaux.

Avant ces événements, nul ne soupçonnait que la prédication jacobine fût jamais capable de déchaîner ces instincts de brutes. Les catholiques pratiquent à l'excès l'oubli des injures : ils ne se souviennent plus de la ruée de bêtes fauves que furent, en France, la Révolution, et, en France comme en Angleterre et en Allemagne, la prétendue « Réforme » protestante. Ces révolutionnaires catalans, avides de brûler, piller, tuer, violer, sont des « humanitaires » ; ces fauteurs de guerre civile, des « pacifistes » : humanitaires pour qui hurle avec eux « à mort ! » ; pacifistes à l'égard des ennemis de l'extérieur, mais ardents à organiser les luttes fratricides. Ils continuent l'histoire de la conquête protestante au XVIe siècle et de la conquête jacobine à la fin du XVIIIe : les prétendus réformés avaient réalisé par des massacres leur fraternité « évangélique », comme les Jacobins s'y livrèrent par amour du genre humain.

L'inspirateur, l'organisateur, le metteur en scène de la tragédie de Barcelone, l'âme de cette révolution fut Ferrer, et maintenant son portrait s'étale chez les marchands de journaux, des brochures propagent ses louanges, les feuilles révolutionnaires le dépeignent comme un martyr, un rédempteur, un nouveau Christ, ainsi qu'on tenta de le faire en France pour Dreyfus. En Espagne comme en France, Judas se livre à l'apologie de Judas. Vols, pillages, incendies, religieuses et prêtres molestés, frappés, blessés, tués ou brûlés dans les églises : voilà le travail émancipateur et humanitaire des bandes de pétroleurs et d'assassins que l'organisation ferrériste lâcha sur la ville ; elles comptaient chacune de vingt à cent individus, hommes, femmes, enfants, embrigadés, disciplinés, méthodiquement dirigés sur certains points désignés à l'avance et parfois conduits par des individus vêtus comme des bourgeois aisés La plupart des avant-gardes et des troupes d'incendiaires étaient surtout composées d'enfants et de filles sortant des écoles laïques qu'avaient fondées depuis vingt ans environ les Comités révolutionnaires libres-penseurs et que les municipalités, les provinces, l'Etat même subventionnaient, bien que l'incapacité pédagogique de maîtres ignorants et dépourvus de titres fût connue, bien qu'il n'y eût aucune inspection de ces écoles et que l'on sût qu'elles constituaient des foyers d'impiété, d'immoralité et d'ignorance. Comme en France, l'école laïque portait ses fruits impurs et sanglants (1).

1. Dans les années qui précédèrent immédiatement la « Semaine rouge », les enfants de ces écoles laïques, le soir du Jeudi Saint, étaient conduits en rang à travers le centre de la ville, précédés de pancartes portant l'inscription provocatrice « Repas gras » Si l'Espagne a failli être livrée, en 1909, aux plus terribles convulsions, c'est que ses gardiens avaient manqué à leur mission : loin de la préserver du mal, ils l'avaient aidée à s'en imprégner.

Voici quelques citations de manuels qui étaient, antérieu-

Les émeutiers incendièrent trois bibliothèques très riches en manuscrits, incunables et éditions rares, dont la perte est irréparable. Au cours de l'incendie du Collège des P. P. Escolapios, les livres de leur précieuse bibliothèque ont été jetés à la rue, mis en tas et brûlés : ils comptaient de nombreux et remarquables manuscrits et incunables qui avaient échappé à la guerre civile de 1835 où les bandes des libéraux brûlèrent tant de monastères, anéantissant ainsi les trésors d'érudition et d'art que recélaient leurs bibliothèques et leurs chapelles : déjà, à cette époque, une partie seulement des manuscrits et incunables soustraits au pillage des troupes napoléoniennes avait pu être sauvée.

A Barcelone également, le vol accompagnait l'incendie : on trouva 6.000 pesetas sur un adolescent

rement à 1909 (et peut-être maintenant encore), en usage dans ces écoles laïques, manuels publiés par la maison d'édition de Ferrer « *Ecole moderne* ». Ces citations se trouvent, page 107 et suivantes, dans *La Révolucion de Julio en Barcelona*, par Villaescusa (2e édition) :

« On peut croire que Jésus-Christ fut un moine boud-
« dhiste venu du Mont Carmel et qui se consacra à prêcher
« aux Juifs la religion de Bouddha. » (*Compendium d'His-*
« *toire universelle*, p. 37).

« Nous verrons toujours le christianisme, au cours de
« l'histoire, ennemi du progrès... négateur de la science ..
« oppresseur de la conscience humaine... étendard odieux
« à l'ombre duquel se sont commis tous les crimes, vampire
« toujours assoiffé de sang. » (*Id.*, p. 46).

La première de ces citations montre quelles fables on enseigne ; la seconde, quelle haine l'ignorance et le fanatisme libres-penseurs s'appliquent à inspirer aux enfants.

d'une quinzaine d'années, des femmes vendaient publiquement des objets ou du linge volés ; dans les immeubles envahis, on arrachait pour les emporter jusqu'aux plaques de métal, jusqu'aux conduites d'eau et de gaz.

Cette « Semaine sanglante », les libres-penseurs l'appellent la « Semaine glorieuse ».

Ces énergumènes ont réalisé, en fait, cela même qu'aussitôt après les émeutes de Barcelone le ministre Canalejas s'est proposé de réaliser en droit. Les libéraux ne besognent jamais qu'à préparer, puis à légaliser, régulariser et perpétuer le travail des incendiaires et des voleurs. Il n'y a de ceux-ci à ceux-là que la différence qui sépare la franchise de l'hypocrisie. Les iconoclasies des criminels exaltés par les Loges ont été accomplies administrativement, en France,

Et les divers gouvernements parlementaires d'Espagne, conservateurs ou libéraux, ont, pendant plus de vingt ans, ignoré ou toléré ou même subventionné ces honteux foyers de stupidité et de dégradation !

A une fête scolaire organisée par « *l'Ecole moderne* », il fut donné lecture des cahiers de « pensées » des élèves. L'un d'eux avait écrit : « Le microscope est une invention « des hommes libres ; les fanatiques sont incapables de « rien inventer parce qu'ils attribuent tout à leur Dieu. » Un autre : « Les religions ont en tout temps conduit l'hu- « manité dans le chemin du mal... La religion a toujours « fait le malheur de l'humanité : on lui doit l'exploitation « et la guerre. » (Cité par Villaescusa, p. 112, 113). Cela est vrai de la religion païenne que ressuscite la libre-pensée et dont le christianisme a délivré les hommes. Mais c'est le christianisme qui est visé ici et c'est l'ignorance corrompue du paganisme qui rétablit son empire.

au cours de trente années de « laïcisation », de « sécularisation » de la société. Ferrer et Canalejas représentent les deux cordes de la guitare libérale qui donnent les notes fondamentales. Ferrer et ses amis, c'est l'équipe chargée de faire brèche dans les murs de la Cité et de la ravager. Aussitôt après, ils passent la main à ceux pour qui ils travaillaient : les hommes d'ordre, modérés et graves, qui s'installent alors dans la place, désavouent et persécutent leurs anciens complices et réorganisent ce dont ils peuvent tirer un profit personnel. La même comédie continue de se jouer, mais avec une nouvelle troupe. Il n'y a rien de changé, de l'ancien au nouveau régime, sinon que les quelques institutions fondamentales qui faisaient la force de la société, garantissaient sa vie et assuraient sa durée, ont disparu, et que le personnel des profiteurs est nouveau, plus nombreux et plus avide. Aucune différence n'apparaît entre l'équipe des violents et l'équipe des modérés, sinon que ceux-ci réalisent et rendent définitifs, par des moyens pacifiques, le programme de destruction que les violents avaient inauguré par la violence. Un Ferrer traîne toujours derrière soi un Canalejas, comme les Communards un Gambetta, un Ferry et le reste, comme les Septembriseurs un Bonaparte. Ce que Ferrer faisait avec du pétrole et des voyous, Canalejas s'est empressé de l'entreprendre avec des législateurs et des gendarmes. Utiliser les forces sociales pour détruire les forces sociales, voilà toute l'originalité du « libéralisme ».

Les Jaimistes sont réputés hommes d'action, solidement groupés, dans chaque province et dans chaque ville, autour de leurs chefs et prêts à marcher au premier signal. Surpris par la soudaineté des événements, ils ne purent intervenir. La présence de quelques-uns d'entre eux, en armes, dans la résidence des Jésuites où ils réussirent à s'enfermer à temps, suffit pour en assurer la protection. Si, dès les premiers attentats contre les monastères ou églises, ils avaient mis le feu dans les tanières anticléricales — lieux de réunion et de propagande, imprimeries et bureaux de journaux — l'ardeur belliqueuse des combistes barcelonais eût été vite calmée. Il n'était pas besoin de beaucoup de douzaines d'hommes résolus pour accomplir cette œuvre d'hygiène et de sécurité publiques et de justice. Mais la Révolution de 1909 fut un coup de surprise et qui faillit réussir, tellement on était peu préparé à croire possible une pareille explosion de fureur. On ne soupçonnait plus l'existence cachée de pareils sentiments de sauvagerie. Le fanatisme libre-penseur était seul capable de révéler la permanence, dans l'homme contemporain, de ces instincts de férocité et de stupre que l'on était porté à croire abolis.

Aujourd'hui, tout le monde se tient sur ses gardes. Les amis des moines ne permettront pas contre eux le retour des derniers attentats. On n'incendiera plus, en les badigeonnant de pétrole, les portes des monastères et des églises : elles sont protégées par des feuilles de fer. Des meurtrières ont été pratitiquées dans les flanquements des façades pour permettre, le cas échéant, aux occupants d'en battre efficacement les abords. Puisque la Catalogne est revenue à ces temps troublés où les Barbares du dedans et du dehors menaçaient à tout instant la sécurité des personnes et des biens, il a fallu recourir à nouveau à ces mesures de prudence et de prévoyance qui étaient alors de règle. Les catholiques espagnols ne sont pas de ceux qui se laissent impunément molester : ils n'attaquent personne, mais, attaqués, se défendent. C'est un exemple que l'on aurait dû suivre ailleurs où la pusillanimité de croyants qui avaient pour eux la Vérité et la Justice a accumulé tant de ruines. On me rapporte que, dans la province de Valence, les libre-penseurs ayant menacé d'attaquer à main armée une procession du Rosaire, celle-ci ne se déroula pas moins et sans être inquiétée : ceux qui y prirent part avaient eu la sage précaution de tenir leur chapelet d'une main et, de l'autre, un revolver.

La masse ouvrière de Barcelone, formée d'éléments catalans fournis, non seulement par la ville, mais par la campagne, et de nombreux éléments émigrés des villages des autres provinces ou venus de l'étranger, se trouve ainsi, dans son ensemble, arrachée aux disciplines individuelles, familiales et sociales, et jetée dans la grande ville et dans la grande industrie comme dans un nouvel état de choses dont la signification lui échappe et où les conditions d'existence incertaines, mouvantes; difficiles, brutales, la mécontentent, l'exaspèrent, la révoltent. Elle constitue donc un milieu de choix pour tous les pêcheurs en eau trouble, les agitateurs intéressés et les politiciens à double face. Les partis qui exploitent les mécontentements populaires sont profondément et irréductiblement divisés sur les programmes et sur les personnes. Leur conquête du gouvernement ne serait donc possible que par leur union sur ce qui est extrinsèque à leurs divers programmes politiques et sociaux, c'est-à-dire sur l'anticléricalisme. En Espagne comme en d'autres pays, la Bloc (1) se constituerait grâce à la convention tacite de ne rien réaliser de ce que chacun des éléments associés a promis à ses partisans. Il est vrai que les secrets metteurs en scène de ces partis et de leur bloc ne veulent précisément rien de plus que cela seul.

Ainsi s'explique que les principaux journaux populaires, dont j'ai analysé dans de larges extraits les idées directrices, ne s'occupent point des intérêts

1. A l'heure présente, il deviendrait possible d'une autre manière, par une poussée de folie bolcheviste qui détruirait tout.

proprement ouvriers. Il y est question de politique et surtout de politique de personnes, on y traite moins d'élections que de révolution, d'émeutes, de violences, et, plus que tout cela, l'anticléricalisme absorbe leur zèle car il constitue par rapport aux problèmes sociaux la diversion de choix et aussi le plus solide aliment pour les querelles intérieures. Les articles cités et les journaux dont ils sont extraits ne représentent pas du tout l'opinion, mais les forces qui agissent sur elle pour la pervertir.

Les petits périodiques hebdomadaires ou bi-mensuels qui se vendent à Barcelone s'inspirent du même esprit que les grands quotidiens. Ce sont, par exemple, *El Trabajo*, *El Pueblo*, *El Syndicalista de Villanueva y Geltru*, *El Libertario*, *El socialista* « organe central du parti ouvrier », *La Justicia social* « organe du parti socialiste ouvrier, fédération catalane », *La protesta*, *El syndicalista* « organe des syndicats ouvriers écrit par les travailleurs et pour eux », *La Vie radicale* « hebdomadaire révolutionnaire intransigeant ». Toutes ces feuilles sont affichées à l'éventaire des marchands de journaux. Beaucoup n'ont qu'une existence éphémère : d'autres publications semblables les remplacent. Comment expliquer cette floraison de journaux révolutionnaires et leurs puissants moyens de publicité, alors qu'ils n'ont pas d'abonnés et ne comptent que peu de lecteurs ? D'où vient l'argent ?

§ 2. — BADALONA

A) Logement. — Dépenses.

Badalona appartient à la grande banlieue de Barcelone: on s'y rend en une demi-heure par le tramway électrique. Mais on se sent déjà dans la pure Catalogne : les habitants comprennent le « castillan », mais ils ne parlent que le catalan ; c'est en catalan que, de parti pris, on me répond. Cela témoigne de peu d'amitié pour la Castille. Et ceci, de beaucoup de mépris : la servante de la *posada* (1) où j'ai pris gîte, lorsqu'elle va aux cabinets, dit : « Je vais à Madrid ».

L'orgueil catalan s'accommode mal de ne pas tenir la première place dans le royaume. L'égoïsme qui, au sentiment des étrangers résidant à Barcelone, caractérise fortement la psychologie catalane, inspire d'incessantes plaintes et protestations parce que la Catalogne paie la plus grande partie des impôts de l'Espagne. Mais notre département du Nord qui acquitte (2), à lui seul, le cinquième des impôts de la France, n'en murmure point ! Les Catalans rêvent d'une autonomie telle qu'ils n'entretiendraient

1. Auberge.
2. Avant la guerre.

plus, en réalité, avec le reste de l'Espagne que des rapports extérieurs; leur impôts ne profiteraient plus qu'à leur seule province. Comme si la prospérité d'une région industrielle était indépendante de la prospérité générale du pays ! L'indépendance et la richesse d'une province industrielle sont subordonnées à la protection matérielle que, par la force armée dont il dispose, tout le pays lui assure. Cette richesse même n'a été créée et n'est conservée que par l'établissement et le maintien d'un régime douanier peu favorable aux autres provinces. L'industrie catalane est une création artificielle, voulue par l'Etat espagnol et réalisée grâce à des tarifs douaniers prohibitifs. Les autres provinces achètent les produits catalans, de qualité médiocre, en les surpayant ; la Catalogne bénéficie d'un privilège analogue à celui dont, avant de perdre l'Amérique, la métropole jouissait par rapport à ses colonies.

Les Catalans ne se rendront jamais à cette évidence. Pour eux, Barcelone devrait être la capitale de l'Espagne. Barcelone n'est cependant pas un centre intellectuel ni un centre historique commun à toutes les Espagnes : elle n'est pas un centre national. C'est la Castille qui a unifié, et Madrid la représente. On ne supprime pas l'histoire. Barcelone, sous l'influence d'agitateurs soudoyés par l'étranger, fait trop souvent figure d'un foyer anti-national plutôt que du centre de l'activité nationale et de la continuité historique. Barcelone est le berceau, non de la langue nationale, c'est-à-dire de celle que le temps, la politique et la littérature ont consacrée comme telle, mais d'une langue provinciale qui est comme un mélange de mauvais castillan et de mauvais français et dont les consonances en *ets* et *els* font un patois aussi déplaisant à l'oreille qu'est harmonieuse, somptueuse et sonore la langue de Castille. Mais la présomption des Catalans n'a pas de limite : ne mettent-ils pas Barcelone au-dessus de Paris ?

J'occupe l'unique chambre à un lit de l'auberge, chambre obscure, prenant air et lumière sur le palier de l'escalier, et que je paie cinquante centimes par jour. A côté d'elle, se trouve une chambrée de quatre lits, à vingt-cinq centimes.

Le blanchissage d'une chemise, un gilet de flanelle, un caleçon, un mouchoir, une paire de chaussettes, me coûte trente-cinq centimes.

Le journal, acheté par le patron de la *posada* et laissé sur les tables à la disposition de ses clients, est *La Publicidad*, journal républicain modéré.

A midi, une demi-douzaine de jeunes ouvriers métallurgistes viennent, vêtus de toile bleue, prendre un repas qui comprend généralement une soupe, une côtelette, des haricots blancs, le tout pour cinquante centimes ; ils y ajoutent parfois deux sous de pain et deux sous de vin ; mais il leur arrive de se contenter de un sou de pain et un sou de vin et de ne pas prendre de soupe, ce qui met à cinquante centimes le prix du repas. Ils mangent à huit heures et demie, midi et demi et six heures et demie, et aussi abondamment chaque fois : leur nourriture leur coûte donc un franc cinquante, environ.

Leur conversation, toujours très animée, roule sur les femmes, jeunes filles et fiancées, et, plus souvent encore, sur la république, la monarchie, le socialisme, le catholicisme et la libre-pensée. L'un d'eux, qui semble âgé d'environ dix-huit ans, lit un jour, en mangeant, la brochure — que l'on trouvait à tous les kiosques de Barcelone où de grandes affiches l'annonçaient — « *Giordano Bruno, martyr*, ou *La* « *liberté de pensée*, drame en cinq actes, par Igur- « bide », qui se jouait à Barcelone, à grand renfort de réclame tapageuse. A la fin du repas, il passe la brochure à un camarade d'une vingtaine d'années, son voisin, en l'invitant à la lire à son tour.

Leur ignorance paraît assez grande : l'un d'eux — dix-sept ans peut-être — ayant un jour besoin d'envoyer une lettre, la fait écrire par un des plus âgés — vingt-quatre à vingt-cinq ans, semble-t-il. Une autre fois, un des pensionnaires, ouvrier d'une trentaine d'années, lit sur le journal, à haute voix, les dépêches de la guerre des Balkans ; une de ces dépêches est datée de Constantinople ; il demande : « Qu'est-ce que c'est que ça, Constantinople ? »

Un de ses voisins lui explique que « c'est une ville ».

Pendant trois semaines, je me retrouve chaque jour à table avec cette même demi-douzaine d'ouvriers catalans dont la moitié couche dans la chambre voisine de la mienne. Aucun d'eux ne m'a jamais adressé la parole. Ils restent sur une réserve qui contraste singulièrement avec la camaraderie facile de l'ouvrier français.

Au hasard de mes promenades à travers la très petite ville de Badalona, je constate l'existence d'un *Fomento obrero* (1), d'une *Casa del pueblo* (2) dont la porte s'orne d'une hampe de drapeaux que surmonte un bonnet phrygien, d'un *Centro* républicain radical et d'un *Centro* républicain nationaliste.

Le dimanche, de nombreux petits ateliers restent ouverts: menuisiers, serruriers, charrons travaillent.

A peu de distance de Badalona, dans la solitude d'un repli de la montagne, se cache la Chartreuse de Montalegre, peuplée de moines français proscrits par la tolérance de l'Etat laïque et républicain. Ils répandent autour d'eux d'abondantes aumônes: leur domaine fait l'objet d'une exploitation modèle; leurs ouvriers sont bien payés et bien traités. Mais il paraît que la population leur garde la réserve un

1. Société ouvrière.
2. Maison du peuple.

peu hostile qu'elle manifeste à l'égard des étrangers; elle accepte les dons et les bons traitements comme une chose due qui n'appelle pas la reconnaissance.

Une courte grève des chemins de fer, qui fait couler beaucoup d'encre de la plume des journalistes, n'agite pas l'opinion, mais trouve un peu partout un accueil sympathique. On apprend et on se redit que beaucoup d'employés du réseau catalan faisaient, avec des heures supplémentaires payées à des prix inférieurs, jusqu'à vingt heures de travail sur vingt-quatre; un employé aux écritures, dans une gare de Barcelone, n'a obtenu, en vingt ans de service, qu'un seul jour de congé, le jour de son mariage! Les journaux jaimistes, au grand scandale des libéraux, ont énergiquement pris parti en faveur des grévistes. Canalejas s'est empressé de déposer un projet de loi sur les cheminots: les Compagnies devraient désormais se mettre d'accord, sur leur régime intérieur, avec un comité composé de représentants des ouvriers et de l'Etat; un comité de conciliation et un tribunal d'arbitrage seraient créés. C'est, à la fois, une solution verbale, factice, et un décalque de notre législation sociale. L'Espagne libérale se hâte toujours d'imiter nos défauts. *El Correo catalan*, le grand organe jaimiste, écrit (1), à propos de ce projet, qu'on serait injuste en accusant le gouvernement de n'avoir

1. 20 octobre 1912.

pas tenté de faire quelque chose, mais aveugle en disant que ce quelque chose n'est pas très insuffisant. Le projet Canalejas ne rencontre pas une opposition moins vive chez les conservateurs mauristes, les républicains et les socialistes : comme il passe sous silence le droit de grève, tous l'accusent de chercher à le supprimer. Pour ce motif, jaimistes, mauristes, républicains et socialistes font bloc. Les cheminots, de leur côté, s'agitent et protestent, reprochant à ce projet de ne rien accorder aux ouvriers et de favoriser en réalité les Compagnies ; ils menacent de se mettre en grève de nouveau, s'il est voté. Tous ces faits ne tendent-ils pas à prouver qu'en légiférant sur le travail, l'Etat intervient dans un domaine qui lui est étranger? et que c'est à la profession organisée, c'est-à-dire groupant tous ses collaborateurs et souveraine dans le domaine professionnel, qu'il appartient de faire ses propres lois ? Le 22 octobre, les journaux annoncent que la Cie Madrid-Saragosse-Alicante a spontanément décidé d'inscrire à son budget de 1913 une dépense supplémentaire de cinq millions pour augmenter le nombre de ses employés, le taux des salaires et le nombre des jours de repos. Mais, de toutes ces préoccupations d'ordre politique et économique, je ne recueille aucun écho parmi ceux qui m'entourent.

Ayant réussi à me faire embaucher dans une raffinerie de sucre comme graisseur, je quitte la *posada* pour une *casa de comida* voisine de l'usine. On peut y loger à la nuit pour dix centimes dans un local situé au fond de la cour et garni de paille. La *Casa* possède également deux chambrées de cinq lits chacune : on paie cinq réaux (1) par semaine pour un lit. La tête de mon lit s'appuie presque contre une fenêtre qui est poussée, mais qu'on ne peut fermer et dont les battants se joignent fort mal. La tête du lit qui fait suite au mien s'appuie contre la porte qui fait face à la fenêtre, et l'on peut pousser cette porte, mais non la fermer. Ces deux lits se trouvant bout à bout, les trois autres sont disposés perpendiculairement à la ligne formée par les premiers. Il y a un petit porte-manteau par lit, deux chaises en tout et une cuvette pour tout le monde. Le matin, à cinq heures trente, le patron monte une cruche d'eau. Le sol est couvert par la poussière et les divers déchets de la dernière quinzaine, pour le moins. Les salles communes du rez-de-chaussée ne sont pas mieux tenues ; les tables ne sont pas plus essuyées que le sol n'est balayé et je dois tolérer que le morceau de pain que l'on me donne prenne contact avec les débris alimentaires, solides ou liquides, qui parsèment le marbre. Jamais je n'ai vu ni ne verrai en Espagne de maison aussi mal tenue.

Voici le détail de mes dépenses :

1. 1 fr. 25 c.

Un peu avant 6 heures du matin, café....	0 fr. 15
A 8 heures, cinq centimes de pain et dix centimes de poisson..................	0 fr. 15
A midi, dix centimes de pain et trente-cinq centimes de poisson..................	0 fr. 45
A six heures du soir, cinq centimes de pain, vingt centimes de poisson, dix centimes de haricots blancs..............	0 fr. 35
	1 fr. 10

A la dépense de 1 fr. 10 pour la nourriture s'ajoute le prix du logement, moins de vingt centimes par jour. Ma dépense quotidienne s'élève donc à 1 fr. 30, au minimum.

Autre menu :

5 h. 45.	— Café au lait et pain...........	0 fr. 35
8 heures.	— Cinq centimes de pain et dix centimes de poisson..................	0 fr. 15
Midi	dix centimes de pain, quinze centimes de vin (à cinq centimes le verre), vingt centimes de ragoût de bœuf aux pommes, trente centimes de côtelette de mouton.	0 fr. 75
6 h. soir	vingt centimes de ragoût de bœuf aux pommes, vingt-cinq centimes de poisson à la sauce, dix centimes de pain.	0 fr. 55
		1 fr. 80
	Logement......	0 fr. 20
		2 fr.

On peut donc vivre avec une dépense quotidienne de 1 fr. 30 à 2 francs.

Mon salaire est de 3 fr. 25 par jour pendant six jours, ce qui fait pour la semaine une moyenne quotidienne de 2 fr. 75. Ma dépense moyenne étant de 1 fr. 65, il me reste 1 fr. 10 par jour pour le linge, le vêtement, le blanchissage et l'argent de poche. Le blanchissage hebdomadaire d'une chemise, un gilet de flanelle, un caleçon, une paire de chaussettes, me coûte soixante centimes.

Les plats les plus fréquemment offerts aux habitués sont : la saucisse, la merluche, la côtelette de mouton, les haricots blancs, les pois chiches, le riz à l'orientale parfumé de safran et semé de moules et de petits morceaux de poulpe, l'*estufado* qui consiste en débris de viande accommodés en ragoût aux pommes de terre.

Toutes les portions sont ridiculement petites. Un *estufado* compte cinq ou six petits bouts de viande gros comme l'extrémité du doigt et sept ou huit petits débris de pommes de terre. C'est tout à fait suffisant pour l'appétit de mes compagnons. Une portion accompagnée d'une tranche de pain de cinq centimes suffit au repas de la plupart des pensionnaires. On m'envoie à la fabrique mon déjeuner composé de deux plats : mes camarades de travail me font remarquer que j'ai « beaucoup de plats ». Ils n'en ont qu'un seul.

Mes excès de table font ainsi fréquemment monter

ma dépense jusqu'à deux francs par jour. Mes compagnons se contentent d'un peu de pain et d'eau claire, à huit heures : à cette heure-là, ma dépense dépasse de quarante centimes environ celle d'un Catalan ou d'un Espagnol d'une autre province ; à chacun des deux repas, je dépense vingt-cinq centimes de plus qu'eux. Un jour, en ma présence, deux ouvriers mécaniciens font, avec le patron de la *casa de comida*, le compte de ce qu'ils lui doivent pour leur nourriture de deux jours : l'un a dépensé 1 fr. 45 la veille et, aujourd'hui, 0 fr. 95 ; l'autre a fait une dépense sensiblement égale ; leur moyenne quotidienne est donc de 1 fr. 20. Je vis largement. Les Espagnols sont plus sobres et plus économes que moi, surtout ceux qui viennent des provinces pour ramasser en un an ou deux un petit pécule. De nombreux ouvriers aragonais fréquentent cette *casa de comida*. Je demande à la patronne comment ils se nourrissent : « Le matin, à huit heures, ils mangent « du pain et du poisson ou une tomate et ils boivent « de l'eau ; cela coûte quinze centimes ; à midi, ils « font de même ; mais ils dînent bien ; ils prennent « de la soupe, de la viande, des légumes, du pain et « du vin, en tout pour cinquante centimes. Lorsqu'ils « arrivent de leur village, ils se nourrissent exclusi- « ment de pain et de légumes et ne boivent que de « l'eau ; ils ne dépensent pas plus de cinq à six sous « par jour pour leur nourriture. Mais ils n'ont bien-

« tôt plus assez de force pour travailler. Après un « mois de ce régime, ils sont obligés d'en changer et « de faire comme les autres ».

Les tables de la *casa de comida* sont complètement occupées par des clients, le soir. Le brouhaha des conversations emplit la salle. Un des dîneurs ne tarde pas à décrocher la guitare pendue au mur et à en faire vibrer les cordes. Une heure ne s'est pas écoulée que bon nombre des habitués dort, coudes sur table. Des joueurs intrépides restent là plus longtemps à manier les cartes ou les dominos; ou bien ils se passionnent à la *morra*, ce jeu essentiellement chinois. Un groupe d'ouvriers aragonais se montre fidèle à la guitare et aux chants: jusque vers dix heures, ils écoutent l'un d'eux chanter des airs de leurs provinces, passionnés et mélancoliques comme les mélopées du Maghreb, de l'Afrique du Nord ou de Syrie. Quand il se tait, un autre lui répond ; et ils alternent pendant qu'un troisième fait vibrer les cordes. Le principal chanteur, avec sa figure énergique au teint foncé, ses yeux de braise, son nez aquilin, ressemble étonnamment à quelqu'un de ces Marocains farouches et pillards qui rôdent autour des Soûks. Et j'aperçois parfois, dans la salle, des individus aux traits grossiers, aux corps maladroits et massifs, aux cheveux très blonds, qui semblent accuser une origine septentrionale.

Mais, au premier étage, dans le dortoir balayé une fois la semaine et dont les lits n'ont été préparés qu'à huit heures du soir, dès avant neuf heures les pensionnaires dorment tous, comme assommés par la fatigue de leur journée de travail.

Mes compagnons de chambrée sont décents, rapides, silencieux. Ils se couchent promptement : le temps d'ôter la veste et le pantalon. Le lever et la toilette demandent trois minutes : enfiler le pantalon, tremper dans l'eau les mains et le visage, mettre la veste et la casquette. Puis ils partent. J'ai vécu avec eux pendant près de six semaines : mes compagnons de dortoir, un Aragonais et trois Catalans, hommes de trente à quarante-cinq ans, ne m'ont pas adressé deux fois la parole ; et ils ne se parlaient pas entre eux davantage ; chacun semblait ignorer tous les autres.

L'un d'entre eux fut cependant, une fois, l'occasion d'un incident désagréable. Un samedi soir, vers neuf heures, je monte au dortoir. Aucun lit n'avait encore été fait par la patronne. Un des pensionnaires est couché et dort. Je déplie et brosse mes vêtements du dimanche pour pouvoir les endosser sans retard le lendemain matin. Et voilà que l'homme se dresse tout d'un coup, furieux, m'invectivant : « On brosse ses effets de jour ! Le faire de « nuit est impudent ! Avec ce bruit, il est impos« sible de dormir ! C.. ! va ! C'est un vrai carnaval,

« ma parole ! » Probablement était-il déjà pris de boisson, comme la suite va le montrer. C'est le seul ouvrier de cette sorte que j'aie rencontré pendant tout mon séjour en Espagne. Je l'avais entendu, un autre soir, interpeller d'un ton agressif un habitué qui eut la sagesse de ne pas lui répondre. J'ai fait de même. Le lendemain, comme j'achève de dîner, je vois la patronne s'approcher de mon hargneux voisin de chambrée, attablé dans un coin, et lui adresser de violents reproches : après la brutale interpellation dont j'avais été l'objet de sa part, la veille, il était sorti, puis était rentré bruyamment au milieu de la nuit ; complètement ivre, il avait réveillé plusieurs dormeurs en se trompant de chambre et de couchette et, finalement, ayant gagné son lit, s'y était oublié ! Devant tous les consommateurs, la patronne lui en fait honte, se plaint d'avoir dû changer les draps, le traite de « brute », d' « ivrogne », de « plein de vin ». Il bondit et réplique par une injure plus grossière. Le logeur alors s'en mêle, lui impose silence, lui reproche son mauvais caractère et menace de le mettre dehors. Le lendemain même, ce désagréable pensionnaire quittait la maison pour aller ailleurs. C'est l'unique scène de ce genre dont j'aie jamais été témoin au cours de ma vie ouvrière en Espagne ; ce qui ne signifie pas qu'elle ne se reproduise jamais ; mais elle est certainement très rare.

De même, cette *casa* ouvrière est la seule que j'aie vue malproprement tenue parmi les nombreux logis populaires où j'ai demeuré. Cette circonstance fortuite aggravait sensiblement les conditions de ma vie d'ouvrier. Mon emploi de graisseur me condamnait à accomplir mon travail avec des vêtements sales. Lorsque je m'échouais, le soir, dans cette *Casa de comida y huespedes*, j'y retrouvais les mêmes habitués — Aragonais manœuvre ou maçons, Catalans mécaniciens — vêtus d'habits de travail malpropres. Et tout était sale autour de nous : la pièce où nous mangions, les tables, l'escalier, la chambre, son plancher, son mobilier, ses murs, tout cela formait le décor de misère grise et grasse habituel aux logis ouvriers français. La veste et le pantalon, les espadrilles et la casquette quittés, on se jetait sur sa couche en se roulant dans les draps douteux et dans la couverture étroite et poussiéreuse. Le matin, on était rationné pour l'eau de toilette. Je serrais dans une poche de veston accroché au mur un peigne, une brosse à dents et une éponge protégés par leurs étuis respectifs ; mais mes compagnons ne possédaient comme objets de toilette qu'une serviette et un peu de savon. Quel dégoût à surmonter, le matin, pour enfiler les vêtements quittés la veille, ces vêtements de travail, malpropres, tachés d'huile, pénétrés de sueur et qui pendent, accrochés là, comme des loques ! Il faut, encore une fois et bien d'autres fois, entrer là-dedans, en sentir le contact gras et froid. Et puis, jamais je ne me sens vraiment reposé. Une chaise ne me délasse pas ; encore moins un banc... Comme, à de certains jours, j'envie un fauteuil pour m'y reposer ! Les ouvriers se couchent toujours dès qu'ils en ont le loisir ; c'est seulement dans la position allongée que notre corps se délasse ; ne pouvant se permettre le demi-allongement dans un fauteuil, ils s'étendent dans le lieu même où ils travaillent et, le soir venu, sur leur couchette, appelant le sommeil qui verse l'oubli.

B. — Graisseur dans une raffinerie

Cinq heures du matin : déjà, j'entends des coups de sifflet lancés par diverses fabriques.

Cinq heures trente . le patron de la *Casa de comida y huespedes* pousse la porte de la chambrée, fait craquer une allumette, allume une bougie et, tout en déposant sa cruche d'eau, nous appelle.

Six heures : j'ai franchi la grille de l'usine. La cour traversée, j'ai déposé ma veste et ma collation de huit heures dans une salle réservée aux ouvriers. Une salle voisine, avec entrée distincte, est affectée aux ouvrières. Le mobilier se compose d'une grande table entourée de bancs ; des porte-manteaux sont fixés tout le long des murs; la plupart des ouvriers y accrochent, le soir, leurs effets de travail qu'ils échangent, le matin, contre les habits de ville dont ils sont vêtus. Au coup de sifflet, chacun se dirige vers son poste. De huit heures à huit heures trente, nous cassons la croûte. De midi à une heure trente, la plupart des ouvriers rentrent chez eux déjeuner ; plusieurs, qui habitent à une trop grande distance, prennent leur repas dans cette salle commune. A six heures du soir, nous quittons la raffinerie.

Notre journée est de dix heures. Les salaires sont de 1 fr. 25 à 2 francs pour les femmes, 2 fr. 25 à 2 fr. 50 pour les jeunes gens, 3 fr. 25 pour les hommes, 3 fr. 75 et 4 francs pour les chefs d'équipe, 5 francs pour les contremaîtres. Le chauffeur et le chauffeur-conducteur (qui toucheraient en France jusqu'à 7 et 9 francs) sont payés 4 francs et 4 fr. 50.

Le personnel se compose, pour moitié, de Catalans de Badalone parmi lesquels les contremaîtres, chefs d'équipe, mécaniciens, et, pour l'autre moitié, d'Aragonais, Andalous et Valenciens, presque tous simples manœuvres. Quatre de ces Aragonais, avec leurs nez aquilins et leurs yeux de flammes sous des sourcils épais, semblent de purs Arabes qui auraient perdu leur barbe et leur burnous.

L'accueil que je reçois de tous ces ouvriers est assez sympathique, à l'opposé de celui que me ménageront les teinturiers de Barcelone, habitants de faubourgs révolutionnaires, tous inscrits à un syndicat révolutionnaire anticlérical qui exploite les difficultés professionnelles dans un but exclusivement politico-religieux. Ici, au contraire, je me trouve dans une petite ville voisine de Barcelone, qui subit certes l'influence de la capitale, mais qui n'est pas comme celle-ci un foyer d'agitation ouvrière et qui compte, à côté d'ouvriers d'usines, beaucoup d'agriculteurs, de marins-pêcheurs, de commerçants et de petits propriétaires. Parmi les ouvriers, il en est qui possèdent un peu de bien : un de mes camarades de la raffinerie boit, à la table commune, du vin de sa vigne. En outre, le personnel n'est pas syndiqué : la raffinerie, ne fonctionnant que pendant une partie de l'année, emploie des ouvriers qui, les uns, appartiennent à des corps d'état — maçons, cordonniers, etc. — et abandonnent momentanément leur métier pendant la morte-saison, les autres sont des nouveaux venus, passagèrement émigrés de leur province. Aussi chacun s'applique-t-il à sa tâche sans spéculer sur la meilleure organisation sociale et les moyens les plus sûrs de la réaliser. Dépourvus de cohésion et n'ayant pas le temps de prendre conscience d'intérêts communs, ils ne peuvent guère me tenir pour un concurrent qui leur dérobe leur travail : si je suis un étranger, c'est parmi beaucoup d'autres, car, à l'exception d'un noyau d'habitués qui reviennent fidèlement chaque année pour un semestre, ils sont étrangers les uns aux autres et à cette profession de hasard. Entre nous, aucun lien particulier : venus de divers lieux, nous nous rencontrons là fortuitement et pour une fraction de l'année. L'ouvrier de métier qui s'est embauché accidentellement à la raffinerie conserve ses préoccupations de métier : Puig, qui ne lit jamais que le frivole *Papitu* me surprend fort, un certain jour : il a acheté *El Progreso* ! C'est que ce numéro d'*El Progreso* contient un entrefilet relatant, sans commentaires d'ailleurs, qu'une grève de maçons vient d'éclater à Badalona, et Puig, maçon de son état, s'intéresse aux affaires de son métier. D'après cette note, un syndicat de propriétaires vient de prononcer le *lock out* des ouvriers à la suite d'une demande d'augmentation de salaires avec menace de grève, adressée par ceux-ci à l'un des propriétaires syndiqués qui faisait bâtir. Ce fait-divers témoigne du grand développement de l'associationisme au delà des Pyrénées : tous les intérêts se groupent pour se fortifier et se bien défendre. L'Espagnol, assoiffé d'indépendance, a compris que l'individualisme qui ne se développe pas dans l'associationisme n'aboutit à rien : il n'y a de fortes et libres individualités que dans de forts et libres groupements. Mais, de tempérament plus batailleur que constructeur et influencé par le spectacle du désordre anarchique que le libéralisme engendre, l'Espagnol imagine l'association comme un instrument de lutte et non comme un processus organisateur. Du même coup, nous constatons que l'absence de préoccupations politiques ou sociales chez les ouvriers de cette raffinerie s'explique par le caractère accidentel, épisodique, de leur présence dans cette usine. Leurs préoccupations économiques concernent leur vrai métier, celui qu'ils exerçaient avant de venir ici et qu'ils exerceront à nouveau lorsque l'usine fermera ses portes. « Le métier de maçon est *mon* métier », me déclare Puig. Il ne considère pas son travail de la raffinerie comme son travail professionnel. De même, les autres. Leur vie professionnelle est indépendante de cette usine ; c'est ailleurs qu'elle se déroule. Ainsi s'expliquent, avec l'accueil facile que j'ai reçu de mes compagnons et que je ne retrouverai pas à Barcelone, les rapports pacifiques qu'entretiennent les patrons de cette maison avec leurs salariés.

Il se produit néamoins, de la part des jeunes manœuvres, d'assez fréquentes demandes d'augmentation de salaire : ils voudraient 2 fr. 75 ou 3 francs. Il en résulte une certaine instabilité dans cette partie du personnel. L'un d'eux, âgé de dix-huit à vingt ans, me disait à ce propos : « Je suis venu ici pour « faire des économies avant de rentrer dans mon « *pueblo* (1) d'Aragon et, avec deux pesetas cin-

1. Village.

« quante, il est difficile de faire des économies ! Si je « gagnais seulement un réal de plus ! »

Mon prédécesseur, Pablo, un Valencien qui passe chef d'équipe, me montre ma tâche : il me désigne toutes les ampoules de verre, les *bombitas*, que je dois emplir d'huile. Quelques engrenages doivent être également graissés. L'huile tombe ensuite dans des récipients qu'il convient de vider avant qu'ils ne débordent. Du matin au soir, il faut escalader sans cesse plusieurs étages et, près de chaque poulie à huiler, grimper en outre sur des échelles. L'emploi exige d'abord du jarret, ensuite de la vigilance — car il s'agit d'empêcher l'échauffement des coussinets — enfin, de la prudence ; l'installation est bien faite et, en général, n'offre pas de danger : en divers points cependant, il convient de bien prendre garde pour ne pas être happé par une courroie ou par une roue.

Le Valencien me montre dans tous ses détails l'objet de ma fonction, mais de l'air hautain et détaché, élégant et distant, d'un grand seigneur qui promène un manant parmi des bibelots de prix. Avec une courtoisie tout espagnole, il me parle à la troisième personne en me donnant du « *Usted* » et il multiplie les « *Si Señor* » ou « *No Señor* ». Il ne ferait rien de plus pour le roi : le dernier des Espagnols n'est-il pas *Don* Un Tel, comme le roi est *Don* Alfonso ? C'est de l'égalité, mais comme on n'en voit pas chez nous. Mon guide me recommande à plusieurs reprises : « Surtout qu'il n'y ait jamais de *bombita* « vide, car, si le directeur passait, il dirait : Grais- « seur, qu'est ceci ? Que l'huile non plus ne « déborde pas et ne salisse pas le sol, car, si le « directeur passait, il dirait : Graisseur, c'est mal- « propre. »

Il ne suffit pas de remplir machinalement les graisseurs : il faut les régler. La quantité d'huile qu'ils doivent laisser couler varie suivant le travail que les diverses poulies fournissent. Si le graisseur en fournit plus que de besoin, je serai obligé de le remplir plus fréquemment qu'il n'est nécessaire et de me donner de la fatigue que je pouvais éviter. Si l'appareil ne donne pas suffisamment d'huile, un échauffement va se produire. Mon prédécesseur connaît le réglage de tous ces graisseurs : son expérience ou celle de ses prédécesseurs lui permet de déterminer dans quelle mesure il convient de fermer ou d'ouvrir chacun des appareils de graissage. Il me communique son expérience ; il m'en fait tradition ; ou bien il me fait tradition d'une tradition qu'il avait lui-même reçue. Si je professais cet individualisme qui prétend ne jamais vouloir profiter d'une expérience toute faite, je me condamnerais à recommencer les longs tâtonnements auxquels a dû se livrer un de me prédécesseurs. Refuser la tradition, c'est se condamner à de perpétuels recommencements. L'accepter sans contrôle, c'est s'exposer à perpétuer de vieilles erreurs. Un individualiste intelligent sait se renoncer soi-même pour devenir intelligemment traditionaliste ; il économise ses forces, sa peine et son temps en recueillant avec soin l'héritage des anciens. Ainsi peut-il être fort, fécond et progresser. L'individualiste anti-traditionnel se condamne à recommencer les commencements avec des fortunes diverses et fort inégales : il est peu capable de progrès. Heureux s'il ne régresse pas !

Mon salaire de 3fr. 25 est relativement élevé pour une fonction que tout le monde peut remplir après vingt-quatre heures d'initiation. Mais il s'explique par une triple considération : 1° Ce travail ne va pas sans quelque danger. Quoique l'installation soit assez récente et bien comprise, il y a une demi-douzaine de graisseurs que l'on ne peut garnir, malgré les plus grandes précautions, sans s'exposer aux plus graves accidents : que le pied ou la main glisse, et l'homme est jeté dans une poulie qui tourne à toute vitesse ou happé par une courroie qui court à toute allure. En plusieurs autres endroits, on ne peut atteindre le graisseur qu'en exécutant une certaine gymnastique où une chute toujours possible comporte le risque de se rompre les os. 2° J'ai signalé la responsabilité de l'homme chargé de cet emploi : à la suite d'un huilage et graissage insuffisants, il se produira un échauffement des coussinets susceptible de provoquer l'arrêt de toute l'usine. 3° Il faut enfin tenir compte de la fatigue causée par des allées et venues incessantes à travers plusieurs étages, l'ascension continuelle d'escaliers et d'échelles.

Si, par hasard, de jeunes ouvrières traversent les salles où nous travaillons, mes compagnons les assaillent toujours de galanteries dont la crudité brutale n'en fait rougir ou fuir aucune. La licence du langage dépasse tout ce que l'on a coutume d'entendre en France. Chaque fois que nous sommes réunis dans notre salle-à-manger-vestiaire, il se fait un échange continuel de plaisanteries d'une extraordinaire obscénité. Comme il arrive le plus souvent, d'ailleurs, en pareil cas, ce sont les plus âgés qui mettent le moins de retenue dans leur langage.

Puig, Catalan badalonais d'une vingtaine d'années, me demande « comment s'appelle la grande ville « française qui se trouve sur le bord de la mer et « qui est plus grande que Barcelone. » Pour tenter de démêler ce rébus, je sollicite quelques précisions : « Sur quelle mer cette ville est-elle bâtie ? car la « France est baignée par trois mers... » A cette révélation, mon interlocuteur reste muet d'ahurissement. Quand il a repris ses sens, il m'explique qu'il s'agit « d'une ville située sur la mer et qui reçoit « autant de bateaux en un jour que Barcelone en « une semaine. Trois de mes camarades l'ont vue et « me l'ont dit. — Marseille ? — Oui, c'est cela « même. »

Le lendemain, ayant encore oublié ce nom, il me le redemande à nouveau. Il ignore l'existence d'Alger et d'Oran. Il sait qu'il y a, en ce moment, « une « guerre entre la Turquie et quatre autres Etats », dont il ignore les noms, les forces respectives, s'ils sont grands ou petits, peu ou très peuplés. Ce qui le frappe, c'est que quatre Etats combattent les Turcs et cela lui explique que les Turcs soient battus : seuls contre quatre, comment pourraient-ils vaincre ? Je lui fournis quelques explications qui lui font dire : « On voit que vous lisez beaucoup de journaux. » Il suffit de savoir très peu de choses, mais précises et variées, pour apparaître à ces ignorants comme très instruit. Et pour eux, comme pour beaucoup de nos ouvriers français, c'est le journal qui est source de science et de vérité. On aperçoit ainsi l'influence profonde que la presse exerce sur eux. Rien n'est donc plus aisé que de les duper et l'on s'explique qu'ils soient si souvent et si facilement des dupes.

Un Andalou, âgé de dix-sept à dix-huit ans, mange avec nous. Je lui demande s'il a entendu parler de l'Algérie. Il me répond qu'il « ne sait ce que c'est que ça ». A la rigueur, on peut expliquer cette ignorance : il habitait dans la *sierra*. A cette question : « L'Andalousie est-elle meilleure que la Catalogne ? » il s'écrie aussitôt : « Ah ! oui ! » Les yeux étincelants, il explique que « tout est meilleur, en Anda-« lousie : la terre, le climat, les habitants, la nourri-« ture ! On mange les mêmes choses, mais la cuisine « est mieux faite ! » Ils sont tous ainsi : leur pays est toujours le plus beau. Pedro, un jeune Aragonais d'une vingtaine d'années, travaille dans une salle où mes fonctions m'amènent de temps à autre. Il me déclare qu'il est Aragonais et que « l'Aragon vaut « mieux que la Catalogne. — Et Saragosse ? — Une « bien plus belle ville que Barcelone. — Il y a long-« temps que vous êtes arrivé en Catalogne ? — A peine « un an. — Vous devez parler catalan, maintenant ? « — Non. Je le comprends et je puis le parler... « mais je n'aime pas le parler... je ne le parle « pas... Pourquoi êtes-vous venu en Espagne ? — « Eh ! mais... pour connaître l'Espagne !... » Il reste silencieux. Je m'esquive.

L'après-midi, comme je traverse la même salle, Pedro vient à moi : « Comment se fait-il que vous « travailliez dans cette fabrique-ci ? — Je cherchais « du travail, on avait besoin de quelqu'un, on m'a « pris. » Il garde un instant le silence, réfléchissant. Moi, je file. Il n'a pas pour rien une tête d'Aragonais : il suit obstinément une idée. Et je préfère que l'on ne me pose pas trop de questions.

Vers le soir, je passe encore au voisinage de Pedro. Il s'approche et me demande : « Y a-t-il des « fabriques, en France ? — Assurément ! Dans cer« taines villes, beaucoup ; dans certaines autres, « moins. » Il reste pensif, s'inquiétant moins peut-être de ma venue ici que des chances de faire en France un voyage avantageux. Il m'arrêtera sûrement une autre fois, au passage, car il suit inflexiblement son idée.

Effectivement, le lendemain, lorsqu'il m'aperçoit, il me demande aussitôt : « Est-ce qu'il y a, en France, « des fabriques comme celle-ci ? » Ses intentions se précisent : il voudrait évidemment aller travailler en France et il s'inquiète de savoir s'il y a des fabriques en France et, puisqu'il sait travailler dans une raffinerie, s'il y existe des raffineries. Il a mis deux jours pour en venir là, par étapes prudentes. Il doit avoir encore en réserve quelque question qu'il rumine et qu'il posera à son heure.

Deux jours plus tard, en effet, il m'aborde au cours de ma tournée : « Pourrai-je trouver une « *novia* (1), en France ? — Pourquoi pas ?... Mais « pourquoi en France plutôt qu'en Espagne ? — « C'est que les Françaises me plaisent beaucoup. — « Où donc en avez-vous vu ? — A Barcelone, quatre « qui jouaient au théâtre. » Serait-ce donc dans ce

1. Fiancée.

but qu'il s'inquiète de trouver du travail dans les fabriques en France, « s'il y a des fabriques » et « des fabriques comme celle-ci ». Attendons la suite, s'il y en a une, pour éclaircir ce point.

Et voici que, quatre jours plus tard, Pedro se hâte vers moi dès qu'il m'aperçoit passer avec mon bidon d'huile : « Est-ce que vous comptez rester « longtemps en Espagne ?... Quand vous rentrerez « en France, j'irais volontiers avec vous et vous « m'aideriez à trouver de l'ouvrage... Dites-moi, « est-ce vrai qu'en France, quand il y a des ouvriè- « res dans une fabrique, les ouvriers les chatouil- « lent et les pincent, au passage ?... » Et voilà donc enfin pourquoi il voudrait aller travailler en France ! Il trouve qu'il y a trop de bonne tenue dans les ateliers d'Epagne et que les jeunes ouvrières sont trop bien gardées ! Un ouvrier français s'étonnerait, en effet, de voir à quel point, à l'intérieur de l'usine ou à la sortie du travail, les deux sexes restent séparés.

Une autre fois, Pedro m'interpelle encore à ce sujet : « Je prendrai une *novia* française ; vous « devriez prendre une *novia* espagnole ! — Mais de « quelle province, de préférence ? de Catalogne ou « d'Aragon ? — D'Aragon ! — Ou de Castille ? — « C'est la même chose que l'Aragon ! — Ou une « Andalouse ? — Ce sont les plus belles, mais les « les plus p... Les Aragonaises sont les meilleures. « Tenez ! voici un autre Aragonais qui prendra

« aussi une *novia* française... » L'Aragonais désigné se livre aussitôt à une pantomine obscène.

Un autre jour, le jeune ouvrier andalou me demande également s'il pourrait aisément trouver du travail en France, quelle sorte de travail et dans quelle ville. A ma question : « Avez-vous des amis « travaillant en France ? » il me répond affirmativement. Je lui conseille alors de leur écrire : « Ils « vous diront si vous pouvez partir avec la certi- « tude d'obtenir du travail. » Le lendemain, il s'entretient longuement avec un Aragonais et un Catalan des prix de voyage pour les émigrants à destination de l'Amérique du Sud.

En raison de mes fonctions, je suis obligé de rester à l'usine de midi à une heure trente et d'y prendre mon repas. C'est aussi le cas du mécanicien et du chauffeur retenus par la surveillance de leur machine comme je le suis par le graissage des poulies. Quelques ouvriers, demeurant trop loin, ne quittent pas non plus l'usine et nous mangeons, dans le réfectoire-vestiaire, les aliments que nous avons apportés. Une fois attablés, ils mettent et gardent le nez dans leur gamelle ; ils absorbent les aliments sans dire mot ; on dirait des chevaux, bouche et naseaux dans une musette. La dernière bouchée engloutie, ils échangent pendant quinze à trente minutes des propos divers, sous le coup de fouet de la surexcitation que produisent, dans des organes fatigués, la nourriture et un verre de vin. Après quoi, ils s'allongent sur un banc : on dirait qu'ils y tombent, assommés de sommeil.

Quand ils échangent quelques propos à la fin du repas et avant de se livrer à la sieste, ces brèves conversations m'initient à leurs préoccupations et à leurs goûts. Le Valencien Pablo expose le thème des *Misérables*, qu'il a vu jouer au *Cine* : « C'est de Victor Hugo », ajoute-t-il, l'ayant lu sur l'affiche. Les autres l'écoutent très attentivement, comme passionnés par ce récit. Alors la conversation s'étend sur les *Cine* en général. Ils se demandent comment il est possible que l'on puisse représenter ainsi un assassinat qui s'est réellement produit ou bien un naufrage, celui du *Titanic* par exemple. Le Valencien leur explique que l'on photographie, dans le premier cas, des figurants, et dans le second, des peintures mises en mouvement par une machine. Puig prend alors la parole : « Il y a un homme qui « court le monde depuis douze ans. Le *Cine*, ce soir, « montrera tout ce qu'il a vu. » Le *Cine* tient une place énorme dans leur existence et ils y recourent pour s'instruire comme pour se distraire.

La conversation est fréquemment alimentée par les commentaires auxquels donne lieu le dernier numéro de *Papitu* (1). Cet hebdomadaire illustré

1. Equivalent catalan de *Pepito*, nom familier et diminutif de *Jose* — Joseph — si répandu en Espagne.

est pour le moins aussi graveleux que le *Frou-Frou* français. Le jeune Puig, qui ne connaît pas le nom de Marseille, qui ignore tant de choses et qui admire mon savoir puisé dans les journaux, ne lit pas les quotidiens politiques, mais il achète, lit et montre à ses camarades *Papitu*. On se le passe de main en main. Pablo lit à haute voix les légendes des dessins et les explique, car on n'a pas saisi du premier coup les mots à double entente; puis, il les redit encore, en développe la grossièreté et la souligne du geste. Ainsi, tout comme en France, si un jeune homme achète et lit un journal, c'est plus volontiers *Papitu* qu'un journal politique et les hommes d'âge mûr s'intéressent eux-mêmes davantage au premier qu'au second. La liberté de la presse déchaîne ces « courants » d'opinion : pendant que le peuple « affranchi » y glisse, les politiciens qu'il a chargés de faire ses affaires font librement les leurs, et, pour gouverner, corrompent. Les excitations de *Papitu* sont peut-être pires ici qu'ailleurs, car elles s'adressent à un peuple éminemment excitable. Ainsi apparaît utile, bienfaisante et même nécessaire, la présence de gardiens vigilants qui préservent la nation des influences nocives émanées du pays même ou bien introduites du dehors. Nos gouvernements libéraux s'inquiètent tout ensemble d'alimenter copieusement la source du mal — journaux, spectacles, écoles, doctrines, idées — et quelquefois d'en réprimer les effets — désordres extérieurs, délits, crimes. Leur action répressive et non préventive, d'ailleurs faible, tardive et intermittente, ne supprime rien ; ils suscitent plus de malfaiteurs qu'ils n'en arrêtent ; la police et la justice finissent par devenir les associés de ceux qu'elles pourchassent et dont elles vivent. Les gouvernements libéraux provoquent à commettre les délits que parfois ils punissent : c'est le système de la provocation, celui-là même que leur police pratique constamment. Tout est savamment disposé pour mettre le feu à la maison et pour éteindre les derniers restes du brasier. Que penserait-on d'un Etat qui répandrait méthodiquement le choléra tout en organisant tardivement et pour la forme des commissions sanitaires ?

Puig, l'acheteur de *Papita*, n'a pas voulu cependant me laisser croire qu'il ignorait tout, et, au hasard d'une conversation, il m'a raconté qu' « autre-« fois, Badalone s'appelait Babylone, mais qu'une « grande inondation ayant détruit la ville on l'avait « reconstruite et appelée du nom qu'elle porte main-« tenant. — Quand donc cette catastrophe s'est-elle « produite ? demandè-je. — Oh ! il y a beaucoup de « siècles !... » Un fait certain est que Badalone fut, à l'origine, une colonie phénicienne. Si Puig portait moustaches et tarbouch, on le prendrait aisément pour un Syrien. Il se fait une idée, pour nous singulière, mais positive et très sémite, de la cause de l'amitié qu'un peuple peut professer pour un autre peuple : « L'Espagne, me dit-il, est amie de la France « parce qu'elle lui doit beaucoup d'argent. » Cette réflexion prouve le réalisme de la jeunesse catalane : à vingt ans, Puig ne se perd pas dans un sentimentalisme creux ; il aperçoit dans les liens de l'intérêt les liens de l'amitié et s'explique l'union morale de deux Etats par leur solidarité économique. Voici une réplique de Puig qui montre l'orgueilleux sentiment qu'éprouvent les Catalans pour leur nationalité. Je lui dis, à dessein, que le catalan me faisait l'effet d'un mauvais patois espagnol. « Du tout ! « s'écrie-t-il avec vivacité. C'est le catalan qui est « la langue espagnole ! Les autres dialectes des « autres provinces, le castillan par exemple, ne sont « que des patois ! » Un autre jour, le Valencien Pablo explique à Puig, qui ne s'en était jamais douté, que les provinces actuelles de l'Espagne formaient jadis des royaumes indépendants qui furent peu à peu fondus en un seul. Cette leçon d'histoire reçue, Puig s'aperçoit qu'il est bientôt temps de retourner travailler et alors il soupire : « Une heure de travail « le matin et une demi-heure le soir, cela nous suffirait, à nous autres Catalans... » Sur quoi, un de ses compatriotes, âgé d'une trentaine d'années, ajoute en riant : « Certes oui ! avec cinq *douros* !... » (1)

1. Le *douro* vaut cinq francs.

Ce dernier m'explique à son tour les origines de Badalona : « Il y a beaucoup de temps, au moins « mille ans, Barcelone fut fondée par des Carthagi-« nois venus dans neuf barques, ce qui lui fit donner « le nom de *Barcanona*, devenu tard plus Barcelone. « Et ce sont des habitants de Barcanona qui allèrent « plus tard s'établir ici même où ils fondèrent Bada-« lona ; mais ils l'avaient appelée Babylone. — Pour-« quoi ce large fleuve de sable, qui sépare le terri-« toire de Barcelone de celui de Badalone, n'est-il « pas reconquis par les propriétaires riverains, qui « n'auraient pour cela qu'à construire de petites « digues perpendiculaires aux rives ? — C'est que « les capitalistes espagnols aiment mieux placer « leur argent en rentes sur l'État. Quand le capital « travaille, tout le pays s'enrichit. C'est pour cela « que la France est riche. Mais les propriétaires « espagnols aiment mieux acheter des titres de « rente. » On remarquera cette belle formule — « quand le capital travaille, tout le pays s'enrichit » — et cette idée fausse qu'en France l'argent s'emploie à enrichir le pays et non à remplir les coffres toujours vides de l'État. Pour certains Espagnols, la France est toujours un modèle à suivre et, si l'Espagne est malheureuse, c'est parce qu'elle n'imite pas en toutes choses son heureuse voisine.

Un autre jour, à déjeuner, le jeune Aragonais Pedro s'étonne : « Comment ! vous n'avez pas encore

« été au théâtre, à Badalone ! Il y en a trois ou « quatre. Ce n'est pas de trop pour une trentaine « de mille habitants ! Le plus grand peut contenir « trois à quatre mille personnes : le ciné y joue de « une heure et demie, en une heure et demie, depuis « quatre heures du soir jusqu'à minuit, le jeudi, le « samedi et le dimanche ; et c'est toujours plein. « Cela coûte trois sous en haut et cinq sous en bas. « Le théâtre, c'est le grand plaisir des Espagnols. » Je lui réponds qu'il n'en est pas de même en France où l'ouvrier préfère passer son temps au cabaret, à boire. « Pas nous autres ! réplique-t-il. On prend « un café en causant avec un ami et puis l'on va se « promener. » Depuis une dizaine d'années, quelques-uns ont pris l'habitude de consommer un vermouth avant le repas ; d'autres, bien plus rares, ont pris le genre — pour eux, c'est un genre — de se faire servir, le dimanche, une absinthe, sur une terrasse de café, bien en vue, comme des gens civilisés et qui tiennent à en avoir l'air. Et ce double usage est d'importation étrangère, accepté, sous la pression des habitants des pays plus septentrionaux, par des Espagnols possédés de la manie de l'imitation de l'étranger. Je demande à Pedro : « Et les chauffeurs « catalans, boivent-ils beaucoup ? Sont-ils ivres « quelquefois ? — Jamais ! Si le feu leur donne trop « soif, ils boivent de l'eau. » Les chauffeurs français feraient bien de suivre leur exemple !

Les deux chauffeurs catalans de l'usine ne sont ni grossiers, ni brutaux, mais tristes, taciturnes, l'air maussade, le langage bref. Mon repas terminé, je me rends parfois dans la salle des machines où le mécanicien de jour vient d'achever de déjeuner solitairement. Il roule une cigarette. Au-dessus de sa tête, est suspendu le règlement qui défend de fumer et d'introduire des allumettes dans l'usine. Je le lui fais remarquer en riant. Il hausse les épaules et, me montrant l'article de ce règlement qui fixe à dix heures la journée de travail : « Pour nous autres, la journée est de douze heures ! » C'est exactement la réflexion que m'avait faite le mécanicien de Roubaix (1) : elle naît de la réalité. Il ajoute : « D'ailleurs, tout règlement, c'est à jeter dehors. » Il le dit sans acrimonie, plutôt à la façon d'un enfant qui badine. Mais il traduit, par ce petit mouvement d'humeur, tout ce qu'offre d'impatientant pour l'adulte un règlement qui le replace dans la condition de l'enfant. Et cependant, ce règlement, qui l'agace, est bien anodin : il déclare chacun responsable des objets qui lui sont confiés, ainsi que de la bonne tenue, de la propreté des appareils dont il fait usage ; ce règlement fixe, en outre, les jours de paye, détermine la façon de formuler les réclamations et autres choses du même genre. Tout cela est

1. Voir *Deux Chauffeurs-Conducteurs.*

évidemment juste et nécessaire. Mais c'est un règlement ! Il blesse tout autant que la cloche et le sifflet. Et tout cet appareil est cependant indispensable. Bien des choses désagréables ne peuvent être évitées. Nos goûts et notre humeur ne sont pas la loi du monde. Les ouvriers ont la naïveté de croire que le régime socialiste ferait disparaître toutes ces mesures, alors qu'il les renforcerait et les aggraverait considérablement, car elles sont en relation avec la concentration de plus grandes foules de salariés dans des ateliers d'extension et de complexité accrues.

Je dis au mécanicien : « Si je devais prendre la « place du graisseur de nuit, je serais beaucoup « plus fatigué. — Non, me répond-il, car, après dix « heures, le sous-directeur et le contremaître-chef « ne sont plus là ; ils sont partis se coucher. On peut « alors s'asseoir, se reposer un peu ; on est plus « tranquille que pendant le jour. »

Une autre fois, posant, d'un geste vif, une courroie sur une poulie en marche : « Pas de force, mais de « l'habitude », m'explique-t-il.

Les deux chauffeurs sont peu aimables. Cependant, l'un d'eux a appris, au bout de quinze jours, que je suis Français et il vient faire un tour — pour la première fois depuis que je suis à l'usine — dans notre salle à manger. C'est pour moi qu'il vient. Il a presque un pâle sourire sur son visage durci par les

reflets de la flamme : « J'ai presque oublié le fran-
« çais, me dit-il dans ma langue en cherchant péni-
« blement ses mots. J'ai travaillé pendant deux
« années à Bordeaux : c'était en 1877. Comme la vie
« y était facile ! On gagnait comme manœuvre
« 4 francs et 4 fr. 50 et tout était si bon marché !
« Nous vivions plusieurs Espagnols ensemble :
« notre logement coûtait huit francs par mois. On
« achetait de la viande et des pommes de terre...
« pour rien : la viande ne coûtait pas quinze à vingt
« sous la livre... Et tout ainsi... sauf le vin qui était
« cher : quarante centimes le litre ; et du vin
arrangé... » Je les étonne, lui et les autres, en leur
apprenant qu'aujourd'hui (1), en France, après
trente-cinq à quarante ans de République, un
ouvrier payé cinq francs par jour est moins riche
que l'ouvrier payé, en Espagne, trois pesetas.

Le chauffeur remue à la pelle, à trois reprises,
3.500 kilos de charbon par jour : « Cela me fait
« 10.500 kilos. Mes bras le sentent ! » Il arrive, une
fois, qu'étant indisposé il est remplacé par un des
mécaniciens. Celui-ci me dit : « Bon pour un jour
« ou deux. Mais pas pour cinq ni pour dix pesetas,
« pour rien au monde, je ne voudrais faire métier
« pareil ! » Ce mécanicien est un Français de Perpi-
gnan. Un des ouvriers catalans me dit de lui, un

1. 1912.

jour : « C'est un Catalan ». Je rectifie : « Un Français ! » L'autre insiste : « Non ! un Catalan ! » Je fais une concession : « Un Catalan français. » Mon interlocuteur insiste davantage : « Non. Il ne diffère pas « de nous. Il est Catalan comme nous. » Je m'écrie : « Mais vous autres, vous êtes Espagnols, Catalans « d'Espagne. — C'est toujours Catalans. — Ah ! je « vois... Pour vous, Catalans d'abord ; Français ou « Espagnols ensuite, s'il y a lieu, et c'est sans importance... » Il sourit en acquiesçant d'un signe de tête. Une Castillane, ouvrière à l'usine, est mariée à un Français du Languedoc. Il se trouve ainsi, en Catalogne, un certain nombre de Français du Midi, et réciproquement : il se fait, des deux côtés de la frontière, de très nombreux échanges, mais plus particulièrement et plus intimement entre la Catalogne française et la Catalogne espagnole qui ne sont qu'une même province, de même race et de même langue, déchirée par le hasard des guerres. Il est faux de dire que les montagnes séparent : un massif montagneux est toujours occupé sur ses deux versants par le même peuple qui tend à se répandre de là, de part et d'autre, dans les plaines voisines. La frontière définie par la ligne des crêtes est une frontière politique, de détermination commode, mais purement artificielle, créée par une convention diplomatique.

Un samedi matin, voyant tomber la pluie, je fais

part de mes craintes au mécanicien catalan : « Pourvu « qu'il ne pleuve pas demain ! Ce serait un bien « triste dimanche. — Du tout ! réplique-t-il, ce serait « meilleur pour la bourse de l'ouvrier. Se lever « tard, manger, prendre le café avec des amis, aller « l'après-midi au ciné, dîner tôt, se coucher de « même : quoi de mieux ? — On ne voit pas d'ivrognes « dans votre pays ? — Oh ! que c'est rare ! Un « ivrogne perd toute considération : nul ne le fré- « quente plus. On va boire avec un ami un verre de « vin, ou un anis à l'eau, ou un café, et cela suffit. « Quelques-uns prennent un vermouth comme apé- « ritif, de temps à autre, et c'est tout. » Je constate, d'ailleurs, que, le jour de la paye, il n'est pas d'usage, comme en France, de s'inviter à boire : pas plus que les autres jours, nul ne va au cabaret. Jamais, à la sortie de l'usine, le soir, mes compagnons de travail n'éprouvent le besoin d'entrer dans un débit pour y prendre une consommation.

Le travail s'exécute avec assez d'entrain et de bonne humeur. Je me l'explique — ainsi que leur bon accueil et l'absence de syndicat — par ce fait que la fabrique marche seulement six mois par an avec un personnel composé en grande partie d'ouvriers ayant leur petit métier en ville et venant chercher là, pendant leur morte-saison, un surcroît de bénéfices. Ils ne sont déracinés ni de la vie familiale ni du petit atelier. Les intérêts ouvriers du personnel de la fabrique ne se soudent pas et n'entrent pas en conflit avec les intérêts patronaux, parce qu'ils n'en ont pas le temps. L'évolution des rapports entre le capital et le travail, au lieu de suivre la courbe habituelle à la grande industrie, étant inhibée chaque année, demeure au stade embryonnaire. Quel contraste, nous le verrons, avec les ouvriers teinturiers du faubourg barcelonais de Clot ! Ceux-ci, au contraire, ont atteint le stade du conflit le plus aigu.

Ce n'est pas que ces ouvriers de la raffinerie éprouvent un attrait bien vif pour le travail et la discipline du travail. Au cours d'un après-midi, le Valencien Pablo s'arrête au milieu de sa besogne : « Soufflons un peu, fait-il, et ne nous tuons pas ; il « n'y a qu'une vie. » Une autre fois, pendant la collation de huit heures, il remarque en plaisantant : « La journée terminée à cette heure-ci, avec trois « douros de salaire, voilà qui me conviendrait fort. » Passant auprès d'un ouvrier catalan âgé de quarante-cinq à cinquante ans, je lui dis d'un air mélancolique : « Encore une demi-heure avant d'aller manger ! » Il me répond, sur un ton détaché : « Bah ! « c'est toujours ainsi ; on attend l'heure du repas, « puis l'heure de partir, le soir... » Une autre fois : « Quel beau temps ! lui dis-je, et comme l'on serait « mieux à se promener ! — Ah ! certes, réplique-t-il « avec philosophie, faire un bon repas, se reposer, « s'habiller et partir à la promenade en fumant une

« cigarette, ce serait évidemment parfait... » On peut rapprocher, par contraste, cet état d'esprit tranquille de celui des ouvriers français qui parlent du « bagne » pour désigner l'usine.

Les jeunes ouvriers de dix-huit à vingt-ans, employés, pour 2 fr. 25 à 2 fr. 75 par jour, aux cuves à malaxeurs et aux broyeurs, accomplissent leur tâche avec beaucoup d'entrain, de gaieté même ; néanmoins, la journée leur paraît longue autant qu'à des écoliers en cage. Quand ils me voient passer avec mon bidon d'huile, ils me demandent : « De « combien s'en faut-il qu'il soit l'heure ?... » Heure de la collation, heure du déjeuner, heure du départ. Et l'un d'eux ajoute, une fois : « Le meilleur mo- « ment, c'est le samedi soir, quand on touche la « paye. » Il passe un éclair de joie dans ses yeux, à cette pensée : la paye. Il a quitté son village de la sierra andalouse pour avoir une paye ! Il ressemble étonnamment à un Arabe : regard de flamme, nez d'aigle, bouche épaisse, rire féroce du Sémite ; il est long, maigre, nerveux, agile ; sa démarche est droite et fière ; avec l'extrême vivacité et l'élégance de ses gestes, il m'apparaît comme un des jeunes gens de ces tribus indépendantes et guerrières qui habitent au confins de l'Atlas et des plaines ; prenez un de ces demi-sauvages guerriers et pillards, habillez-le d'un pantalon et d'une cotte bleue, lâchez-le dans cette raffinerie, et voilà le frère jumeau de ce jeune

Andalou pour qui le meilleur moment de la semaine est celui où il reçoit « la paye ».

A six heures du soir, quand le sifflet de la raffinerie déchire l'air, tous les ouvriers, comme des enfants las de la classe et avides d'air, se hâtent aux portes, au vestiaire, à la rue. En ces mois d'hiver, la rue est sombre à cette heure-là, presque noire : toute la tristesse des quartiers d'usine y coule et l'emplit. Bientôt, chaque rayon trouble des rares becs de gaz est traversé par les groupes hâtifs d'ouvriers qu'ont lâchés toutes les fabriques. Comme ils redoutent la fraîcheur du soir ! Le cou, la bouche, le nez disparaissent dans le double tour d'épaisses écharpes de laines ; d'autres se drapent dans une couverture rayée, bigarrée, à franges, une sorte de châle qui est le pardessus du peuple lorsque l'argent manque pour s'offrir le luxe d'une cape espagnole. Portant une bouteille vide et la gamelle qui contenait mon repas, je rase les murs des cours ou bâtiments des fabriques qui se pressent dans ce faubourg du travail ; je tâte parfois du pied le sol inégal que la nuit feutre d'un épais tapis de ténèbres. Bientôt, j'aperçois au loin un carré de clarté tracé sur la chaussée, le reflet de lumière de la salle commune de la *Casa de comida* déjà toute emplie de clients dont la rumeur bourdonnante frappe mes oreilles avant même que j'aie poussé la porte...

Chose étonnante pour un ouvrier français, le

lundi matin, tout le monde est à son poste, frais, vaillant, joyeux. Quel contraste avec les lundis des ouvriers français ! Ici, il n'y a pas un chômeur, pas un homme mal remis de l'ivresse ou de la débauche du jour de repos. Pedro bavarde, rit, chante en abattant beaucoup de besogne : il a du soleil plein le cœur parce qu'il a chômé hier et vu sa *novia*. Après le repas de midi, les petites ouvrières rentrent dans la fabrique en valsant deux à deux, toutes prêtes à recommencer le bal de la veille. Je les revois ainsi un jeudi, l'approche du repos hebdomadaire les transportant déjà de joie : à la fin de la collation du matin, une demi-douzaine d'entre elles passent, en dansant, de la cour dans la première salle de travail ; la porte s'ouvre vivement et les voilà qui entrent une à une, chacune valsant seule, tournant et chantant, comme une farandole de ballerines ; et puis, dans un espace un peu plus large, deux à deux elles se remettent à valser. Quel peuple gracieux !

Je demande à Pedro : « Il y a trente à quarante « ouvrières, ici. Les autres fabriques en emploient « elles beaucoup ? — Certes ! surtout les fabriques « de tissus. — Et chacune a son *novio* (1) ? — Cha- « cune. — Mais s'en trouve-t-il qui ait un amant ? « ou plusieurs ? — Oh ! quelques-unes, mais elles

1. Fiancé.

« sont bien rares ! » Quelle différence avec notre pays ! Ici, les fortes mœurs chrétiennes survivent encore à l'affaiblissement ou à la disparition de la foi ou de la pratique religieuse ainsi qu'à l'influence démoralisatrice de la vie d'usine et des grandes agglomérations ouvrières.

Bien que la marche de la raffinerie ne souffre pas de difficultés provoquées par le personnel, il ne s'en produit pas moins quelques petites récriminations dont l'écho me revient de temps à autre : elles ne se rapportent pas à la grave question des rapports du capital et du travail, mais presque toujours à l'éternelle difficulté que trouvent les hommes à vivre ensemble, soit avec leurs supérieurs, soit avec leurs égaux. Ainsi, pendant un repas de midi, Puig se répand en récriminations au sujet de l'aide insuffisante qui lui est donnée pour le travail dont il est chargé ; il estime qu'il en résulte pour lui un surcroît de besogne excessif. Un autre jour, un des Aragonais se plaint à Pedro de son chef d'équipe qui, encore mal au courant de la besogne, ne sait pas convenablement la disposer suivant le temps et la répartir suivant les aptitudes ou les forces, ce qui occasionne aux hommes de l'équipe plus de travail qu'autrefois. Pedro lui répond qu'il « connaît « ce service-là pour y avoir travaillé auparavant et « qu'en effet c'est d'une autre manière que les tâches « doivent être distribuées pour être accomplies avec

« moins de peine et en temps utile. » Mais ils ne se rendent pas compte que leur échange d'observations met en relief la nécessité d'une direction et la nécessité, pour une direction même modeste, d'être compétente et intelligente : vérité qui ne vaut pas que pour une équipe ni même seulement pour une entreprise industrielle, mais qui est d'ordre tout à fait général et mérite d'être prise bien plus encore en considération s'il s'agit de l'organisation économique ou politique ou religieuse de la société. Or, une direction suppose une autorité : le principe d'autorité est donc inséparable de l'existence ou de l'activité d'un groupe, infime ou considérable, simple ou complexe. D'autre part, l'Aragonais, mal dirigé, se sent moins libre ; ayant plus de travail et plus de fatigue pour le même résultat, il se croit asservi, exploité, et il murmure ; il ne se plaint pas d'être gouverné, mais d'être mal gouverné. Donc l'autorité n'est pas plus l'antagoniste nécessaire et irréductible de la liberté que la société n'est l'antagoniste nécessaire et irréductible de l'individu. Tout au contraire, de même qu'il n'y a pas de vie individuelle possible sans vie sociale, de même, sans autorité, pas de liberté. Tout le problème consiste à doser l'une et l'autre, la vie de l'individu et la vie du groupe, la liberté et l'autorité, de telle sorte que, loin de s'apparaître l'une à l'autre comme des entraves ou des ennemies, elles s'apparaissent, au contraire, comme des libératrices et comme des forces en collaboration : résultat que peut facilement obtenir l'autorité éclairée, juste, appliquée autant à plaire à ses administrés qu'à rechercher et obtenir, par la compétence et l'équité, le maximum de rendement avec le minimum d'effort. L'exemple précédent montre, en outre, que le propre d'une autorité libératrice est d'être une autorité acceptée : et cela suppose une compénétration réciproque des activités et volontés de ceux qui commandent et de ceux qui obéissent, une concordance entre toutes les volontés, les volontés dirigées étant elles-mêmes dans une certaine mesure dirigeantes ou tout au moins inspiratrices, et les volontés dirigeantes étant aussi, dans une certaine mesure et sans perdre leur indépendance nécessaire, inspirés et même dirigées.

Les petits conflits de cette usine ne sont pas dus à des questions de principe, mais à des incompatibilités d'humeur. Le sous-directeur les provoque assez habituellement. C'est un Allemand d'Autriche, pourvu de toutes les qualités et tous les défauts de sa race : pétulant et grave, intelligent et obtus, consciencieux, ponctuel, pointilleux, susceptible, irritable, bourdonnant, bougonnant, impatient ; il lasse assez vite ses subordonnés. Dans toute vie commune, les modalités de caractère priment tout le reste. Le mécanicien, le voyant passer, agité et important comme de coutume, murmure : « Un vrai animal ! » Un matin, il me donne, ainsi qu'au mécanicien, dans l'espace de trois minutes, trois ordres différents et contradictoires : dès qu'il a tourné le dos, le mécanicien lui fait un pied de nez. Ce sous-directeur est, en outre, un trembleur : il appréhende sans cesse qu'il lui arrive quelque avanie et il fait tout ce qu'il peut pour qu'il lui en arrive ; il fatigue et irrite tout le monde par son bourdonnement inutile et gênant. Il se rend insupportable à tous, disant dix paroles pour une et sans raison. Quand il commande quelque chose, il faudrait qu'on eût exécuté son ordre avant même que d'avoir commencé. « Mettez de l'huile à cette machine », me dit-il. Je me hâte d'aller chercher la burette et de me rendre à la machine désignée. Il est déjà là qui se plaint que ce ne soit pas encore fait. Il disparaît par la porte voisine, mais revient aussitôt : « Comment ! pas encore fini ? » La façon de commander rend acceptable ou intolérable le commandement. Un des chefs d'équipe me dit de lui : « C'est un cochon. Et il ne vient plus me « chercher parce que je l'envoie faire f... » Il paraît avoir le don d'exaspérer les ouvrières. Quand il passe dans leurs ateliers, elles haussent les épaules et lèvent les yeux au ciel ou bien lui répliquent avec vivacité. Elles se montrent particulièrement irritées de ses façons trop entreprenantes vis-à-vis d'elles. En commandant à une ouvrière une besogne, il lui passe furtivement la main sous le menton : l'autre s'indigne très haut et proteste à grands éclats. Il s'éloigne. Dans l'atelier, une des ouvrières lui tire la langue dès qu'il a le dos tourné. Une autre, qu'il a chargée de me transmettre un ordre baroque et intempestif, me déclare qu' « il est fou ». Agé d'une cinquantaine d'années, laid, hirsute et mal bâti, il ne se décourage pas pour si peu et sa main s'égare, à la première occasion qui s'offre, sur la joue d'une ouvrière, avec le même succès : ah ! il est bien reçu ! Quelles protestations véhémentes ! Il a choisi, pour faire sa chambre et lui apporter son repas de midi, une jeune Catalane d'allures un peu provocantes et dont le *novio* travaille dans une autre fabrique de Badalone. Elle prodigue au vieux soupirant, par des jeux de physionomie expressifs, tout l'ennui ou le dégoût qu'il lui cause. Mais il n'y prend garde, le plus souvent, et persévère avec ténacité dans le siège qu'il a entrepris. Elle lui apporte, à dessein, son café après l'heure de rentrée dans les ateliers. Il est à la porte, rouge de colère, yeux braqués comme des pistolets, barbiche au vent, et il lui crie : « Ah ! « enfin !... tous mes remerciements ! tous mes remer- « ciements !... » d'un ton coloré par toute l'ironie dont sa race est capable ; mais il ne peut se retenir d'esquisser en même temps, main levée, un geste de menace. Elle passe, droite, méprisante, joyeuse. Quand elle revient pour regagner l'atelier, son visage exprime le triomphe, ses yeux quêtent les suffrages. Les deux Catalans qui travaillent là et n'ont rien perdu de la scène se hâtent vers elle pour la féliciter : elle passe dans un éclat de rire.

Sur une trentaine d'ouvrières, il n'y a que trois Catalanes ; les autres viennent, en général, de Castille ou d'Andalousie. Elles travaillent à empaqueter le sucre, à le mettre en boîte, et elles sont payées aux pièces. L'une d'elles me dit arriver à gagner jusqu'à huit et dix réaux (1) par jour : mais elle travaille même pendant l'heure et demie accordée pour le repas ; elle ne prend que quinze minutes pour manger. Elles sont deux ou trois qui acceptent ce surmenage. Les autres prennent le repas réglementaire de midi ; mais elles arrivent, le matin, dès cinq heures et demie et ne partent qu'à sept heures du soir : leur gain varie entre vingt et vingt-cinq sous.

Plusieurs de ces femmes ont un type oriental très net. Une des Andalouses, comme les femmes arabes dans leur maison, couvre ses cheveux d'un mouchoir dont elle noue les extrémités sous la nuque : ses yeux sont si abondamment fournis de cils qu'ils paraissent passés au kohl ; le dessin de la bouche, du nez et des yeux semble celui d'une Moresque. Le profil d'une autre Andalouse rappelle, avec plus de

1. 2 francs à 2 fr. 50.

délicatesse, celui de l'image sculptée d'un roi d'Assyrie.

A une autre ouvrière andalouse je demande si elle préfère sa province à la Catalogne : « Si je pré-« fère l'Andalousie ? Ah ! certes ! et plus que toute « autre province ! L'Andalousie est meilleure que « tout, partout ! Et l'on y est plus joyeux qu'ail-« leurs !... »

Plusieurs, parmi les Castillanes, connaissent directement ou indirectement la France et soupirent après elle comme après une contrée d'abondance. Une d'elles en rêve comme d'un pays de Cocagne : « Mon « père travaille dans une ferme où il est logé, nourri « et payé trois francs par jour !... » Une autre, mariée à un Français déserteur, connaît plusieurs villes du Languedoc : « Et dire qu'ici un poulet « coûte six francs ! » Une autre a habité Paris pendant dix-huit mois ; elle parle français couramment. Au mot de Paris, son visage s'illumine de joie : « Oh ! Paris ! comme j'y voudrais retourner !... « Madrid n'est pas une grande ville !... » Pauvres oiseaux des pays du soleil à qui il faut « une grande ville » et qui s'y jettent comme des alouettes sur un miroir ! Quelle a été l'histoire de cette Castillane qui habita Paris ? Je n'en connais que la douloureuse phase actuelle : son mari l'a abandonnée avec son jeune enfant pour vivre avec *deux* femmes, à Badalone même. Elle est toute jeune. Elle me conte sa tristesse, et ses voisines de la table de travail en confirment silencieusement l'aveu. Je lui demande si les Espagnols agissent souvent ainsi à l'égard de leurs femmes : « Oh ! bien plus souvent que les « Français ! » Et ses voisines l'approuvent. Je m'en informe auprès du mécanicien Catalan français : « Est-il exact, comme me l'a assuré une ouvrière « castillane, que les Espagnols abandonnent leurs « femmes et enfants plus souvent que ne le font « les maris français ? — Je ne sais, répond-il, mais « je connais à Badalone une femme abandonnée « avec ses enfants par son mari qui est parti faire la « noce en France. » Je demande alors à Pedro s'il y a beaucoup de maris espagnols qui abandonnent leur femme : « Oui, il y en a, en effet, beaucoup. »

Pendant les heures de travail, la salle-à-manger-vestiaire des femmes sera désormais soigneusement fermée à clef. Une des ouvrières m'en donne la raison : « Elles se volent entre elles ! Mouchoirs, fichus, « menus objets, paniers même disparaissent. Pendant les heures d'atelier, l'une se rend au vestiaire « sous un prétexte quelconque et dérobe ce qui lui « plaît ; puis, c'est une autre... »

Il n'a pas été nécessaire de recourir à cette mesure pour protéger les ouvriers les uns contre les autres. Mais cela ne veut pas dire qu'il ne faut pas prendre soi-même ses précautions. Chaque jour, je dois rouler, de la cour dans le bâtiment, soixante sacs de sucre de cent kilos ; ayant laissé par mégarde mon couteau sur un des sacs pendant ce bref trajet, je suis interpellé par un des mécaniciens qui, ayant aperçu, au passage, mon couteau, me met aussitôt en garde contre cette négligence : « Vous le laissez « là? Savez-vous qu'il y en a qui... » Et il fait le geste de ramasser prestement un objet et de le glisser dans sa poche. Comme en France, quoi! (1) On n'imagine pas la fréquence, l'universalité du vol, dans toutes les classes de la société, dans tous les pays du monde. Le vol répond à l'un des instincts les plus profonds et les plus malaisément déracinables de l'homme. L'homme naît voleur et souvent il le reste. Le vol est le grand mobile des révolutions (2) : la bassesse en est dissimulée sous les oripeaux des discours idéalistes. Aux environs de 1902, en pleine marée dreyfusiste, dans une ville française de province, une femme d'ouvrier disait attendre avec impatience la Révolution pour « avoir sa part de pillage ». La foule est partout la même : aussi ignorante et simpliste. Les théoriciens se donnent beaucoup de mal pour chercher de grandes idées

1. Voir *Les Mineurs*.
2. Depuis que ces lignes ont été écrites, le déchaînement du bolchevisme en a fourni un exemple d'une effroyable ampleur.

capables de soulever les foules ou d'expliquer leurs soulèvements : les foules se soulèvent toutes seules, à moins de frais. On me rapporte que, lors de la sédition de Barcelone de 1909, les familles ouvrières de Badalone parlaient ouvertement du pillage auquel elles pourraient enfin se livrer : leur conception de l'ordre social nouveau se réduisait à imaginer qu'après le pillage ce seraient les riches qui travailleraient et les pauvres qui ne feraient rien et qui pourraient manger beaucoup et devenir gras à leur tour.

Je demande à Pedro comment il se fait que l'atelier ne compte pas davantage d'ouvrières catalanes : « Pourquoi ? Mais parce que les Catalanes ne se con« tentent pas de gagner, comme ces ouvrières-ci, « venues des autres provinces, une peseta par jour. « Les Catalanes préfèrent travailler à la couture douze « heures par jour, mais ne pas gagner moins de quatre « douros par semaine ; et encore, quand elles ne « gagnent que cela, elles trouvent que c'est peu... Et « moi, ajoute-t-il, si je consens à venir ici ne gagner « que quatorze réaux (1) par jour, c'est parce que « nous sommes en hiver et que j'ai trop froid aux « mains à travailler à mon métier de maçon... » Cette réflexion me rappelle ce que l'on m'a rapporté du peu de goût des maçons catalans pour la pluie : un

1. Trois francs cinquante.

ingénieur qui a passé sa vie en Catalogne me dit avoir vu, un matin, des maçons prendre leurs vêtements et quitter le chantier parce qu'il pleuvait un peu, et ne pas revenir bien que la pluie eût très vite et définitivement cessé. «... Mais, pendant le reste « de l'année, poursuit Pedro, on gagne à mon métier « de sept à neuf douros par semaine et pour huit « heures de travail chaque jour ! Si un maçon tra- « vaille seulement un demi-quart d'heure en plus « des huit heures, il est frappé d'une amende de dix « réaux qui est versée à la Caisse syndicale de « secours aux blessés... Mais on ne fait jamais sa « semaine complète. Quand on a assez d'argent, on « ne travaille plus et on se rend à Barcelone dépen- « ser tout l'argent que l'on a gagné. On ne travaille « que quatre à cinq jours par semaine, et il n'est pas « rare qu'après s'être rendu à Barcelone avec un « billet de vingt-cinq pesetas, on en revienne à pied « jusqu'à Badalone, faute de dix sous pour payer le « tramway. — Pourquoi donc, puisque vous gagnez « presque autant que des maçons de Paris et dans « un pays où la vie est si bon marché, n'employez- « vous pas votre argent à acheter de la terre, des « actions, à vous enrichir enfin? — La joie vaut « mieux que l'argent. » C'est vrai, mais il ne l'est pas moins que l'argent donne de la joie. N'est-ce pas dans ce but que ces ouvriers veulent gagner beaucoup d'argent? Mais s'ils le dépensent toujours en totalité, ils restent toujours pauvres, c'est-à-dire privés des moyens de s'assurer des joies durables. Une société qui s'inspirerait toute entière d'une semblable philosophie, au lieu de progresser vers une forme plus riche et plus parfaite de civilisation, rétrograderait vite en dissipant les trésors amassés par les précédentes générations. On retrouve beaucoup de l'imprévoyance orientale dans cette pensée, cette parole, cette pratique qui a toujours fait de l'Arabe la proie du Juif et qui fera de l'Espagne la proie d'Israël s'il réussit, derrière ses rabatteurs anticléricaux, à envahir le vieux royaume comme une nuée de sauterelles couvre une belle et joyeuse moisson. Canalejas préparait une sorte de décret Crémieux : mort, il laisse l'idée et le projet dans son infect héritage. Qu'ils se réalisent et le moment ne tardera plus où tout un peuple travaillera pour les tribus errantes devenues maîtresses de toute sa richesse.

Les ouvriers de la raffinerie sont aussi différents des ouvriers français du Centre et du Nord de notre pays que semblables à ceux de nos provinces du Midi : élégants, distingués même, polis et sensibles à la politesse. S'ils demandent qu'on les aide un instant, ils ne manquent pas, ce petit service reçu, de dire « merci ». Je me rappelle, au contraire, ce mineur de Saint-Etienne à qui j'avais dit « merci » en de semblables circonstances et qui m'avait répondu, hargneux : « T'es trop poli ! Ici, dans la mine, on « n'est qu'une m...! » (1) Un ouvrier Valencien d'une cinquantaine d'années m'ayant prié de lui donner un coup de main, je défère à son désir en lui disant, à la mode espagnole : « Je suis toujours à la dispo- « sition de *Usted.* » Il ne trouve point cela ridicule, au contraire ; il dissimule même très peu sa satisfaction d'être traité avec courtoisie. Ils sont tous, naturellement, gens de bonne compagnie. Mais je constate, par la suite, que, dans les milieux infectés par l'idée de lutte de classes, par l'esprit socialiste révolutionnaire, comme chez les teinturiers, ces façons amènes ont complètement disparu : l'évolution industrielle leur a substitué la suspicion, la rancœur, la haine, la guerre. A l'inverse, mes compagnons de la raffinerie montrent même, assez généralement, de la déférence pour leurs chefs. Un Catalan, chef d'équipe, s'entretenant en français avec moi, un manœuvre aragonais, qu'amuse les sons, incompréhensibles pour lui, que nous émettons, se prend à rire. Le chef d'équipe l'interpelle : « Qu'avez-vous « à rire ? — Excusez-moi, fait l'autre aussitôt, je ne « me moquais pas... Excusez-moi. » Lorsqu'ils parlent entre eux du directeur ou de l'ingénieur, ils ne manquent pas de dire : « *El Señor Director... El Señor* Margall. »

1. V. *Les Mineurs.*

Une certaine éloquence leur est naturelle : ils parlent avec abondance, élégance et facilité. Je leur demande : « Etes-vous donc tous comme cela en « Espagne ? — Mais oui, répliquent-ils, tout le monde, « ouvriers, cultivateurs ou bourgeois... »

Grande est leur coquetterie. Il est rare qu'ils quittent l'usine en vêtements de travail ; ils les changent au vestiaire pour leur tenue de ville qui est convenable, propre et, autant que possible, élégante. Le costume a une importance considérable, en Espagne, pour toutes les classes sociales. Chacun y consacre le plus qu'il peut de ses préoccupations et de son argent. Un ingénieur français, directeur d'usine, m'assurait être accueilli plus respectueusement et obéi avec plus d'empressement par ses ouvriers lorsqu'il se montrait dans les ateliers avec des effets neufs ou avec du linge propre. Un dimanche matin, un Catalan, chef d'équipe à la raffinerie, me rencontre, non plus avec mes espadrilles et mes mauvais vêtements de travail, mais avec des chaussures de cuir et habillé comme un ouvrier espagnol endimanché : il me traite de « Monsieur », titre dont il ne m'avait jamais encore honoré.

Les vêtements coûtent, du reste, bien moins cher qu'en France et sont de meilleure coupe. J'en fais la remarque à Pedro : « J'achète en Espagne un cos- « tume sur mesure au prix d'un costume de confec- « tion en France, et celui-là est toujours très bien,

« celui-ci très mal fait. Vraiment, vous avez de bons « tailleurs. » Pedro m'en donne l'explication suivante : « C'est bien simple. Ils savent que, si nous « trouvons que ça ne va pas bien, nous refusons de « payer. Alors, ils s'arrangent pour nous satis- « faire. »

L'attitude de mes camarades de travail à mon égard est presque toujours restée empreinte d'une excellente camaraderie : bonne humeur, aide mutuelle, petits coups de main, conseils ou avertissements. Plus d'une fois même, l'un d'eux a descendu un ou deux étages pour m'avertir qu'un graisseur était vide : on aurait pu me laisser toute la responsabilité de ma fonction et ne pas prendre souci de m'éviter une observation ou une amende. Mais cette complaisance est enfermée en d'étroites limites : aucun d'entre eux ne consentira jamais à accomplir la moindre partie d'une tâche qui incombe à un autre. Il en résulte parfois de petits conflits : un jour, une courroie s'étant rompue, le chef d'équipe responsable me l'envoie porter au mécanicien pour qu'il la répare ; celui-ci prétend que cette réparation incombe au chef d'équipe et me charge de la lui reporter. Le chef d'équipe s'obstine dans son opinion et me renvoie au mécanicien qui refuse de céder et, finalement, l'emporte sur l'entêtement de son adversaire. Il règne ainsi, de tous côtés, un quant-à-soi inflexible. Il leur a bien fallu me donner quelque assistance pour me mettre au courant de divers détails. Mais, en règle générale, chacun s'en tient à sa tâche et se refuse à soulager son voisin : le menuisier de l'usine ne balaiera jamais les copeaux ; ce n'est pas son travail ; il fait des copeaux et il les laisse.

Bien plus : l'égoïsme amène parfois certains d'entre eux à abuser de la complaisance d'un camarade ou de son ignorance de ses droits. Je constate ainsi que le graisseur de nuit s'arrange de façon à ce que j'aie accompli le maximum de travail au moment où je lui passe le service et à me laisser du travail en retard au moment où il me repasse le service. Je feins de ne pas m'en apercevoir pour le laisser développer en toute impudeur son système et mieux mesurer son manque de conscience. Lorsqu'il arrive, le soir, j'ai recueilli toutes les vieilles huiles ; lorsque j'arrive, le matin, je constate qu'il s'est dispensé de le faire , tous les récipients sont pleins. Je règle mes graisseurs de telle sorte que l'huile s'écoule à la vitesse convenable : chaque matin, je trouve les graisseurs vissés à fond, l'huile qui ne descend plus et les coussinets qui s'échauffent ; pour les refroidir, il me faut faire des tournées plus nombreuses ; mais le veilleur de nuit a réussi, par ce moyen, à n'accomplir, dans sa nuit, qu'une tournée sur trois. En outre, du fait de sa manœuvre, je dois passer ma matinée à régler à nouveau mes graisseurs et je reste néanmoins exposé à de regrettables surprises.

L'ancien graisseur de nuit, un Valencien passé chef d'équipe, ayant fini par s'apercevoir des méchants calculs de l'homme qui le remplace, m'interpelle à ce sujet : « Comment se fait-il que vous ayiez, « de jour, toute la besogne et que l'autre, la nuit, « n'ait plus qu'à dormir ? — Il est plus ancien... le « travail de nuit est plus fatigant... et puis j'aime « mieux ne pas me plaindre et rester en bons termes « avec lui comme avec tout le monde... — Non ! « non ! il ne s'agit pas de cela. Amis, soit ! mais « avec réciprocité. Il n'y a pas de raison pour que « l'un fasse tout et l'autre rien... D'ailleurs, ça ne « m'étonne pas de la part du graisseur de nuit : c'est « un Catalan ! »

Une usine devient ainsi un petit monde, avec ses coalitions et ses querelles. Si les ouvriers remarquent la serviabilité d'un camarade, ils sont humainement portés à abuser de lui. Lorsque ce mauvais penchant de notre nature se manifeste, il est bon que l'observateur se garde de le troubler, mais, au contraire, s'attache à en étudier le développement. C'est ainsi qu'à l'exemple du graisseur de nuit s'ajoute celui de son critique, le Valencien, à qui j'ai précédemment déclaré par courtoisie que « j'étais « toujours à sa disposition. » Il imagine alors de me mettre, de sa propre autorité, à la disposition du mécanicien : il m'invite à fermer et arrêter une pompe-vapeur au moment où je verrai le mécanicien s'apprêter à arrêter sa machine, puis à remettre en marche et ouvrir cette pompe lorsque le mécanicien aura fait repartir sa machine : « Ça lui évitera « de se déranger et de venir jusqu'ici pour cette opé- « ration .» Le mécanicien, moins par amabilité que par sentiment de sa responsabilité, n'a pas tardé, par contre, à me dispenser de cette collaboration : la surveillance de la pompe-vapeur relève, en effet, de ses attributions et non des miennes. Le Valencien avait pris cette initiative le jour même où il m'avait reproché d'assumer une partie de la tâche du graisseur de nuit, notamment de recueillir l s vieilles huiles que celui-ci laissait s'accumuler : « Chacun « sa besogne. Votre camarade abuse de vous et dit, « par derrière, que vous êtes un sot. » Tout cela est merveilleusement et banalement humain : égoïsme, exploitation d'autrui, reproche fait aux autres pour des actes que l'on commet soi-même ; et le reste.

Un dernier trait. Il est dans mes attributions de mettre en place, chaque jour, deux courroies sur des poulies en marche. Cette opération exige une certaine habitude et ne va pas sans danger. Pendant un certain temps, des ouvriers plus anciens l'ont accomplie pour moi. Puis, ils m'ont invité à les suppléer. Je m'en suis d'abord acquitté fort mal : ils ont réparé ma maladresse. Puis ils ont commencé à murmurer entre eux. Je touche aux limites de leur patience. Et l'on y arrive vite, ici tout comme en France. Les ouvriers aiment mieux un compagnon sans complaisance à leur égard, mais qui se tire d'affaire tout seul, qu'un compagnon complaisant à qui il faut sans cesse aider. La loi fondamentale de leurs rapports est le « chacun pour soi », qui est bien également la loi des rapports sociaux. Puis, se présente accidentellement l'assistance désintéressée et, généralement, l'exploitation intéressée de celui qui ne sait pas se défendre contre cet envahissement. J'ai été conduit à cette conclusion sur la question des rapports de camaraderie à l'atelier par la méthode du laisser-faire, laisser-venir, par l'observation du déroulement spontané des états d'esprit à propos d'une certaine classe de phénomènes. J'ai laissé dire et faire autant ceux qui m'aidaient que le graisseur de nuit qui m'exploitait : la complaisance des premiers a fait place à leurs murmures, l'attitude du second a suscité des commentaires et provoqué des avis. Ainsi, sans intervenir pour influencer le cours de leurs sentiments, j'en ai obtenu, par l'observation active dans l'attitude passive, le développement complet.

Cette méthode permet de saisir une autre conséquence impliquée dans l'examen de ces menus faits : une expérience plus complète de la vie permet de dire de ces états d'esprit qu'ils ne sont pas propres à l'ouvrier catalan, mais à tout ouvrier de tout pays ; qu'ils ne sont pas particuliers à la classe ouvrière, mais co-extensifs à la société humaine envisagée dans son ensemble. Autrement dit, nous appréhendons l'Homme sous les hommes. On s'exposerait à ne pas connaître les hommes si l'on entendait ne tenir compte que de la connaissance de l'Homme, car on perdrait de vue les différences réelles qui classent et hiérarchisent les hommes. Et l'on s'exposerait aussi à ne pas connaître les hommes si l'on excluait de ses recherches l'Homme en général, car on perdrait de vue ce qui est commun à tous les hommes, ce qui les situe dans un même genre et, se retrouvant au fond de chacun d'eux, les conditionne dans toutes leurs diversités.

En définitive, pour ces ouvriers, la complaisance est une duperie ; l'égoïsme, la règle des rapports sociaux. C'est une opinion très générale et qui est telle parce qu'elle exprime les instincts généraux et profonds de l'espèce. Il serait donc utopique d'imaginer une société fondée uniquement sur la charité. Mais il est faux et funeste de la vouloir fonder uniquement sur l'égoïsme, car l'amour réside aussi dans la nature humaine et est susceptible, sous certaines conditions, de culture et de développement : ne pas vouloir lui faire sa part et une part que l'on tentera toujours d'élargir, c'est précipiter dans l'évolution régressive une société civilisée chrétiennement, ou maintenir une société étrangère à cette civilisation dans un stade inférieur et un état barbare.

Le Valencien, qui m'avait ordonné d'arrêter la pompe, surgit près de moi à l'instant où le mécanicien vient de l'arrêter lui-même: « Pourquoi, me « demande-t-il, n'avez-vous pas arrêté la pompe « comme je vous avais dit de le faire ? — Parce que « le mécanicien m'a prié de m'en abstenir. » Le Valencien s'éloigne en silence. Je raconte l'incident au mécanicien : « Oh ! fait-il en haussant les épaules; « ici, chacun veut commander. Si on les écoutait « tous, on ne saurait à qui entendre. »

Le même Valencien m'a formellement commandé de graisser un de ses appareils qui exige beaucoup de soins. Mais le graisseur de nuit le néglige complètement. Le Valencien s'en aperçoit et, comme il aime mieux ne pas lui en faire la remarque de peur d'être mal reçu, il me charge de lui transmettre ses observations. L'autre me répond dédaigneusement : « C'est un *señorino* (1) ! Eh bien ! ce qu'il me dit « de faire, qu'il le fasse lui-même ! » Et voilà comme il suffit de payer d'audace pour avoir la paix dans un égoïsme renforcé. Le Catalan est profondément égoïste. Entre ouvriers catalans voisins d'habitation, on ne constate ni complaisance ni assistance. Si quelqu'un tombe malade dans une famille ouvrière,

1. Petit monsieur.

il faudra que les parents fassent venir une garde-malade qui coûte deux pesetas par jour. Si une famille nécessiteuse reçoit quelque secours, tous ceux qui la connaissent font tous leurs efforts pour amener le bienfaiteur à les cesser. Des barques de pêche ayant sombré dans une tempête, la souscription ouverte en faveur des familles des victimes n'a pas trouvé d'adversaires plus acharnés que les ouvriers catalans des usines qui disaient et répétaient que les pêcheurs ne sont pas intéressants.

C'est le repas de midi qui me procure le plus d'occasions d'échanger quelques propos avec les autres ouvriers ou de les observer. Les manœuvres aragonais se contentent d'un menu composé d'eau, de beaucoup de pain et d'un peu de saucisson. Un des jeunes Aragonais tire de sa large et épaisse ceinture son couteau de table, qui est un poignard courbe, de forme hispano-moresque et dont la lame mesure environ quinze centimètres de longueur. Je lui fais remarquer qu'en France, c'est une arme prohibée. « Ici aussi, me répond-il. Mais ça n'empêche pas que « tout le monde en a ». Il remet le poignard dans son fourreau, le tout dans sa ceinture et il ajoute : « J'ai également un browning. — Vous êtes armé « comme le serait un *Moro*, lui dis-je. — Je ne suis « pas un *Moro!* réplique-il vivement. Je suis un chrétien ! » Telle est l'unique manifestation d'état d'âme chrétien que j'aie constatée dans cette fabrique, outre cette réflexion du plus âgé des mécaniciens : comme je lui disais « dans cent ans .. », il m'interrompit : « Oh! dans cent ans, je serai... » et, du geste, par la porte ouverte, il me montra le ciel.

Le jeune Catalan Puig nous apporte, un jour, au repas de midi, la photographie de sa *novia*. Il doit l'épouser dans deux mois. Elle a dix-sept ans, et lui, vingt.

Une autre fois, mon pain étant enveloppé dans un fragment de la couverture de l'hebdomadaire illustré *Mundo grafico* où se voyait le portrait en couleurs d'une actrice vêtue à la sévillane, je montre cette image à Puig et je lui demande : « Est-ce le « type andalou ? » Il me répond : « Il n'y a pas de type « andalou. Je connais des Catalanes dont la famille « a de tout temps habité la Catalogne et qui ressem-« blent à des Andalouses émigrées de leur province « dans la nôtre. — Soit. Mais croyez-vous que ce « portrait soit celui d'une Andalouse ? » Il lit la légende : « Célèbre artiste espagnole... » Aussitôt il s'écrie : « Vous voyez bien que ça n'est pas une « Andalouse ! c'est une Espagnole ! » C'est-à-dire une Castillane : pour lui comme pour tout Catalan, Espagnol est synonyme de Castillan.

L'observation passive, employée avec succès dans

l'étude des rapports des ouvriers entre eux, de leur complaisance mutuelle ou de leur égoïsme réciproque, peut offrir des inconvénients : par exemple, aucun fait ne se présente au chercheur. Celui-ci peut alors tenter de provoquer l'expression d'un sentiment latent. Ainsi, le jeune Catalan Puig ne lit que *Papitu* ; cependant, à propos d'une grève de maçons, il achète *El Progreso* : il professe donc certaines idées en matière sociale. Il doit également appartenir à un certain parti politique ; mais aucun incident ne l'amène à exprimer ses convictions ; j'en fais naître l'occasion en enveloppant mon pain dans un fragment d'illustré où se trouvait le portrait du roi. Puig y jette les yeux et, à la vue d'Alphonse XIII, entre subitement, lui, si calme d'habitude, dans un violent accès de colère : « Je voudrais, s'écrie-t-il, « qu'on le chassât ou qu'on lui coupât le cou ! — « Pourquoi cela ? — Il nous coûte beaucoup d'ar- « gent, lui, ses enfants et toute sa famille ! — Eh « bien ! nous autres Français, nous avons neuf cents « rois, leurs familles, leurs valets, leurs complices, « et qui changent souvent, apportant au pouvoir un « appétit tout neuf et toujours renouvelé. Vous devi- « nez à quel pillage est mis le budget. Le Président « de la République, qui encaisse traitement et frais « de représentation, se fait indemniser, en outre, « des dépenses exceptionnelles causées par les fêtes « auxquelles il doit prendre part : on nous a compté

« six cents francs un de ses chapeaux. Tous nos gou-
« vernants agissent de même, dans la mesure de leur
« influence et de leur habileté... » Alors, Puig:
« Mais c'est une exploitation, cela ! — L'exploitation
« républicaine du peuple. L'ouvrier est exploité par
« les hommes politiques plus que par les patrons. »
Un autre ouvrier entre à ce moment dans le réfectoire et, apercevant le portrait du roi, le frappe du poing. Ainsi donc, s'ils ne tiennent pas de conversations politiques, ils ne sont cependant pas dépourvus de convictions politiques, qui, sous-jacentes à leurs préoccupations habituelles, jaillissent à la moindre occasion. Je n'en ai surpris ni suscité aucune autre manifestation.

Les deux manœuvres aragonais de type arabe — paysans descendus de leurs montagnes à Barcelone et qui ignorent l'existence de Tanger, Oran, Alger — savent lire correctement et lisent toujours un peu des journaux ou fragments de journaux qui traînent à leur portée sur la table de notre salle-à-manger-vestiaire. Après quoi, ils font leur sieste. Mais un des ouvriers ayant, un jour, apporté un jeu de cartes, toute sieste a cessé. Depuis ce moment-là, personne ne dort plus: aussitôt le repas terminé, les parties de cartes succèdent aux parties de cartes auxquelles seul le sifflet de l'usine met un terme. Ils ne jouent pas d'argent, mais ils se piquent au jeu de façon extraordinaire, se passionnant pour gagner, se fâchant de perdre ; ils abattent les cartes en se jetant des défis. Un jour, tout en maniant les cartes, ils se demandent et se donnent des renseignements sur les cartes transparentes. L'un d'eux indique l'endroit où il s'en vend, en ville. Plusieurs racontent aux autres ce que l'on y voit et leur description s'agrémente de gestes qui soulignent les détails les plus grossiers.

Un jour, vers la fin du repas, le jeune Aragonais Pedro s'attarde à regarder longuement, en les comparant, le mouvement de sa montre et de la mienne, l'aspect extérieur du mécanisme et l'activité du balancier. Le surlendemain, au milieu de son travail, il s'arrête, m'appelle, convoque son voisin, sort sa montre, réclame la mienne, ouvre les boîtiers, regarde et fait regarder, compare et fait comparer, commente et contemple. De vrais enfants ! et qui ont des curiosités et des satisfactions d'enfants !

Un autre jour, au repas de midi, je demande à Pedro : « Est-ce que l'on émigre beaucoup en Amé-
« rique, de la Catalogne comme des autres provinces?
« — Mais oui. On construit des maisons pour cin-
« quante personnes, dans un pays, et il en part
« soixante. Tout le monde émigre ; et cela a été de
« tout temps. Mais autrefois l'Amérique appartenait
« à l'Espagne. Si nous l'avons perdue, c'est que
« notre gouvernement l'a vendue. Il vend tout. Il
« nous vendrait nous-mêmes s'il le pouvait ! » On

voit l'explication simpliste et populaire de la perte des colonies espagnoles. Elle est identique à celle que le peuple turc se donne de l'amoindrissement continuel de son empire. La concussion a joué son rôle dans la perte des colonies de l'Espagne, mais un rôle accessoire. Toutefois, cette vénalité explique bien des faiblesses de l'Espagne.

Mes compagnous de travail montrent peu de curiosité à mon égard. C'est tout juste s'ils m'ont demandé : « Vous êtes Français ? Il y a longtemps « que vous êtes en Espagne ? » Cette discrétion procède de leur esprit de courtoisie et de leur façon de comprendre l'hospitalité : ils respectent l'hôte, sa personnalité, son silence sur lui-même. Ils m'appellent par mon prénom. L'un d'eux m'ayant demandé comment je me nommais, j'allais lui donner, après mon prénom, mon nom, lorsqu'il m'interrompt vivement : « Je ne vous le demande pas ! »

Au coup de sifflet qui annonce l'heure de la sortie, tout le monde se précipite dehors ; mais, à l'heure de la reprise du travail, il ne fait rentrer personne : tout le monde est déjà rentré. Est-ce pour échapper à la forme brutale de l'appel, aux manifestations extérieures de la discipline ? Toujours est-il que les ouvriers arrivent de cinq à vingt minutes avant l'heure et attendent au vestiaire ou près des machines, à l'inverse des ouvriers français qui se groupent dehors, sur la chaussée, et n'entrent qu'au dernier moment, lorsqu'il leur est impossible de tarder davantage.

L'après-midi, c'est généralement un quart d'heure avant la reprise du travail que les ouvriers qui déjeunent au dehors arrivent au vestiaire. Un jour, le jeune ouvrier andalou, entrant ainsi dans notre réfectoire, trouve un bâton contre le mur : il s'en saisit et se livre à de rapides moulinets. Je lui demande s'il y a, dans le pays, des professeurs de canne : « Beaucoup ! me répond-il. Mais le brow-« ning est une arme meilleure. — Et plus chère ! « m'écrié-je. Tandis qu'un bâton bien manié... — Ne « vaut pas, interrompt Puig, une bonne *navaja* (1) « qui, lancée à cinq ou six mètres, d'une main sûre, « vous traverse le corps ! — Il y en a donc beau-« coup qui... — S'il y en a ! Ah ! je crois bien ! Non, « il n'en manque pas qui ne rateront jamais leur « coup ! »

Je surprends parfois de petites manifestations verbales d'irréligiosité : quelques répugnants blasphèmes qui montrent chez l'Espagnol, à côté d'un sentiment très vif de l'idéal, de la poésie et du rêve, comme l'Oriental le possède (le menuisier de l'usine est poète ; il sait composer, en catalan, des vers

1. Couteau espagnol, à cran d'arrêt.

agréables (1)), une grossièreté, une brutalité, un matérialisme, qui caractérisent l'Oriental au même degré. Un jeune ouvrier catalan, âgé de vingt-deux ans, qui est envoyé nettoyer le poulailler du Directeur, me dit : « Je vais soigner la Sainte-Famille (2) ». Un des fils du concierge, âgé d'une douzaine d'années, voulant me montrer ce qu'il sait de la langue française, me dit, en articulant les mots avec une grande netteté : « Sacré N... de D... ! » Je lui fais les gros yeux. Aussitôt il se signe... de la main gauche. Son plus jeune frère, âgé de cinq ou six ans, ne connaît encore, des produits d'exportations français, que la traduction espagnole de la chanson de café-concert « Mariette ! ma p'tite Mariette !... » qui fait fureur au sud des Pyrénées.

Les chefs d'équipe montrent parfois du bon sens dans leurs réflexions et parfois tiennent des propos aussi pauvres que ceux des derniers de leurs ouvriers. L'un d'eux me dit : « Chef d'équipe, j'ai « plus de peine. En revanche, je ne dépends que du « directeur. Et il est plus facile de contenter un « homme que de contenter tout le monde ». Mais un autre s'écrie : « Je travaille ici depuis vingt ans. « Mais depuis que je dirige une équipe, oh ! si vous

1. V. dans *L'Ouvrier agricole*, au chapitre des vendanges, l'ouvrier languedocien qui est poète.
2. Une basilique de la *Sagrada-Familia* est en construction dans les faubourgs de Barcelone.

« saviez quelles préoccupations cela me donne ! Il faut « préparer son travail, le répartir suivant le temps « dont on dispose, penser à ceci, prévoir cela ; et je « suis dérangé au moment où j'ai besoin de ne pas m'é- « loigner ; on m'appelle pour une autre besogne pres- « sante et imprévue... Ah ! il y a des jours où la tête « me fait mal ! Et s'il y a un accroc, le sous-directeur « me le reproche : ç'a lui est plus facile de comman- « der que de travailler ! » Cependant, ne commande-t-il pas les trois ou quatre hommes de son équipe ? et il les commande d'un ton impérieux, autoritaire : ses hommes aussi pourraient lui répliquer qu'il lui est plus facile de les commander que de faire ce qu'ils font. Ses préoccupations de chef d'équipe lui paraissent excessives : que serait-ce s'il devait éprouver celles qui assaillent un patron d'usine ! Mais il est incapable de les imaginer. Un petit contre-maître, endossant certaines responsabilités avec une part d'autorité, ne fait que commencer très modestement à s'initier à la direction et à la coordination des activités dans une petite partie de l'entreprise. C'est pour le chef de l'entreprise que cette direction et cette coordination prennent toute leur ampleur et apparaissent dans toute leur complexité. Un autre chef d'équipe, âgé d'une quarantaine d'années, intelligent, frotté de connaissances diverses, lecteur habituel de journaux bien informés et sérieux et qui m'a fréquemment donné les marques d'un jugement sain, émet cependant un jour devant moi ces réflexions enfantines : « Les Turcs sont des demi-barbares : dans leur pays, les riches se font porter « par les pauvres ! C'est bien la preuve de leur sau« vagerie ! Il y a des animaux et des voitures pour « porter un homme ! Mais un homme ne doit pas en « porter un autre ! Tous les hommes sont égaux, ils « sont nés de la même manière et ils se valent !... » En un sens et sous un certain aspect seulement. Du reste, cette affirmation n'a qu'un rapport éloigné avec la question du portage de l'homme par l'homme, lequel d'ailleurs ne se pratique pas chez les Turcs.

Quand mon travail m'amène au dernier étage de l'usine, de ses fenêtres supérieures je regarde un instant le paysage ; collines chargées de vignobles, montagnes couronnées de bois de pins. Tout est baigné de soleil. Nous sommes à l'entrée de l'hiver et l'après-midi est doux comme dans nos plus beaux printemps de France. « Le joli pays ! » dis-je à un ouvrier catalan qui passait près de moi. « Oui, « répond-il, mais c'est en mai qu'il faut le voir « lorsque toute la campagne est verte !... » Et, se tournant vers Barcelone : « Voyez toute cette plaine. « Dans vingt ans, elle sera complètement bâtie ; « Barcelone comptera plus d'un million d'habitants ; « elle n'aura pas sa pareille en Espagne ! »

Je sens très nettement ma fatigue croître régulièrement au cours de la semaine. Nos forces s'épuisent dans une tension continuelle et croissante. La loi du repos du dimanche répond aux nécessités les plus impérieuses de notre nature. Cependant, le patronat n'accepte le repos dominical que contraint et forcé : de longues générations d'ouvriers ne l'ont pas connu. On alléguait que les machines n'ont pas besoin de repos et que le capital a besoin de toujours produire. Mais l'homme ?

Le lundi, je travaille une heure de plus, dès cinq heures du matin, comme le mécanicien, le chauffeur et divers chefs d'équipe. Cette journée-là pèse d'un poids très sensiblement plus lourd que les autres. Alors que la durée du travail croît suivant une progression arithmétique, la fatigue croît suivant une progression géométrique. Il est donc légitime de payer les heures supplémentaires à un prix supérieur au prix de l'heure ordinaire. Ici, cependant, il n'en est rien : l'heure supplémentaire est payée suivant le même tarif.

Un arrêté du gouverneur de la province ayant imposé, à la suite d'une épidémie, la vaccination de toute la population, un jeune docteur vient à la raffinerie. « C'est, me dit le Directeur, le plus soi- « gneux des médecins de la localité. » Et voilà que ce médecin se met à vacciner sans désinfecter sa lancette : il se contente de l'essuyer à un tampon d'ouate ! Le Directeur intervient alors : « J'ai une « solution de sublimé. La désirez-vous ? » L'autre,

étonné : « Pourquoi faire? Pour me laver les mains ?
« — Pour désinfecter votre lancette. — Oh! c'est
« inutile : je n'arrive pas jusqu'au sang, je n'enfonce
« pas la pointe dans les veines, il n'y a donc pas de
« contamination possible. Et si je baignais ma lan-
« cette dans le sublimé, la solution attaquerait le
« métal ; si je la flambais, son tranchant disparaî-
« trait... »

Ce qui, dans cette existence de salarié, me pèse à l'excès, c'est le poids de la vie commune. L'ouvrier ne peut comprendre cela. Il imaginerait plutôt que nous regrettons notre luxe ou simplement notre confort ; et ce dont nous sommes privés bien davantage, c'est de ne pouvoir nous isoler pour nous recueillir et nous retrouver nous-mêmes : nous ne nous appartenons plus, mais à autrui, aux compagnons de l'usine, de la rue, de la salle de *comida*, du dortoir, voisins de hasard et passants inconnus. Ce dont nous sommes altérés, c'est de notre vie intellectuelle et morale, c'est de pouvoir rentrer en possession de notre pensée et de notre cœur, en un mot d'habiter encore notre âme. Mais mon horizon, depuis six heures du matin — et, le lundi, cinq heures — jusqu'à six heures du soir, ce sont les salles de l'usine ; puis, la *casa de comida*, la salle des consommateurs, le dortoir. La plupart des habitués y rentrent, le samedi soir, un billet de loterie à la main. Après dîner, je vais fréquemment passer quelques instants dans un café de mon quartier de fabriques, fréquenté par des ouvriers du voisinage qui causent énormément, jouent volontiers et, très rarement, consomment quelque chose ; ce sont de purs Catalans et ils ne parlent que la langue de leur province. Le patron et son frère ont le type sémite-juif, comme aussi la fillette des patrons de ma *Casa de comida*. Il faut se rappeler que Badalone fut primitivement une colonie phénicienne et qu'au XVIe siècle, dans toute l'Espagne, non seulement beaucoup de Maures, mais aussi beaucoup de Juifs, pour sauvegarder leurs intérêts matériels et aussi pour lutter sournoisement contre l'Etat espagnol, simulèrent leur conversion et conservèrent longtemps en secret leur religion primitive et ses pratiques ; à la longue, ils furent absorbés par la nation espagnole, mais leur type ethnique s'y perpétue.

Le dimanche, j'ai juste le temps d'aller me promener à Barcelone ; le soir, lorsque, descendu du tramway qui me ramène de la capitale catalane, je suis la rue qui me conduit à mon triste logis, j'entends toujours s'échapper de la même boutique les sons violents d'une musique et de chants arabes : les guitares et le tambour de basque résonnent de notes ardentes, au rythme précipité ; d'une voix de tête, très haute, un homme domine l'assaut furieux des instruments ; par moments, les musiciens poussent des « ah ! » qui renforcent encore la violence de cette musique capiteuse. Et je me demande : où suis-je ? dans quel quartier du Caire ou de Damas, dans quelle demeure de Fez ou de Marrakesh avant la conquête ?... Mais voici, par la porte ouverte, les évocateurs du Maghreb et de l'Orient : des gens du pays de Valence, aux grands nez busqués, aux yeux de flammes...

Travailler, manger, dormir résument ma vie. On y pourrait joindre deux sortes d'épisodes : la grande distraction populaire du ciné et les préoccupations civiques ; ainsi, on affiche sur les murs et l'on distribue jusque dans ma *Casa de comida* des placards où l'on fait appel aux travailleurs pour les presser d'assister à un meeting de protestation contre la condamnation, estimée injuste, qui vient de frapper un certain docteur voué, parait-il, à une propagande « humanitaire ». Cet appel est lancé au nom de diverses sociétés ouvrières et d'une « Ligue des Droits de l'homme. »

Lorsque mes camarades de travail ont su que j'avais donné mes huit jours, ils ont à tour de rôle poussé les mêmes exclamations de surprise : « Vrai ! « vous nous quittez ? et pourquoi ? Et où allez-vous ? » J'ai répondu que j'allais travailler dans une autre fabrique, à Barcelone, ville plus agréable que Badalona pour un étranger. Et plus d'une fois, au cours de cette semaine, on me dit : « Allons ! vous « n'avez plus que trois jours à passer avec nous !...

« plus que deux !... » Et, le dernier jour : « C'est le « dernier jour ici... Vraiment, vous ne reviendrez « pas lundi ?... On croyait si bien que vous reste- « riez avec nous jusqu'à la fermeture de l'usine, au « printemps ! »

Vers la fin de ce dernier après-midi, ils me disent, l'un : « Je regrette beaucoup votre départ. Je sais « bien, chacun est libre de choisir à sa convenance..., « c'est ainsi que ce doit être ; mais je regrette que « vous nous quittiez. On se reverra tout de même, « n'est-ce pas ? Badalone n'est pas loin de Barce- « lone... » L'autre : « Je vais souvent à Barcelone, « le dimanche ; je souhaite vous y rencontrer... » Un troisième : « Je vous souhaite de toujours jouir d'une « bonne santé. » Et un autre : « J'espère pour vous « toutes sortes de prospérités. » Et, pour la plupart, ils tiennent, chacun à sa manière, à se montrer aimables ou simplement polis. Quelle différence avec l'indifférence glaciale ou même l'hostilité que je rencontrerai chez les ouvriers de Barcelone soupçonneux et aigris ! Ici, ils ont gardé leurs qualités naturelles et les grâces d'une civilisation qui n'a pas encore sombré dans la barbarie industrielle issue de la Révolution.

Quand je rentre à la *Casa de comida*, un des habitués joue de l'accordéon et deux autres valsent avec une fougue et une souple élégance vraiment admirables. La veille de mon départ de cette *Casa*, j'avertis de ma résolution la patronne qui en accueille en silence la nouvelle. Ni d'elle ni de son mari, aucune réflexion, aucune question. Je leur paie la semaine écoulée. Je leur dois donc la dernière nuit que je vais passer chez eux. Mais ils ne veulent rien accepter : « Non ! non ! déclare la femme. Pour une « nuit, ce n'est rien. »

Le lendemain matin, comme je ne me levais pas à mon heure coutumière, un Catalan, mon voisin de lit, qui ne m'a jamais adressé la parole, s'aperçoit de mon retard et m'avertit qu'il est six heures moins le quart. Je lui réponds que je ne retourne pas à l'usine. « Excusez-moi, fait-il, je craignais que vous « ne fûssiez en retard. »

Je ne suis pas fâché de quitter mon bidon d'huile, mon sombre quartier d'usines, la salle à manger bruyante et malpropre, le dortoir et sa fenêtre qui me soufflait sur la tête l'air froid de la nuit. Je n'aurai plus à surmonter, le matin, le dégoût que j'éprouvais à enfiler les vêtements de travail sales, tachés d'huile, et qui pendaient comme des loques à mon chevet. Pendant quelques jours, je vais pouvoir vivre un peu en tête à tête avec moi-même, feuilleter un livre, réfléchir, reposer mon corps, mes mains. Voilà des semaines que les mains me font mal, comme au surplus à chacune de mes précédentes expériences : et cependant, combien facile, celle-ci ! aucun effor , hormis pour transporter les soixante sacs. Et tout de même, les mains me font mal, la nuit surtout si je m'éveille ; le matin, au lever, elles sont à demi fléchies ; je les ouvre et les ferme difficilement. Elles laissent échapper souvent mon porteplume, un sou, un objet quelconque s'il est petit ou léger ; mes doigts n'obéissent plus à ma volonté comme autrefois ; leur extrémité est devenue moins sensible ; le perception tactile est très diminuée par l'épaississement des téguments. Il s'y joint de la fatigue corporelle générale et, enfin, une grande lassitude morale faite du dégoût de la salle commune, du poids de la vie en commun, du contact perpétuel avec le « public » de l'atelier, du cabaret, de la rue. Je sens le besoin de la retraite et du silence. J'éprouve très fortement la sensation d'être moralement appauvri, diminué : et cependant, la vie que je mène est celle de l'immense majorité des hommes dans nos civilisations modernes ; nous ne saurons jamais à quel point nous sommes des privilégiés, non pas tant au point de vue matériel, qui est le seul cependant où l'on se place pour nous envier, qu'au point de vue de l'éducation et de la culture intellectuelle et morale, ce que n'aperçoivent même pas les déhérités, tellement ils sont déshérités.

Avant de poursuivre mes recherches, je suis allé prendre quelques jours de ce repos nécessaire chez un fermier des abords de Badalona, où je retrouve une vie modeste en harmonie avec celle que j'ai volontairement acceptée pour en faire l'étude, mais du moins paisible, libre du joug des hommes et de l'encasernement industriel, toute baignée de lumière et pénétrée par l'apaisante sérénité de la nature. Non loin de nous, les dernières maisons de Badalona, petites villas d'ouvriers ou de très modestes bourgeois, s'alignent en bordure de chemins agrestes. Chacun d'elles se compose d'un rez-de-chaussée, d'un premier étage et d'une terrasse, avec une porte et une fenêtre sur la façade et, derrière, un petit jardin. Le dimanche matin, au petit jour, on peut rencontrer, sur un seul des chemins conduisant à la montagne, une douzaine d'ouvriers badalonais, vêtus de toile bleu, fusil sur l'épaule, accompagnés de leurs chiens, s'en allant à la chasse.

Mon hôte est un homme de cinquante à soixante ans, intelligent, originaire du pays même, où il a, du reste, toujours vécu, circulant dans les environs immédiats pour vendre le vin de sa vigne et se rendant à peu près chaque semaine, pour ses affaires, à Barcelone. La principale culture de la contrée est la vigne, puis la culture des légumes. L'ouvrier agricole est payé 3 fr. 25 par jour, toute l'année, hiver comme été ; sa moyenne est donc très supérieure à celle du cultivateur français.

Ce fermier partage le préjugé, si répandu dans les classes populaires espagnoles, que tout est parfait en France et imparfait en Espagne. C'est là un état d'esprit artificiellement créé par les maîtres de l'opinion, qui sont les mêmes que chez nous et qui, à la faveur de ce préjugé erroné, répandent en Espagne, qui en meurt, les principes, les idées, les directions dont se meurt la France. Mon bonhomme croit, notamment, qu'alors que l'Espagne souffre du déboisement la France n'en souffre pas : « Un insti- « tuteur me l'a dit ».

Je retrouve chez lui, bien qu'il soit véritablement intelligent, la croyance enfantine et tenace, si répandue chez nous par les feuilletonistes, au souterrain des monastères et à leur trésor caché. A quelques kilomètres de Badalone, sur les pentes de la montagne, s'élèvent les restes du monastère de San Jeronimo et il est convaincu qu'il y existe un souterrain qui aboutit à quelques centaines de mètres plus loin, au fond d'un ravin, dans le lit d'un torrent, et qui permettait de « s'enfuir secrètement en temps de révovolution. » Or, il reconnaît que nul n'a vu le souterrain ni son issue. Du reste, lorsque ce monastère fut incendié, comme tant d'autres, lors de la Révolution de 1835, il ne se produisit aucun exode des moines suivant ce rite romanesque. Il croit aussi fermement qu'« il existe, caché quelque part dans « le monastère, un trésor. Un moine l'a dit autrefois « à un soldat. Le trésor est dans une caisse cachée « dans le jardin du cloître. — Et des sondages ont été « effectués sans que l'on ait pu le découvrir ? — Mais

« oui. — Si l'on avait cherché, on aurait dû le trou- « ver. — On ne sait pas l'endroit ». Et il hoche la tête : « C'est comme la chartreuse de Montalegre (1). « Il devait aussi y avoir un trésor, car les Chartreux « chassés de France s'y sont réinstallés après l'avoir « achetée plus cher qu'elle ne valait. » Pour lui, cette raison est péremptoire. Il est tout à fait inutile d'essayer de lui faire comprendre que les Chartreux sont bien obligés de chercher à se réinstaller chez eux, les conditions extérieures de leur vie érémitique ne se trouvant réalisées dans aucun autre monastère, et qu'au surplus l'attrait des pieux souvenirs ramène immanquablement les moines là où leurs ancêtres spirituels ont vécu, de même que les enfants reviennent où vécurent ceux qu'ils ont aimés. Je lui développe ces raisons. Mais il s'obstine silencieusement dans ses imaginations.

§ 3. — MÉTALLURGISTES

Limeurs, mouleurs, ferblantiers.

Embauché dans une importante fabrique voisine du faubourg de Sans, à Barcelone, je cherche à me loger dans les environs : mais, ni à Sans ni à

1. Egalement brûlée en 1835.

Las Corts, je ne trouve de *Casa de comida* qui loge ses pensionnaires. Avisant enfin un embryon de quartier qui pousse au milieu des champs dans les espaces demi-bâtis et demi-nus, mélangés de bâtisses et de cultures, situés entre la vieille ville, ses nouveaux quartiers et ses faubourgs, sur le territoire même de la *Ciudad condal*, j'y découvre trois ou quatre *tiendas de vinos* où l'on sert à manger : les débitants m'assurent ne pas louer de chambres. Toutefois, dans l'une de ces *tiendas*, après un instant de cette hésitation méfiante qui accueille l'inconnu dans cette ville où le souvenir du terrorisme par les bombes et par l'émeute est resté vivace, le patron, apprenant que je devais travailler à la fabrique d'appareils d'éclairage, toute voisine, me confie qu'à côté de chez lui habite une famille ouvrière désireuse de louer une petite pièce de son logement. Lui, il est Valencien ; cette famille est valencienne; sa clientèle l'est également ; même son vin ! il n'en vend pas qui ne vienne du pays de Valence ! Et c'est aussi le cas d'une *tienda* voisine. Des ouvriers valenciens les fréquentent. Invariablement, les « pays » se rassemblent et l'on dirait que toute une colonie valencienne a élu domicile dans cette rue-là.

Je me rends aussitôt chez le voisin et le marché est conclu sans retard. Je paie à l'avance sept pesetas pour occuper pendant un mois un cabinet de deux mètres sur un mètre soixante, éclairé par une fenêtre de quarante centimètres sur vingt et dont un des deux carreaux est cassé. Le mobilier se compose d'une chaise et d'un petit lit de fer garni d'une paillasse épaisse de quelques doigts et posée directement sur les barreaux, de deux couvertures de coton en guise de draps, d'une mince couverture de laine et d'un oreiller plat comme une galette. En outre, pour ce même prix, mon linge sera blanchi et entretenu, pourvu toutefois que je rembourse à la femme le savon employé à mon blanchissage. C'est une toute jeune femme, qui ne porte guère plus d'une vingtaine d'années, mère de deux enfants : l'un, en bas âge, est au pays, dans leur village ; elle ne s'est pas séparée de l'autre, âgé de deux ans, et elle a pris en pension un bébé dont elle est nourrice, ce qui lui rapporte trente sous par jour. Son mari, qui paraît avoir vingt-cinq ans environ, travaille dans une fabrique de carreaux de dallage: il gagne 2 fr. 75. Avec le jeune ménage habite la sœur de la femme, jeune fille d'une quinzaine d'années qui travaille, dans une fabrique de boutons voisine, à encarter les boutons, ce qui lui rapporte trente sous par jour. Leur frère, âgé de dix-huit à vingt ans, vient quelquefois les voir. Il présente le type sémite-arabe très accentué. Garçon laitier, chargé de l'étable et du transport du lait en ville en voiture, il travaille de quatre heures du matin à neuf heures du soir en semaine et de quatre heures du matin à quatre heures du soir le dimanche, pour gagner neuf pesetas par semaine, soit près de 1 fr. 30 par jour, logé et nourri.

Le logement de mes hôtes, situé au deuxième étage où l'on accède par un escalier étroit, se compose d'une petite cuisine et d'une chambre sur laquelle s'ouvre mon cabinet. Au fond de leur chambre se creuse une sorte d'alcôve fermée par un rideau d'indienne. Cette pièce prend jour sur une cour d'où vient beaucoup d'air et de lumière par une fenêtre qui donne accès à un balcon large et profond ; le linge des lessives familiales y est étendu pour sécher ; une des extrémités est occupée par les cabinets. Le mobilier de ces pauvres gens se réduit à quelques ustensiles de cuisine, deux petites tables, trois chaises et leur lit. Une paillasse jetée sur le carreau sert, pour dormir, à la jeune fille et à l'aîné des enfants. Au fond de l'alcôve, un grand tableau religieux est accroché au mur. A part ces quelques objets, le regard ne saisit que le carrelage rouge, le plafond et les murs blanchis à la chaux : le tout clair, propre et pauvre. Leur loyer est de trois douros par mois. Ils habitent ici depuis plusieurs années déjà. Ils ne savent pas le catalan et ne veulent pas l'apprendre. L'homme dit que « ça n'est pas une langue » et que, dans son village, « on ne parle même pas le patois valencien,

« qui est voisin du catalan, mais le castillan seul, « qui est un très beau langage ». La nuit venue, mes hôtes me remettent une bougie achetée à mon compte et plantée dans l'unique bougeoir qu'ils possèdent : éclairage de luxe pour eux qui ne se servent que d'une mèche baignant dans l'huile. Levés à cinq heures, ils se couchent à huit. Le bébé crie parfois pendant la nuit, ce qui gêne moins encore mon sommeil que de sentir les barres de fer à travers la paillasse ou, sous les minces couvertures, la fraîcheur nocturne ; j'étale sur le lit mes vêtements, car, pendant presque toute une nuit, je n'ai pu dormir à cause du froid.

A la *tienda* voisine, j'ai su, par le patron, dès ma location conclue, qu'il logeait deux compatriotes dans une petite pièce et qu'il n'avait pu m'accueillir faute de place. Je dîne chez lui : mon repas, composé d'un morceau de viande, de pommes de terre et de salade, de pain et d'un verre de vin, me coûte soixante-quinze centimes. Un des pensionnaires me dit : « On gagne bien sa vie, en France, à travailler « dans les vignes ! Quatre pesetas par jour ! — Où « cela ? — Mais en France ! — Oui, assure le pa- « tron. Et beaucoup viennent d'y partir. Savez-vous « cela ? — Du tout. — Deux mille ! reprend le pen- « sionnaire. Deux mille se sont embarqués pour « Cette ». On sent son regret de n'être pas du nombre. Mon hôte, qui est descendu à la *tienda* pour acheter du vin, murmure, les yeux brillants de convoitise : « Quatre pesetas par jour ! » S'il n'était pas marié, il y serait déjà rendu. Et, qui sait ? parmi les émigrés, plus d'un a dû laisser femme et enfants pour une saison, ou bien a franchi les Pyrénées avec sa famille (1). Cet embauchage avantageux, ils le trouvent dans la région de Montpellier, Béziers, dans la Narbonnaise, dans la Cerdagne, et la France dépeuplée leur apparaît comme un pays de Cocagne appelant de toutes parts, de tous les pays voisins, des bras pour faire valoir la richesse de son sol. Mon hôte reprend : « Il y a beaucoup « d'argent en France ; c'est un peuple riche ; on y est « bien payé ; les ouvriers de tous les pays vont y « travailler ». Il ne se rend pas compte que la France doit payer plus cher et se laisser envahir parce qu'elle manque de bras. Quand je lui dis que le peuple commence à se désaffectionner de la République, il s'étonne : « Et nous qui croyions que la « République rendrait l'Espagne riche ! On nous « dit que c'est grâce à la République que la France « est riche et puissante ». Ils sont bien renseignés, les Espagnols ! Un autre pensionnaire dîne avec une saucisse et des haricots. Le patron s'attable devant une saucisse et des pommes de terre ; il entame un pain après y avoir tracé une croix et en s'écriant :

1. V. *L'Ouvrier agricole.*

« Quatre pesetas par jour! *Me cago*...! » Le geste pieux et l'ignoble blasphème étaient à peu près également dépourvus pour lui de signification. Dans ces pauvres âmes ne vit plus que le souci du pain matériel.

Le jour des Rois, jour férié en Espagne, jour de grande fête religieuse et civile, mon hôte va au travail, car sa fabrique ne chôme point. Travailler, manger, dormir : en vérité, depuis la Révolution, c'est tout l'homme — l'homme libre. Ce soir-là, à la *tienda de vinos*, une demi-douzaine de Valenciens jouent bruyamment aux cartes avec mon hôte; deux des joueurs présentent le type sémite-arabe. Le patron, penché sur sa guitare, lui fait chanter les airs du *pueblo* aimé et, quelque sons qu'elle rende, son pensionnaire les interprète en rythme de danse et valse, faisant valser dans ses bras, contre son cœur de dix-huit années, un bébé de six mois qui sourit d'aise, le *niño* du patron. Celui-ci le reçoit ensuite sur ses genoux et, prenant la menotte de l'enfant, lui enseigne à pincer les cordes qui rendent des sons si doux aux oreilles espagnoles. De la rue, quelqu'un pousse la porte. Celle qui entre est une toute jeune fille, de quinze ans à peine et d'une grande beauté : « Une Valencienne aussi », me souffle le jeune ouvrier pensionnaire; « dans cette rue, nous « sommes tous de là-bas, non pas de la plaine où « l'on parle un patois catalan, mais de la montagne,

« et tous nous ne parlons que castillan !... N'est-ce « pas qu'elle est jolie ?... Mais moi, j'ai une *novia* « et qui demeure non loin d'ici... » Il se lève, disparaît dans le fond de la boutique. Quand il revient, il tient en main deux photographies encadrées, la sienne et celle de sa *novia* : « La voilà », fait-il. Puis, me la reprenant des mains, il applique les deux photographies l'une sur l'autre, d'un geste brusque et canaille, avec une flamme de joie aux yeux et un grand éclat de rire. Il s'en va, emportant le témoignage de leur amour et, près de la porte du fond, avant de disparaître, il se retourne vers moi, prend dans chaque main une des photographies et les renverse avec force l'une sur l'autre.

Je me hâte de remonter chez mes logeurs, car, dans cette *tienda*, un carreau brisé de la porte d'entrée m'envoie sans relâche un courant d'air froid. Du moins, dans ma chambre, puis-je boucher la vitre absente en poussant le volet de bois plein. Je trouve là-haut l'homme et la femme, les enfants sur les genoux. La femme me dit : « Mon plus jeune est « au pays en nourrice, je paie pour lui quatre douros « par mois, mais j'en reçois neuf pour celui-ci que sa « mère me confie et dont je suis nourrice... » Et l'homme : « Beaucoup ont quitté notre *pueblo*. L'eau « manque pour cultiver davantage de terres : l'eau « de la montagne est captée et envoyée dans la « plaine. C'est la faute du gouvernement. Et, de

« pl••, voilà quelques années qu'il ne pleut jamais : « tout est desséché. C'est la faute du curé que nous « avons, car c'est depuis qu'il est là qu'il a cessé de « pleuvoir et tous les gens disent que, tant qu'il sera « là, il ne pleuvra pas ». Nos libres-penseurs, libérés par la Science de ces basses superstitions, leur apprendraient que, pour conjurer ce mauvais sort, il suffit de toucher du fer.

Six heures du matin. — Au coup de sifflet de la machine, les portes s'ouvrent, le flot des ouvriers pénètre dans la fabrique. Quelques-uns portent des capes ainsi que de petits bourgeois ; d'autres ont jeté sur leurs épaules une couverture de laine ; la plupart se bornent à faire usage d'un cache-nez où ils s'enfouissent jusqu'aux yeux malgré la douceur de cette fin de nuit d'hiver qui est comme un printemps de France. Presque tous sont vêtus de toile bleue ; un petit nombre, hommes de peine venus depuis peu de leurs provinces, portent encore le costume de velours taillé à la mode de leur *pueblo ;* mais ce témoignage d'origine disparaîtra vite ; la masse catalane absorbera ces immigrés, les usages industriels les uniformiseront et ils prendront même apparence et même âme que les autres ; le milieu « grande industrie » conditionne leur vie nouvelle.

Les ateliers de cette importante fabrique d'appareils d'éclairage sont très vastes, très aérés, très éclairés, bien protégés par leurs voûtes contre l'ardeur du soleil d'été; leur cube d'air est considérable; chacun y trouve beaucoup de place pour travailler et circuler; chaque ouvrier possède son établi. A chacun des ateliers sont annexés des water-closets avec chasse d'eau et un vestiaire avec lavabos.

Pendant que, dans le vestiaire de mon atelier, je retire mon veston, un ouvrier entre, nous saluant tous d'un courtois et sonore « *Buenos diaz, caballeros !* » qui ne provoque que la timide réplique de rares « *Buenos!* » prononcés par quelques Aragonais. Les Catalans gardent un silence hautain : entre eux, ils ne paraissent pas se prodiguer les marques de politesse; envers les étrangers à la Catalogne, ils semblent s'en dispenser totalement. Indifférence, réserve, froideur, voilà l'impression qu'au premier contact ils me laissent.

Le contremaître me désigne l'établi devant lequel je devrai travailler debout. Ma besogne consiste à limer diverses pièces de cuivre, tubes, robinets et d'autres dont je ne devine même pas l'emploi. Ces pièces ont été ébarbées à la meule par mon voisin; mais il me reste à achever ce travail, à la main, dans les gorges, les rainures et partout où la meule ne peut pas l'effectuer. Mon voisin me les passe sans souffler mot ; ni lui ni les autres qui font partie de mon équipe et dont les établis s'alignent auprès du mien ne me disent ni ne me diront rien ; ils semblent, de parti pris, mettre entre eux et moi un mur de silence ; si, par hasard, il leur faut me faire une communication pour raison de service, ils s'en acquittent par quelques gestes brefs. Cependant, ils parlent espagnol : quand ils seront acculés à la nécessité de recourir à cette langue pour me transmettre une consigne, ils me diront quelques mots de castillan. Ils ne sont pas taciturnes : entre eux et à part, ils échangent volontiers, le cas échéant, d'abondants propos. Mais je ne suis pas Catalan : et cela explique tout.

A huit heures, les ateliers se vident pour la collation. Mes voisins d'établi ont disparu sans que je m'en aperçoive : ils se sont éclipsés sans souffler mot. Chacun se lave les mains ; puis, des groupes se forment çà et là ; on mange, en causant, dans l'atelier même. Les ouvriers sont libres de sortir pendant cette demi-heure ou de se rendre au réfectoire de la fabrique. Mais la plupart préfèrent manger dans leur salle de travail et, sur le feu de l'atelier, quelques-uns font griller des sardines ou des côtelettes. Tous mes voisins d'établi se sont groupés en un même coin de la salle : aucun ne m'invite à me joindre à eux. Ah ! non, ce ne sont pas des muets ! D'ici, je les vois qui causent et gesticulent : quelle animation !

Je vais prendre au dehors le léger repas matinal. Plusieurs *casas de comida* se succèdent dans le voisinage immédiat de la fabrique. Dans l'une d'elles, ce matin, à six heures, je voyais déjà disposés sur les tables les journaux destinés à la clientèle : *La Vanguardia*, *El Diluvio*, *El Progreso*, ce dernier déjà en mains. Dans la *casa de comida* la plus voisine, c'est *La Prensa*, *El Liberal*, *El Progreso*. Ces feuilles sont lues surtout au petit repas de huit heures. Nous sommes, à cette heure-là, vingt-cinq clients. A midi, j'en compte soixante et qui pensent alors à manger, non à lire. Sur un bout de papier qui circule de main en main, le menu est écrit en catalan : l'inévitable soupe au bouillon gras avec macaroni, du riz au safran, du lapin, des tripes, du bouilli aux pois chiches et aux pommes de terre. Les ouvriers prennent une soupe, une portion et pour un sou de vin ; beaucoup apportent leur pain ; quelques-uns s'offrent le luxe d'un dessert qui coûte un sou et se compose, soit d'une demi-douzaine d'amandes grillées, soit de trois figues sèches ; quelques-uns commandent un café. Plusieurs fois, au repas de midi, le chef de l'atelier de fonderie se trouve assis près de moi : bien que son travail devant les creusets et le métal en fusion soit fatigant et propre à altérer, je constate qu'il ne boit que pour dix centimes de vin, c'est-à-dire deux verres de vin ; il lui arrive, par exception, d'en demander un troisième verre. Quel ouvrier français, même non astreint à semblable besogne, se contenterait de cette petite ration ?

Tous ces Catalans portent la moustache, tandis que les Valenciens chez qui je dîne et chez qui je loge et leurs compatriotes qui les fréquentent se rasent complètement. Nous sommes des ouvriers ; nous ne sommes pas riches : cependant, au cours d'un seul repas, viennent successivement nous solliciter un mendiant et deux joueurs d'accordéon. En France, ils auraient récolté quelques sous ; ici, aucun des consommateurs ne leur donne la moindre obole. Le repas achevé, quelques-uns dorment le nez dans leurs bras croisés sur la table ; beaucoup jouent aux cartes ou aux dominos. La moitié des consommateurs sort dans la rue : ils s'asseoient sur le trottoir ou s'y couchent, faisant leur sieste au soleil ; nous sommes au cœur de l'hiver. Heureux climat !

... Je lime, je lime. Mais il faut aller très vite. La meule va plus vite que moi : mon voisin me passe les pièces ébarbées à la meule et elles s'entassent sur mon établi. La grande industrie révèle son double secret : extrême division du travail et travail extrêmement intense. Je ne suis qu'une machine à faire manœuvrer la lime et en grande vitesse : encore plus vite ! encore davantage ! Sans arrêt, je lime, je lime en toute hâte. Ce n'est point besogne pour le premier venu : n'importe qui peut manier une lime, mais non pas avec la rapidité et la précision nécessaires ; cette besogne si simple poussée à ce degré de perfection nécessite une longue expérience et beaucoup d'habileté ; seul, l'entraînement et le temps peuvent permettre aux mieux doués d'acquérir l'extrême vitesse jointe à la sûreté et la précision manuelles. De l'effort que je donne, je ressens une énorme fatigue dans la main, les bras, le cou, les épaules et tout le corps. Pour peser sur la lime et la conduire, le corps tout entier est tendu, tout le jour, dans la même attitude qui permet ce jeu de l'outil, des bras et des mains qui le conduisent. J'en éprouve comme une contracture générale qui ne me permet plus qu'avec peine de me baisser pour ramasser quelque chose ou de me mouvoir comme mes compagnons à l'heure où le coup de sifflet nous rappelle tous au vestiaire. Cette fatigue physique de l'inadapté, cette nécessité d'un apprentissage et d'une expérience professionnelle, je les retrouve ici comme partout ailleurs, même lorsqu'il s'agit de ces actes simples qui consistent à manier une pelle (1) ou à ramasser du blé fauché (2). L'automatisme corporel fait assez vite son œuvre, l'habitude établit son règne, et l'esprit, tout à la fois emprisonné dans le jeu des membres qui lui interdit de s'abandonner tout entier à son activité et à sa

1. V. *Les Mineurs*.
2. V. *L'Ouvrier agricole*.

discipline propres, et libéré en partie par le mécanisme musculaire qui cesse de solliciter toute son attention, de requérir tout son contrôle, d'éveiller son inquiétude, chevauche avec intempérance les chimères : l'imagination vagabonde. Le limeur catalan, nourri de journaux révolutionnaires, refond la société et crée un nouvel univers. Mais je mets à mon imagination des brides et ne les laisse pas flotter. Je me dis donc :

— Je suis chargé de mettre au point diverses pièces de cuivre dont le sens, le rôle, le jeu dans l'appareil dont ils feront partie m'échappent tout autant que cet appareil lui-même que je n'imagine point. Ma fonction étroitement circonscrite me cache l'ensemble auquel je collabore, la fin à laquelle, sans le savoir ni le vouloir, je tends. Une volonté supérieure dont je suis l'instrument a tout conçu, prévu, coordonné et ordonné. Ainsi, bien sûr, va le monde. Cette usine est un petit monde et sa signification m'échappe. Au point de vue particulier de cette usine, mon acte concourt, pour sa part si infime qu'elle soit, à sa vie : mais j'ignore tout de sa vie. N'étant qu'un des innombrables éléments qui entrent dans sa composition, il faut bien que je reconnaisse, par cela même, qu'elle forme un ensemble éminemment complexe qui suppose des organes de coordination et de direction grâce à l'activité desquels ma propre activité prend un sens et acquiert un prix. Mes intérêts personnels doivent donc être appréciés en relation avec la vie totale de cet organisme. Mais, inversement, cet organisme ne vaut que par le concours de tous ses éléments, dirigés ou directeurs. Si l'organisation de ce tout était parfaite, chaque élément prendrait conscience du rôle de chacun des éléments. Mais il y a gros à parier que la presque totalité des éléments composants se trouve à cet égard dans une ignorance voisine de la mienne propre. C'est l'instruction professionnelle, donnée par la profession même, qui pourrait changer cét état de choses anormal. Si, d'autre part, on entend par démocratie une organisation politique qui fait de chaque individu un souverain dans l'Etat, chaque individu doit participer réellement au règlement de toutes les affaires de l'Etat. J'y suis bien préparé par ma journée de limage! Affaires d'Orient, d'Extrême-Orient, d'Europe et d'Amérique ressortiraient au tribunal de mon jugement. Non, objectera-t-on, mais seulement les questions de politique intérieure. Vain subterfuge : la politique intérieure de chaque peuple n'est pas indifférente à la politique extérieure de tous les autres ; et quand même je n'aurais à m'occuper que des affaires intérieures de l'Etat, où prendrai-je la compétence et le loisir nécessaires, passant toute ma vie à limer? Certains intérêts collectifs, généraux m'échappent par nature et leur règlement doit être nécessairement confié à certaines personnes spécialisées : voilà ce qu'elles limeront. Moi, je limerai ce que je lime : ce métal, à l'atelier, et aussi mes intérêts professionnels et ceux de ma cité, car je puis voir les uns et au moins apercevoir les autres. Mais la Révolution jacobine a détruit ma province, ma commune et mon corps de métier : c'étaient là mes Etats et j'y étais, à des degrés divers mais légitimes, souverain. Elle les a détruits. Elle a transféré ma souveraineté à l'Etat. Je le hais. Et je la hais. Car, par elle, qui l'a fait, et par lui, je ne suis plus rien qu'une machine à limer.

... Le lendemain, même silence systématique et même froideur hostile de la part de mes compagnons limeurs. Je suis l'étranger. Je ne me donne pas comme un soldat déserteur, ce qui est le plus sûr moyen de se concilier les sympathies des Catalans. Je reste donc pour eux purement et simplement l'étranger, c'est-à-dire le concurrent et, pour parler net, l'ennemi. Mes voisins d'établi, à l'exception de l'un d'eux qui ne compte pas beaucoup plus d'une vingtaine d'années, sont âgés de trente à quarante ans : tous me gardent le même visage obstinément fermé. L'homme de la meule place ses petites affaires dans le tiroir de mon établi : s'il a besoin d'y prendre et d'y remettre un objet, ce qui lui arrive plusieurs fois par jour, il me pousse légèrement pour me faire savoir que j'aie à lui faire place. Pas un mot de politesse ou d'excuse. Pas même un mot. Rien.

Si, cependant. Ce matin même, un des limeurs quitte sa place, vient à moi : « Comment vous appelez-vous ? » Et, ayant entendu mon nom, il se hâte vers son établi, y appuie son carnet de poche et m'inscrit. Peu après, un ouvrier d'une salle voisine, prévenu, vient, passe lentement près de moi en me dévisageant avec insistance et s'éloigne. La police syndicale vient de faire son enquête. Ces deux hommes sont les délégués du syndicat métallurgiste. Dans une maison similaire, une grève a éclaté : les ouvriers s'inquiètent de savoir si je ne suis pas un transfuge, un gréviste qui est allé s'embaucher ailleurs, un « renard », un « jaune », un *esquirol* comme ils disent. Bref, je suis suspect. En outre, je ne suis pas Catalan. Deux raisons pour une de ne pas me tolérer ici. Songe-t-on à m'éliminer et, dans ce but, à faire naître ou à exploiter un incident ?

L'incident cherché, peut-être même aidé, le voici ! Dans ce groupe de limeurs sélectionnés, jeunes, vigoureux, habiles, capables d'être soumis à l'application de la méthode Taylor et de fournir le travail intensif, à haut rendement, qu'elle vise à obtenir, mon insuffisance professionnelle ne pouvait tarder à paraître : le troisième jour, elle a paru. Le troisième jour, on m'a donné à ébarber des pièces plus difficiles à « finir » : je les ai détériorées. Au lieu de m'avertir aussitôt de mon erreur et de me donner un petit conseil, mes bons camarades m'ont laissé gâcher les pièces. Quand j'en eus ainsi manqué trois ou quatre douzaines, l'un d'eux s'est approché comme par hasard, a regardé, a dit « c'est mal » et s'est empressé d'aller prévenir le contremaître qui est venu me dire : « C'est mal. »

A ce moment, retentit le coup de sifflet de huit heures. J'ai appris que, dans le cercle formé pour la collation par mes voisins et quelques autres ouvriers, se trouve un Catalan qui parle français. Depuis trois jours bientôt que je suis ici, bien qu'il n'ignore pas ma présence ni ma nationalité, il n'a eu garde de me dire mot. Puisqu'il ne vient pas à moi, j'irai à lui. Je m'approche : « Il paraît que « vous parlez français ? » Il ne peut réprimer un mouvement de surprise : « Tiens ! qui vous l'a dit ? » s'exclame-t-il. Il s'en cachait donc. C'est un aveu. Décidément, les Catalans n'ont pas l'accueil facile ni le caractère liant. Mais il prend son parti de mon intervention : « Asseyez-vous donc là près de « nous pour manger ! » Dans le cercle, le silence s'est fait. Mais les autres ne me regardent même pas : on dirait qu'ils affectent d'ignorer ma présence et ils se reprennent à parler entre eux pendant que je cause un peu avec ce Catalan qui a passé plusieurs années en France. Il s'y était réfugié, lors de la guerre de Cuba, pour éviter d'y être envoyé, comme soldat, puis il était rentré en Espagne à la faveur d'une amnistie. Mon voisin d'établi le prie de me demander depuis combien de temps je suis en Espagne. Toujours l'enquête! L'ouvrier étranger n'est pas aimé des ouvriers catalans et il est suspect aux ouvriers socialistes.

La conversation générale n'a repris dans le cercle que lorsque j'eus cessé de tenir avec le Catalan quelques propos en français, Très vite, une discussion s'est alors engagée entre eux sur le système planétaire et l'un d'eux, pour appuyer ses affirmations, a tiré de sa poche une petite brochure, *Astronomie populaire* de C. Flammarion, traduite en espagnol. Chacun sait que cet auteur s'est voué moins à l'astronomie qu'à l'anticléricalisme astronomique : c'est par ces voies que l'irréligion à prétentions scientifiques atteint la classe ouvrière ; le zèle louable que ces ouvriers catalans dépensent à s'instruire ne trouve pas sa récompense. Un manœuvre aragonais, nouveau venu qui s'était égaré dans ce groupe de Catalans, ayant voulu, à un certain moment, prendre la parole, nul n'a daigné lui prêter la moindre attention : on tolérait sa présence, mais non sa participation à la conversation. Aussi le spectacle que présente l'atelier à la collation de huit heures est-il le suivant : deux ou trois cercles, étroitement fermés, de Catalans ; les Aragonais, dispersés çà et là, par deux ou trois.

A la reprise du travail, le contremaître-chef me fait appeler, me blâme pour ma malfaçon et me change de service : au lieu de limer, je moulerai sous la direction d'un ancien. C'est un repêchage. Mes camarades de la lime avaient peut-être espéré provoquer mon renvoi. Le contremaître-chef me demande : « Comment se fait-il que vos voisins d'éta-« bli ne vous aient pas adressé des observations « dès le début de la malfaçon?... Oh! il suffit que « vous ne parliez pas comme eux... » Ce contremaître n'est pas Catalan, sa réflexion le montre assez. D'autre part, la manœuvre anti-amicale dont j'ai été l'objet est le fait de Catalans syndicalistes. Que devient donc l'internationalisme des travailleurs? Une chimère. Aux prises avec la réalité, les ouvriers ne prennent pas seulement conscience des intérêts de classe, mais des intérêts de province, de nation et de race : état d'esprit qui s'oppose aux rêves utopiques et phraséologiques du socialisme électoral. La générosité française se laisse prendre plus aisément à la glu d'un idéalisme verbal : témoin ce mineur, à Saint-Etienne, qui chantait l'*Internationale* et interpellait un Savoyard en lui criant : « Tu es Italien?... Oh! tu sais, pour moi un « Italien, un Français, un Allemand, un Anglais, « tout ça, c'est la même chose... » (1) Le réalisme

1. V. *Les Mineurs.*

froid et calculateur des Catalans ne se paie pas de mots : agissant à l'encontre des idées humanitaires et internationalistes, le syndicalisme renforce leur xénophobie spontanée.

Je travaille maintenant sous la direction d'un vieil ouvrier, jovial et bienveillant. Le saturnisme dont il souffre est la rançon de son métier : le plomb ne se manie pas impunément. Il m'apprend à remplir les moules, en retirer les pièces de plomb fondu, et couper leur pédoncule. Dès le lendemain du jour où je lui suis confié, il profite de la collation de huit heures pour aller aux informations auprès du groupe des limeurs et, dès qu'il m'a rejoint, il me demande « si j'ai déjà travaillé dans une fonderie. » Sur ma réponse négative, il s'écrie : « Comment se « fait-il donc que l'on vous ait placé dans ma sec- « tion ! » Décidément, je les préoccupe fort. Quelle méfiance et que de façons !

Vingt-quatre heures encore se passent et la première question que me pose mon vieux compagnon d'atelier accuse la secrète jalousie de ces ouvriers pour l'ouvrier étranger : « Vous n'aimez pas mieux « travailler en France ? » me demande-t-il. Je fais tort aux Catalans ; je leur prends leur travail. « Ma « foi non ! répliqué-je, vous jouissez d'un si délicieux « climat ! » Mais il insiste : « En France, cependant,

« les salaires sont plus élevés... — Et la vie bien « plus chère! » A ces mots, il a comme un sursaut de surprise. Il se tait. Mais je crois lire dans sa pensée quelque chose comme : la vie plus chère en France où tout est pourtant mieux que chez nous! serait-ce possible?

J'apprends indirectement qu'un Catalan, qui travaille à quelques mètres de mon nouvel établi, parle très bien le français. Jamais il ne m'adresse un mot.

A midi, au restaurant, on nous distribue des feuilles imprimées convoquant les ouvriers sur métaux à un meeting où seront traitées les questions relatives à la grève qui sévit en ce moment dans une partie de ce corps de métier. Le patron du restaurant, s'adressant à ses clients, leur crie: « Vous ne ferez donc pas comme au Portugal! (1) » A l'issue du repas, sous le soleil éclatant, les ouvriers s'allongent, aux abords de la fabrique, sur le trottoir, ou sur le sol même dans un terrain vague, ou bien au pied d'un reste de haie. Beaucoup se groupent, amusés, auprès de plusieurs d'entre eux qui miment crûment des débats érotiques; près de là, de jeunes apprentis les imitent; quand nous rentrons au vestiaire, deux ouvriers s'y livrent à une danse du ventre audacieuse d'impudeur. Cette race

1. Où la Révolution avait triomphé deux ans auparavant.

déchristianisée a reculé d'un bond jusqu'à ses lointains ancêtres : les Phéniciens rendaient à Astarté le culte suprême, et ces modernes reprennent les rites de la divine Nature, la Bonne Mère, qu'ils appellent Morale indépendante, Morale laïque, Morale humaine. Au vestiaire, au travail, au restaurant, dans la rue, j'entends sans cesse mes camarades émailler leurs propos de hideux blasphèmes. L'éructation scatologique s'ajoute à leur obscénité et à leur enthousiasme pour les institutions et la politique françaises. Comme je quitte la fabrique, ce soir-là, un jeune ouvrier de mon atelier, qui se trouvait être mon voisin à la caisse au moment de la paye, me dit : « Oh ! la France, en voilà un pays de « liberté et où les ouvriers sont heureux ! Vous « avez, n'est-ce pas? les retraites ouvrières... » Ah ! il tombait bien ! Je l'ai édifié sur la farce des retraites ouvrières en lui rapportant ce que les ouvriers français en pensent. Il en est resté tout ahuri. Quoi ! la France, ce pays... De quels mensonges et de quelles sottises les républicains espagnols n'imprégnent ils pas la cervelle de ces malheureuses dupes ! Ces ignorants subissent la fascination de notre exemple, ne connaissant de nous autres, Français, que la légende, propagée et exploitée par les démagogues espagnols, de notre richesse, de notre liberté et de notre bonheur.

Le premier dimanche que je passe dans mon

quartier, j'avise une boutique surmontée par une enseigne portant ces mots : « Société récréative ». Il y en a beaucoup, de ces sociétés, et dans tous les quartiers : ce sont les salles de bal public. Jeunes gens et jeunes filles de quinze à vingt ans s'y livrent éperduement au plaisir de la valse. Quelques parents les accompagnent parfois, mais rarement. A huit heures et demie du soir, le bal ferme et chacun regagne son logis : les jeunes gens s'en vont par groupes, entre eux, et les jeunes filles par groupes, entre elles. Rentré chez moi, je demande à la jeune sœur de mon hôtesse si elle a été au bal ; elle répond que non, son beau-frère ajoute que « cela « ne vaut rien » et la femme dit que,« dans ces sociétés « récréatives, c'est très mêlé. » Ils exprimaient en ces brèves remarques leur souci des bonnes mœurs et de leur dignité de vie : ils tenaient à l'écart des sociétés « mêlées » leur pauvre et laborieuse existence.

Dans la fabrique de boutons où travaille la jeune fille, le patron, qui est Valencien, n'accepte que des ouvriers et ouvrières originaires de sa province : « Combien emploie t-il d'ouvriers ? Cent ? » Elle me répond qu'elle ne sait pas ce que c'est que « cent » ; elle ne sait pas compter au delà de soixante et encore parvient-elle à ce chiffre avec peine. Elle me dit : « Vingt et dix font trente. » Sa sœur lui demande : « Trente et vingt ? » Elle répond : « quarante. » Sa sœur reprend : « Non, cinquante ! » Mais quand le mari demande à celle-ci : « Quarante et « quarante font ?... » elle dit : « Soixante. » Dans la fabrique de carreaux où l'homme travaille, le patron est un Basque : il ne prend pour ouvriers que des Aragonais et des Valenciens. Ainsi, le Valencien et le Basque refusent d'employer des ouvriers catalans. C'est une réplique aux procédés catalans. Je raconte à mon hôte comme je suis mal accueilli à la fabrique par les ouvriers catalans : « Ils ne me « disent pas un mot ! » Le logeur répond : » C'est la « même chose avec nous, Valenciens ou Aragonais. « Les Catalans refusent de nous parler ; ils se groupent à part pour manger ou converser ; ils disent « que nous leur prenons leur pain. Cependant, lorsqu'ils viennent à Valence ou en Aragon, ils sont « toujours très bien reçus. Ces Catalans sont *estupidos !* »

Les Espagnols des provinces, qui viennent travailler à Barcelone, résistent donc de leur mieux à l'action impérieuse du bloc catalan et sauvegardent pendant un certain temps leur patriotisme provincial et leur langue maternelle. Mais les idées générales qui règnent dans la masse ouvrière catalane les pénètrent vite et leurs enfants parlent le catalan comme s'il était leur langue maternelle. La Catalogne nationalise les immigrants. Ainsi s'enfle-t-elle des apports des autres provinces, se renforçant, contre l'Espagne qu'elle menace, du tribut que l'émigration intérieure lui paie. La Catalogne s'enrichit en hommes et en argent au détriment du reste de l'Espagne et son opposition en devient plus forte, plus redoutable, plus menaçante pour l'Etat, la race, la langue, la tradition, le génie de l'Etat espagnol. Il est surprenant que l'on n'ait pas encore songé à créer, à Barcelone, des institutions aragonaises, valenciennes, andalouses, propres à rendre homogènes et résistants aux infiltrations locales ces divers groupes provinciaux. Une Catalogne très riche et très peuplée, en présence de provinces appauvries et désertées, entraînant au nord-est le centre de vie et d'action de l'Espagne ou se séparant de celle-ci, constituerait une menace pour une France appauvrie et dépeuplée, car notre Roussillon et notre Cerdagne — Catalogne française — tenderaient à faire retour à cette plus grande Catalogne où les appelleraient leur langue, leurs affinités ethniques, leurs intérêts et une tradition historique brisée depuis relativement peu d'années. Un libraire catalan de Barcelone me disait : « La Cerdagne et le Roussillon ? « mais c'est catalan, ce pays-là ! et cela nous « appartenait, il n'y a guère plus de deux siècles ! » « Il n'avait pas oublié, non plus que ses compatriotes, l'histoire de la province.

Le lundi, à la rentrée de l'atelier, mon voisin de

vestiaire, enlevant sa veste, étire ses bras et soupire : « Comme la semaine sera longue ! » Cri humain et combien espagnol ! En ce pays-ci, on met au-dessus de tout la douceur de vivre. Bien souvent, j'entends soupirer des sentiments analogues ; le surlendemain même, un ouvrier dit au vestiaire, d'un air las : « Une semaine de soixante heures, c'est trop ; quarante heures suffiraient. » A cinq heures du soir, mon voisin d'atelier, se tournant vers moi, murmure : « A cette heure-ci, je suis toujours las du « travail de tout le jour ; j'en ai assez d'avoir travaillé jusqu'à ce moment-ci. » Les peuples méditerranéens ont très certainement besoin de ne pas fournir un travail aussi prolongé que celui que peuvent donner les peuples du Nord ; d'où une infériorité dans la production qui amènerait leur élimination par le jeu de la concurrence internationale si l'Etat n'intervenait pour protéger le travail national. Un Valencien de l'atelier, à qui je dis, un jour, que « le temps, l'après-midi, me semble long », me répond : « Oui, la journée de neuf heures suffirait. »

L'ouvrier mouleur, sous la direction duquel je travaille, me demande si je n'éprouve pas un peu de migraine : « Beaucoup ne peuvent, à cause de « cela, continuer à mouler le plomb. Le creuset « exerce une mauvaise influence sur la tête et aussi « sur les yeux. » Il me montre l'emplacement du compteur à gaz (le creuset est chauffé au gaz) : « Il

« est bon que vous le sachiez pour l'ouvrir vous-« même au cas où je ne pourrais venir, étant ma-« lade. » Malgré le beau temps et la tiédeur de l'hiver, il se plaint de souffrir du froid ; auprès du creuset qui chauffe sensiblement le voisinage, il éprouve des frissons. C'est un beau type de saturnien. Vers cinq heures de l'après-midi, il se sent fatigué : « Il y a beaucoup d'heures jusqu'à six « heures, dit-il ; le temps est long, le soir. » Il est certain que la matinée, coupée par une demi-heure de repos, passe plus rapidement. Mais il est avantageux de terminer sa tâche et de quitter l'atelier à six heures au lieu de six heures trente, le soir. Ainsi reparaît la question de la réduction de la journée de travail et, avec elle, la perspective de la plus grande cherté des produits, c'est-à-dire l'augmentation du coût de la vie. Nous tournons toujours dans un cercle.

Mon compagnon me dit encore : « On ne gagne « pas beaucoup à l'atelier de fonderie ; après quel-« que temps, on arrive à un salaire de 3 fr. 75 à « 4 francs, pas au delà. C'est aux ateliers de fer-« blanterie et d'électricité que les ouvriers gagnent « bien leur vie ; ils sont payés aux pièces ; ils se « font des semaines de neuf à onze douros ! » Moi, je gagne trois pesetas par jour, salaire de début des hommes de peine

Un autre ouvrier de l'atelier de fonderie, un Andalou, parle très bien français : il a vécu pendant plusieurs années à Paris. Depuis que j'ai été envoyé aux moules à plomb, je travaille à quelques mètres de lui. J'étais depuis huit jours dans la maison, depuis six à cet établi, lorsqu'il se décida enfin à m'adresser la parole. Depuis lors, il continue à échanger avec moi, à l'occasion, quelques propos. Un autre ouvrier, qui parle également français, un Catalan, me dit bonjour de temps à autre. Deux ou trois autres m'adressent parfois un signe de tête ou même quelques mots. La glace commence ainsi à fondre dix jours après mon entrée dans cette fabrique. Mais mes premiers compagnons de travail, les cinq limeurs auxquels je fus adjoint le premier jour, continuent à me tenir rigueur ; si je passe près d'eux, ils affectent de détourner les yeux. Une fois, au vestiaire, un Aragonais m'interpelle : « Vous « êtes Français ? Français de France ?... Il me « plairait d'apprendre à parler français. . » Formule de courtoisie ; peut-être aussi expression de son désir d'aller travailler chez nous.

Un jour, après le déjeuner de midi, aux abords de la fabrique, j'avise, assis à terre et lisant *El Progreso*, un des Catalans de l'atelier qui parlent français : celui-là même qui avait tiré de sa poche l'opuscule astronomique de Flammarion. C'est un homme d'une quarantaine d'années ; il a travaillé pendant plusieurs années en France et pendant dix ans en Argentine. Les quelques détails qu'il me donne sur ce dernier pays prouvent qu'il sait observer, retenir et juger. Mais il émet cette réflexion qui accuse à quel point il se sent étranger à l'Espagne : « En Argentine, tous ceux qui gouvernent volent et « il y a une révolution par an. Ça n'est pas étonnant, « puisque les maîtres de l'Argentine sont de sang « espagnol ! » En Espagne, aujourd'hui, la révolution est préparée et tentée par les Catalans et, parmi leurs hommes publics, se compte plus d'un voleur. L'ouvrier ajoute : « Les Italiens sont de plus en plus « nombreux en Argentine..., comme partout, d'ail- « leurs ! Car ils sont partout ! Les Italiens, c'est « comme les Chinois !... Tenez ! (et il me désigne les « Aragonais travaillant à paver la rue), ces Arago- « nais viennent travailler ici pour trois pesetas par « jour ; mais ce salaire ne tardera pas à leur paraître « insuffisant car, pour fournir le travail qu'on en « exige, il leur sera bientôt impossible de conti- « nuer à se nourrir aussi peu que dans leurs vil- « lages. Quand les Chinois viendront travailler en « Europe, ils finiront par éprouver nos besoins et « réclameront les mêmes salaires, sinon... gare ! » Le travailleur craint toujours la concurrence des autres travailleurs, surtout si ceux-ci, éprouvant moins de besoins, se montrent moins exigeants sur le taux des salaires. Mais l'Aragonais vient en Catalogne pour la raison qui pousse le Catalan à venir en France et qui amènera peut-être le Chinois en Espagne et ailleurs : l'élévation des salaires produit un appel de bras et leur arrivée fait baisser les salaires. De là, l'extrême complication d'une question en apparence si simple et aussi la nécessité de protéger le travail national contre la concurrence étrangère pour réserver aux nationaux le bénéfice de l'augmentation du salaire. Mais cette protection suppose, surtout à défaut de la défense corporative, l'intervention de l'Etat, ce qui greffe sur le problème économique le problème politique. De plus, l'intervention de l'Etat ayant pour effet de nuire aux intérêts des Etats étrangers par le refus d'accueillir leurs sujets, le problème politique intérieur se transforme en problème de politique extérieure et entraîne tous les risques de conflits même violents : la plus profonde et la plus universelle des causes de guerre a toujours été, pour les peuples affamés, la nécessité d'apaiser leur faim.

Cet ouvrier catalan ignore que l'alcoolisme sévit en France d'une façon redoutable : il ne connaît que notre Midi, moins atteint par ce mal que le Centre et le Nord. Mais il sait à quel point nous sommes menacés par la diminution des naissances : « Si la « France, me dit-il, venait à disparaître (il n'hésite « pas à envisager cette éventualité), ce serait un « grand malheur, car elle a donné la liberté au « monde. » La France « a donné la liberté au monde » : formule banale et idée fausse.

Quelques jours plus tard, à l'issue du repas de midi, retrouvant ce même ouvrier plongé dans la lecture d'*El Progreso*, je lui demande si le peuple va bientôt établir la République en Espagne. Sa réponse me suprend : « La République ? fait-il. Mais « je n'y crois pas, en Espagne ! Pour y fonder la « République, il faudrait qu'il y eût des républicains, « que le peuple fût apte à gouverner et que les chefs « du parti républicain fûssent capables de prendre « place à la tête de l'Etat. Changer le gouvernement « ne changera pas notre situation. Un proverbe dit : « le chien change, mais le collier reste. On nous « promet les retraites ouvrières : mais, pour les « payer, l'Etat devra augmenter les impôts qui tou« jours, en dernier ressort, pèsent sur l'ouvrier. « Procéder ainsi pour améliorer notre sort, c'est « vouloir construire une maison en commençant par « le dernier étage. » Pour un lecteur quotidien d'*El Progreso*, il tient de singuliers propos ! Il ajoute même : « Je trouve que c'est un malheur que l'ou« vrier puisse voter. » Je proteste, mais sans succès auprès de mon interlocuteur, contre cette affirmation. Si l'on songe aux affaires de l'Etat, c'est-à-dire à la coordination des efforts intérieurs du pays en vue de l'avenir et pour les harmoniser aux nécessités extérieures, il est clair que l'ouvrier ignore tout de ces problèmes et ne peut exercer sur leur solution aucune influence heureuse ; mais il est non moins évident que toutes les autres classes de la société se trouvent dans le même cas. Si, au contraire, on se préoccupe de l'effet de ce vote sur les affaires de la profession ou de la province, il est certain que l'ouvrier peut, tout autant et parfois mieux que d'autres, émettre un avis éclairé, et que le vote est le seul moyen par lequel il puisse manifester son sentiment ; l'Etat, par contre, ne règle ces questions locales ou professionnelles qu'en vertu d'abus intolérables ; ce qu'il convient de faire, ce n'est pas d'exclure l'ouvrier, mais l'Etat, de ce domaine.

Dans le régime libéral, l'amélioration du sort de l'ouvrier est laissée au hasard des initiatives patronales. Elles se produisent rarement. La fabrique où je travaille en offre exceptionnellement l'exemple, rendu possible par la prospérité actuelle de cette industrie, par le succès, en particulier, de cette maison, et aussi par la sélection dont son personnel est l'objet. Ce personnel se compose d'ouvriers de métier (fondeurs, ferblantiers, électriciens), tous spécialistes de choix. Le patron leur consent de nombreux avantages qu'ils ne trouvent nulle part ailleurs : ils profitent, d'abord, d'une belle installation, d'ateliers vastes, propres, aérés, lumineux ; ils reçoivent, en outre, gratuitement, eux et leurs familles, les soins médicaux et pharmaceutiques ; les ouvriers malades touchent, enfin, pendant tout le temps de leur maladie jusqu'au maximum de six mois, demi-paye s'ils travaillent à la journée ou aux pièces et paye entière s'ils travaillent à la semaine. Les ouvriers sont laissés libres d'opter pour la journée de neuf heures au lieu des dix heures réglementaires, s'ils consentent, en retour, à subir sur leur salaire une réduction proportionnelle ; ceux d'entre eux qui sont moins robustes ou qui se contentent d'un moindre salaire peuvent ainsi, à leur gré, diminuer la quantité de travail qu'ils fournissent et la fatigue qu'ils éprouvent ou simplement augmenter la durée de leurs loisirs.

Ces mesures gracieuses sont appréciées à leur prix par les ouvriers de la fabrique. Un ouvrier de la fonderie me déclare que « le patron, c'est du bon « monde, *de la buena gente.* » Deux autres m'ayant exposé le fonctionnement des secours médicaux, pharmaceutiques et pécuniaires, je leur demande s'il en est de même dans les autres fabriques de Barcelone : « Du tout ! répliquent-ils, à l'exception « de deux ou trois peut-être. — Ils me semble que « les ouvriers de cette maison y trouvent leur profit. « — Je crois bien ! — Pourquoi les syndicats ne « demandent-ils pas les mêmes avantages aux au- « tres patrons ? — Ils ne le peuvent pas, parce que « ces secours ne sont pas imposés par la loi, mais « accordés volontairement par le patron. » Singulière explication et qui implique une étrange conception du syndicat et de la loi, le syndicat ne pouvant demander que ce que la loi prescrit, c'est-à-dire ce qu'il lui serait inutile de demander, et la loi semblant seule qualifiée pour permettre de demander quelque chose. Cette superstition de la loi et cette conception rudimentaire et humiliée des initiatives individuelles ou collectives, voilà ce qu'engendre l'Etat moderne, l'Etat parlementaire. En réalité, les syndicats ne demandent pas aux patrons les avantages pratiques accordés dans cette fabrique, parce qu'ils ne se proposent pas le bien-être de l'ouvrier et l'amélioration de sa condition, mais, tout à l'opposé, le maintien ou l'aggravation de son état afin que l'exploitation du malaise ou de la souffrance ouvrière, dont les meneurs vivent et par où la société est menacée de périr, reste possible et même fructueuse (1).

Tous les moyens de pénétration de la pensée populaire sont au service de ces doctrines mortelles. Chaque matin, vers six heures, une marchande de journaux se tient tout près de la porte de la fabrique, vendant aux ouvriers *El Progreso* ou *El Diluvio*. Je lui demande quel est le journal qu'elle vend le plus : « *El Progreso* », me répond-elle. Au vestiaire,

1. C'est pour affermir et renforcer la puissance perturbatrice des syndicats et rendre ainsi l'effondrement de la société et de la civilisation plus sûr, plus rapide et plus complet, que la loi française vient de leur accorder (1919) le droit de posséder librement.

un des jeunes ouvriers catalans tire de sa veste la traduction espagnole des *Misérables*, de Victor Hugo, qu'il me montre en disant : « J'en suis au second tome. » Sur le panneau d'une petite porte de l'atelier, on a inscrit, en grandes majuscules : « Mort à Maura ! » Lerroux se livre à une active propagande parmi les sous-officiers de l'armée, à l'imitation de ce qui s'était passé au Portugal dans la période préparatoire à l'explosion du complot républicain. Les appels à la Révolution se multiplient d'ailleurs impunément dans les journaux républicains d'Espagne. Les journaux jaimistes répondent à ces provocations en conseillant à leurs partisans de s'armer. Tout peut se dire et s'imprimer en Espagne, beaucoup plus qu'en France.

Le directeur me change d'emploi. Il m'envoie à l'atelier des ferblantiers où je suis chargé de découper à l'emporte-pièce des rondelles de cuir. Une feuille de cuir est étalée sur un billot : j'applique sur le cuir le fer à découper et je le frappe d'un coup de maillet. Ainsi, du matin au soir. Je suis spécialisé dans ce geste unique : le coup de maillet. Au point de vue des économistes libéraux (recherche de la plus grande productivité), il y aurait avantage à ce que tout mon organisme fût modifié de manière à être rigoureusement approprié à ma fonction : si j'étais, non plus un homme, être complexe constitué en vue de l'accomplissement des actes les plus variés, mais un organisme vivant comparable à une machine à faire des ronds dans une pièce de cuir, sa puissance de production s'élèverait à un maximum très désirable pour l'industrie. La science transformiste oriente en ce sens les imaginations ; elle les imprègne de l'idée de l'adaptation spécialisatrice de tous les êtres et de leur transformation en éléments d'un organisme plus vaste. On sait le parti que Wells a tiré de ces tendances scientifiques dans son roman *Les Premiers hommes dans la lune*, si riche en ingénieux aperçus. Il est donc faux de dire que la « Science » favorise le progrès et l'affranchissement de l'homme, l'enrichissement, et l'expansion de la personnalité : livrée à ses seules inspirations, cette « Science » tendrait, au contraire, à détruire l'ensemble harmonieux et riche que chaque individu réalise, à le faire régresser par une simplification appauvrissante continue, à le déformer en vue d'adaptations utilitaires, à le sacrifier et à l'asservir, notamment, au but de la production d'une richesse générale toujours plus accrue. La poursuite de fins purement matérielles et terrestres asservit donc l'homme. Et la science ne se propose pas d'autres fins. Elle ne peut coopérer à notre progrès, notre libération et notre bonheur, que si elle collabore à l'action d'une science supérieure : pour qu'elle devienne humaine, il importe qu'elle soit coordonnée à une science supra-humaine, qu'elle soit subordonnée à des fins qui la dépassent en dépassant les limites de la nature sensible, *scientia ancilla theologiæ*.

Un ferblantier, qui voisine habituellement avec moi, à midi, à la table de la *Casa de comida*, s'approche de mon billot et me demande si cette tâche me plaît. « Oh ! lui dis-je, c'est un travail facile. Et « vous, avez-vous beaucoup à travailler ? — Trop », me répond-il : réponse habituelle dans les pays du soleil. Il y a d'ailleurs une raison objective à l'activité qui règne dans cet atelier : les ferblantiers sont payés aux pièces. Néanmoins, comme ils gagnent largement leur vie, ils en prennent parfois à leur aise : ainsi, le lundi matin, à six heures, les trois quarts des ouvriers ferblantiers manquent à leur établi ; ils n'arrivent qu'à six heures trente ou même à huit heures. En France, l'atelier eût été à moitié vide toute la journée. A la fonderie, au contraire, dix-sept seulement ont usé de la faculté laissée à chaque ouvrier d'arriver une demi-heure en retard : c'est qu'ils sont payés à la journée et que leur salaire subit une diminution proportionnelle au temps de leur absence, tandis que les ferblantiers, payés aux pièces, peuvent se rattraper en redoublant d'activité ; d'ailleurs, gagnant beaucoup, il peut leur être à peu près indifférent de ne pas compenser le temps perdu. « Il y en a, m'assure un apprenti, qui se font

« onze douros par semaine ; en travaillant peu, ils « ne gagnent pas moins de cinq à six douros. » Il ajoute : « On est bien traité et bien payé, ici. Il n'y « a pas d'autre fabrique comme celle-ci. » Un Français, qui travaille dans cet atelier, exprime les mêmes sentiments : « Dans cette maison, me dit-il, il n'y a « jamais de grève et les ouvriers syndiqués sont « rares. A quoi bon se syndiquer et faire grève, « puisque nous avons déjà ce que les autres deman- « dent et puisque, si nous ne l'avons pas, nous « sommes assurés de l'obtenir, sans grève, du patron, « au cas où les grévistes l'auraient obtenu ? Le patron « est un chic type, toujours prêt à aider celui d'entre « nous qui se trouve dans l'embarras, à avancer et, « au besoin, à donner quelque argent. Au cours de « l'année, à l'occasion de diverses fêtes, chaque ou- « vrier reçoit une bouteille de vin et un cigare de « vingt centimes, gros comme ça. Et jamais de tra- « casseries ! Il nous permet de fumer en travaillant, « d'arriver une demi-heure en retard, de faire la « journée de neuf heures, de nous absenter même « quelques jours... On est très libre. »

C'est le samedi précédent que j'avais été désigné pour travailler dans l'atelier de ferblanterie. Prévenu par un Valencien de la présence d'un compatriote, cet homme m'avait aussitôt rejoint à la sortie, après la paye. Tout de suite, ce fut la funeste coutume française des tournées de cabarets. Il m'avait emmené dans la plus proche *casa de comida* pour y prendre un verre et je m'étais aperçu de suite que, parmi ces sobres ouvriers catalans, il n'avait su se faire un seul camarade ; son intempérance avérée les éloignait de lui plus encore que sa qualité de Français. Il ne retenait cependant que cette seconde explication qui, certes, avait son prix : « Voilà plus d'un an que je travaille là, me dit-il, et « je suis mal vu de l'atelier, comme tous les Fran- « çais ! Si je vous disais toutes les petites misères « qu'ils cherchent à me faire pour que je parte ! Et « tout ce qu'ils disent dans mon dos ! Oh ! pas par- « devant, non ! En face, ils sont toujours conve- « nables ; mais je les entends, derrière moi, dire « qu'ils aimeraient me casser la figure. Il y avait « autrefois, dans cette fabrique, beaucoup d'ouvriers « français qu'ils ont fait éliminer peu à peu. Quelle « sale race !... Je ne dis rien. Pas de dispute : ce « serait le renvoi. Quant à les craindre, ah ! non ! Ils « auraient un revolver : ils n'oseraient pas tirer. Ils « en verraient un braqué sur eux : ils fuiraient aus- « sitôt. Des Arabes, quoi ! — Et les Valenciens ? — « Faux comme des jetons ! — Et les Aragonais ? — « Ah ! ceux-là sont francs ! »

Après une première tournée, une seconde. Puis, il tient à m'emmener chez lui, dans le logis misérable où il vit avec une Espagnole, une pauvre créature qui garde en ma présence un mutisme farouche, qui jette sur cet homme des regards où se mêlent la crainte et la haine et qui lui obéit à la façon d'une bête traquée et sournoise, domptée par les coups et par la peur. Il voulait me retenir à dîner. Mais la femme n'avait rien préparé, rien acheté même, faute d'argent peut-être et peut-être aussi par paresse, par fatigue et découragement, ou bien parce que qui boit dîne. Mon compagnon ne semble pas trop surpris de ce dénûment. Il appelle d'un ton brutal la femme et tous les trois nous entrons à la *casa de comida* voisine. Deux nouvelles tournées ! Sa ration absorbée, la femme nous quitte pour regagner son logis. « Quand je l'ai connue, me dit le Français, elle ne « buvait que de l'eau. Maintenant, elle est comme « moi. » Comme lui ! Un éthylique aux doigts tremblants qui, me rapporte t-il, a séjourné pendant plusieurs mois à l'hôpital pour cirrhose et ascite : « Les médecins me disaient de ne plus boire. Plus « boire ! comme si c'était possible ! et comme si « c'était ça qui pouvait avoir de l'importance pour « mon foie ! Parce que j'avais le ventre enflé, ils « voulaient me l'ouvrir. Je leur ai dit qu'ils feraient « mieux de m'ouvrir le nez ! »

Aussitôt dans la rue, j'essaie de le quitter ; mais il pousse la porte d'une *tienda de vinos* voisine et, impérieusement, m'invite à y entrer. Il pénètre là en habitué, avec des airs d'être chez soi, et, pour la troisième fois, debout devant le comptoir, nous nous offrons réciproquement une tournée de ce vin ardent d'Espagne.

Il me guide ensuite à travers des terrains vagues, me conduit jusqu'à l'entrée d'une rue : « La vôtre ! » fait-il d'un ton bref. « Merci, lui dis-je, et à lundi ! » Mais il se récrie : « Entrons là, avant de nous quitter ! » Il me désigne, à l'angle même de la rue, une *tienda de vinos*. Je proteste : « Ah ! non, c'est assez « comme cela ! — Voyons ! insiste-t-il, la dernière ? « — Non. — Eh bien ! l'avant-dernière ? — Impos- « sible. — Ah ! s'exclame-t-il, vous n'êtes pas Fran- « çais ! » Malgré cette objurgation patriotique, je réussis à m'enfuir.

Le lundi suivant, au repas de midi, mon ivrogne de compatriote me raconte qu'après mon départ il s'était attardé à boire encore. Le lendemain, il avait rencontré en ville plusieurs amis : « Alors, vous « comprenez, à force de prendre des verres... enfin, « quoi ! j'étais cuit... J'ai pas dîné... Ce matin, « j'avais envie de ne pas venir : je suis tout de « même venu, mais avec une demi-heure de retard « qui me fait perdre quinze centimes. Et puis, j'ai « toujours pas pu retrouver une pièce de dix francs « qui a disparu de ma poche, hier, sans que je sache « comment... » Il se plaint de n'avoir pas faim aujourd'hui, de se sentir la bouche mauvaise ; il déjeune à grand'peine d'une portion de viande ; mais il boit deux verres de vin et prend deux fois du rhum ;

enfin, il emporte à l'atelier, comme chaque jour du reste, une demi-bouteille de vin qu'il boira à quatre heures. Quand nous sortons, à six heures, il reporte la demi-bouteille vide chez le marchand, ce qui lui procure l'occasion de prendre encore un verre. Et, bien sûr, il en aura absorbé d'autres, dans sa soirée!

Quel contraste avec les habitudes des ouvriers qui m'entourent, Catalans ou Espagnols d'autres provinces! Dans un coin de chaque atelier, est placée une cruche d'eau fraîche où les ouvriers vont boire s'ils ont soif. Lorsque, par hasard, à la sortie, l'un d'eux offre, ce qui est rare, une consommation à un camarade, il s'agit de cinq centimes de vin ou d'anis ou de sirop. A la *casa de comida* valencienne de mon quartier, où je dîne régulièrement chaque soir, j'offre quelquefois du vin de mon carafon aux deux Valenciens pensionnaires. Ils refusent : « Nous « ne buvons pas sans manger. » Si j'insiste trop, ils en prennent moins d'une gorgée, juste assez pour faire le simulacre poli de se rendre à mes instances.

Ce peuple est aussi sobre pour la nourriture que pour la boisson : dans ce débit valencien, on me donne invariablement, au dîner, des légumes à moitié cuits, haricots ou pommes de terre. La fillette du patron dîne quelquefois près de moi, d'une petite assiettée de pois et de riz avec un peu de pain. Montant chez mes logeurs, je surprends, un soir, toute la famille à table : l'homme, sa femme et sa belle-sœur. Devant eux, il y a un plat de ragoût de tripes aux pommes de terre, un flacon de vin et du pain ; chacun mange au plat en y puisant avec une cuiller de bois.

A mon ivrogne français, les excès du samedi et du dimanche ne suffisent pas. Malgré les libations quotidiennes, il a dû récidiver dès le mercredi soir, car, venant le lendemain déjeuner à midi avec moi, il me dit : « Je ne sais pas ce que j'ai, je ne puis pas « parler, ce matin ! Je me suis réveillé comme ça : « j'ai peine à remuer les mâchoires ; et puis, dans la « gorge, ça me gratte, ça ne veut pas passer... » Alors, s'installant à table, il commence par se verser une bonne rasade de vin : « Ça me fera peut-être « avaler cette araignée que j'ai là dans la gorge ! » Il recommence à se verser encore un bon verre de vin : « J'ai dû manger un rat, ce matin ; mais la queue « n'aura pas passé... » Et il se reprend à critiquer le médecin : « ... Parce que j'étais enflé du ventre, « il me disait que c'était plein d'eau et qu'il fallait « l'ouvrir pour la retirer. De l'eau ? que je lui ai « fait. De l'eau ? Comment pourrais-je en avoir, « moi qui ne bois que du vin ?... Et il m'a ordonné « des drogues que j'ai jetées, heureusement, sans « quoi il m'empoisonnait ! Et puis mon mal a passé « tout seul ! J'ai désenflé... Et le médecin qui vou- « lait que j'aie une maladie de foie ! Ah ! il n'a pas « avoué qu'il s'était trompé ! Y a pas de danger !... »

Comme il est bien Français ! spirituel contre lui-même et jusqu'à la sottise ! et comme il est bien ouvrier français ! Ces dénégations, ces raisonnements et ces entêtements d'alcoolique, on les entend dans les ateliers, les cabarets et jusque dans les services d'hôpitaux. Et trop souvent, ces malheureux raisonnent des choses de la politique comme des choses de la médecine. La santé du pays en souffre autant que la leur. Dans un accès de sincérité, mon invétéré sciffard finit par avouer la désastreuse tyrannie de son vice : « Je reste au *bagne* (1) « me dit-il, parce que, d'y être tenu, ça me retient « de boire. Si j'étais libre, je ne m'arrêterais pas de « boire... »

Un autre ouvrier français de la fabrique — un sobre, celui-là — vient prendre avec nous le café. Et mes deux compatriotes sont d'accord pour dire des Catalans : « Eux ? des républicains ? des révolu-« tionnaires ? Ils sont forts en paroles. Mais, quand « il s'agit de passer aux actes, il n'y a plus personne. « — Cependant, objecté-je, la semaine sanglante ? — « La semaine sanglante ? Mais il n'y a rien eu du « tout ! Quelques bandes de gamins qui ont brûlé « quelques couvents !... » Ces gamineries sont tout de même des actes et qui ont développé déjà une partie de leurs conséquences inévitables. Les révo-

1. L'usine.

lutions ne sont rien de plus que des gamineries de ce genre qui réussissent.

Ces deux Français me répètent à diverses reprises que tout le personnel gouvernemental et administratif de l'Espagne est vénal, que tout s'achète et se vend, que l'on peut impunément voler et même tuer (on reconnaît là les exagérations populaires et les généralisations sans critique) en payant les complicités nécessaires, que,pour toutes choses, impôts ou amendes, on peut toujours entrer en composition avec les fonctionnaires chargés de les encaisser : « Ils « vous accordent un rabais de moitié et mettent dans « leur poche ce que, vous leur donnez. Mais si le fonc- « tionnaire change, il faut subir les mêmes exigences « de la part de son successeur, de telle sorte que, « finalement, on arrive, étant exploité par eux tous « (et ils s'entendent entre eux dans ce but), à payer « davantage que si tout était régulier. Il est inutile « de songer à instituer un contrôle : les contrôleurs « s'entendraient avec les employés qu'ils auraient « mission de contrôler. »

Dans l'atelier de ferblanterie comme dans celui de la fonderie, je constate qu'à la collation de huit heures, les groupes se forment suivant les affinités provinciales : les hommes de peine qui, dans cet atelier, sont surtout Valenciens, se réunissent à l'écart des Catalans. Il y a aussi quelques journaliers aragonais : ils se groupent entre eux. Le premier jour, je m'étais joint, pour manger, à des Valenciens qui travaillaient près de moi et qui avaient commencé à déjeuner sur place : mais, dès le lendemain ils se sont brusquement transportés à l'extrémité opposée de la salle et y sont retournés les jours suivants. Et ainsi, je restai seul.

Je cesse de découper du cuir. On me charge, dans le même atelier, de percer au poinçon des feuilles de tôle, puis de les débiter en fragments avec la pince à couper. Après quarante-huit heures de cet exercice, je suis chargé de marquer au trait sur des plaques de tôle, la place où elles doivent être percées ; après quoi, je les passe à mon voisin, un Catalan d'une vingtaine d'années, qui les perce à la machine.

Pendant tout un jour, nous travaillons de concert sans échanger un seul mot. Mais ce mutisme pèse à mon compagnon, car dès le matin du second jour, tout en travaillant et tout en surveillant du coin de l'œil l'approche du chef d'atelier ou d'un contremaître, il commence à bavarder. D'une voix un peu traînante et qui contraste avec le castillan énergique et sonore des Aragonais, il me parle des distractions de Barcelone : « Aux beaux jours, on va se promener, le dimanche, dans la campagne, au delà de « Sans ; les cultivateurs laissent manger les fruits « tombés à terre ; on en mange tant qu'on veut... « Les cinés ne manquent pas à Barcelone ! Et les

« théâtres ! pour cinquante centimes, on peut aller « entendre chanter d'excellents artistes au *Liceo*. « Nous aimons beaucoup la musique. Quand je suis « ici à travailler tout seul, comme je ne peux pas « causer, je chante tout le temps pour me distraire... « Mais c'est surtout la danse que j'aime ! Le dimanche, « je dépense deux ou trois réaux pour le bal !... »

Le voyant aussi enclin à causer, à l'encontre de ses compatriotes, je lui parle de Barcelone et puis de Paris qu'il désirerait tant connaître et qu'il imaginait être un port de mer : « Les quais du port sont-« ils aussi beaux que ceux de Barcelone ? » me demande-t-il. Les journaux ont tellement parlé de Paris port de mer ! A cette question : « Les Catalans « sont républicains ? » Il répond : « Oh ! il y a en a : « mais ils sont républicains de bouche, non de « cœur... » Ayant percé une plaque, il se penche vers moi pour en prendre une autre que j'ai marquée : « Ils sont républicains pour remplir leurs poches... « Ils veulent la République pour eux, non pour les « autres... La liberté doit être cependant pour tout « le monde !... » Pour lui comme pour tous les Espagnols, selon la représentation qu'on leur en fait, République est synonyme de liberté. Ayant encore percé plusieurs plaques, il se rapproche de moi après avoir, d'un rapide coup d'œil, constaté l'absence du surveillant : «... En Espagne, le gouvernement est « toujours conservateur. — Cependant... — Tou-

« jours ! Quand ceux qui faisaient de l'opposition « sont au pouvoir, ils se montrent aussi conserva« teurs que ceux auxquels ils ont succédé... » Ce jeune homme exagère ; mais la part de vérité que sa remarque renferme ne se constate pas qu'en Espagne et cela tient sans doute à ce que, gouverner c'est durer, et que, pour durer, il faut conserver. Mais mon voisin ajoute : « Quand un parti a mis « dans ses poches assez de millions pour ses plaisirs, « il cède la place à l'autre. » En France, le système parlementaire n'a pas été poussé jusqu'à ce point de courtoise perfection : les partis se battent âprement pour emporter la place ou ne la pas céder. Mon jeune Catalan conclut : « Toute la politique n'est « que mensonge ! »

Je méditais sur la sagesse de ce jeune homme philosophe, tout en rayant des plaques qu'il perçait en silence. Mais le voici qui, ayant vérifié l'éloignement du contremaître, se penche vers moi : « La Cata« logne est la province la plus religieuse de l'Es« pagne, la plus catholique... » J'objecte : « Qui donc « a fait la semaine sanglante ? brûlé les couvents et « les églises ? — Peuh ! quatre gamins !... » Et il se remet à sa machine. Quelques plaques expédiées, il me confie encore : «... C'est aussi la province la « plus peuplée et la plus riche... » Et il se remet à percer.

Après quelques instants, poussant vers lui des

plaques rayées : « Mais, demandè-je, n'êtes-vous « pas séparatistes ? » Du coup, il s'arrête : « Nous « sommes Espagnols. Tous, nous sommes Espagnols « en Espagne. Nous avons à Barcelone comme dans « les autres villes les mêmes droits, les mêmes liber- « tés, *igual, igual...* » Malgré cette belle déclaration sur l'unité de sa patrie, je lui pose à nouveau ma question sous une forme atténuée : « Enfin, tout le monde « dit, en France, qu'il existe un parti catalan qui « réclame l'autonomie de la Catalogne. » Il s'arrête, une plaque percée à la main, puis il la pose sur les autres et, se penchant sur la table jusqu'à mon oreille : « Autrefois, voyez-vous, il y avait des « royaumes différents, royaumes de Castille, d'Ara- « gon, de Valence, comté de Catalogne, et qui se « faisaient la guerre ; mais aujourd'hui nous ne for- « mons plus qu'un même Etat ; nous avons tous les « mêmes droits, *igual, igual...* »

Je me résignais à n'en rien tirer de plus net lorsque, après une dizaine de minutes de travail, il me communique ses réflexions : « Les Catalans vou- « laient être seuls chez eux, autrefois. Mais, aujour- « d'hui, ce n'est plus possible. Seulement, les Valen- « ciens, les Aragonais, les Castillans viennent tous « chez nous parce qu'il y a beaucoup d'industrie et « ils acceptent de travailler à bas prix ; ils con- « sentent à exécuter pour trois pesetas ce que nous « ne ferions que pour un douro et ils attirent ainsi la

« misère sur nous et sur eux-mêmes. Voilà ce qui « nous mécontente. Qu'ils viennent ! mais non « comme ils le font, par troupes qui acceptent de « travailler à n'importe quelles conditions ! »

La matinée s'achève et quand, après déjeuner, nous nous retrouvons à notre table de travail, il s'écrie aussitôt : « N'allez pas dire à Paris que la « Catalogne est séparée de l'Espagne ! » Décidément, cela le tourmentait. « Eh ! non ! nous le savons, mais « nous croyons que les Catalans voudraient leur « indépendance. » Cette fois, il avoue : « Oui, ils « voudraient être indépendants, mais ils ne le « peuvent pas ». Et sa voix s'est faite plus basse, comme un souffle où passe le regret.

Ce jeune Catalan m'a laissé la forte impression d'un jugement solide et éclairé, d'une intelligence lucide et ferme qui certainement ne s'est pas alimentée aux sources empoisonnées de ce syndicalisme révolutionnaire organisé et soutenu par les plus malfaisantes des puissances internationales. L'ouvrier catalan quadragénaire, dont j'ai rapporté précédemment les conversations, m'a laissé, bien qu'à un degré moindre, une impression semblable. Ces deux ouvriers ne ressemblent pas à la majorité des ouvriers de Barcelone ; mais ils ne sont probablement pas une infime minorité ; il doit y en avoir beaucoup qui pensent ou inclinent à penser de la même manière. Le grand nombre reste sous l'influence des violents ; mais ces violents aussi ne doivent être qu'une grande minorité, fortement organisée il est vrai et adroitement dirigée, sachant ce qu'elle veut et le voulant avec force, destinée par là même à l'emporter sur une multitude dépourvue de cohésion, ignorante du but précis à poursuivre ou peut-être ayant conscience de son idéal mais dénuée de la volonté de le réaliser par tous les moyens et malgré tous les obstacles. Dans nos sociétés inorganiques, seules les forces de désordre sont organisées pour exercer avec succès leur action dissolvante.

§ 4. — MÉCANICIENS

Je réussis à me faire embaucher dans un grand atelier de construction mécanique situé aux abords du faubourg de Clot. J'éprouve assez de peine à me procurer un logement, soit au quartier de Sagraria qui est tout voisin, soit à Clot même. Dans les *Casas de comida* où je m'informe, on me dit : « Nous n'avons pas de place », ou : « Nous ne logeons « pas », ou : « Voyez donc là-bas, un peu plus loin ». Je finis par découvrir, chez de vieilles gens, une belle chambre éclairée par une fenêtre ouvrant sur la rue. Le lit est muni d'une toile métallique souple, faisant sommier, d'une paillasse et d'un matelas ; il y a trois chaises et une cuvette posée sur l'une d'elles ; un grand tableau religieux est accroché au mur. Cette pièce mesure trois mètres de longueur sur deux mètres cinquante de largeur et trois mètres de hauteur. Je n'en ai encore jamais trouvé d'aussi parfaite. Elle n'offre qu'un seul trait de ressemblance avec mes précédents logis : un carreau de la fenêtre étant brisé, mes propriétaires, au lieu de le remplacer, se contentent de maintenir fixé sur le battant de la fenêtre le volet de bois intérieur. Je paie neuf pesetas pour un mois, blanchissage compris. Comme de coutume et conformément à la lois espagnole de discrétion que le devoir d'hospitalité impose, mes hôtes ne me demandent aucun renseignement personnel, sinon le lieu où je travaille.

L'atelier occupe trois cents ouvriers. Leurs heures de travail sont : le matin, de sept heures à huit heures trente et de huit heures quarante-cinq à une heure ; l'après-midi, de deux heures quinze à six heures trente. La réduction du temps consacré aux repas et le retard de l'heure de sortie, le soir, permettent de commencer la journée de travail à une heure moins matinale que de coutume. Quinze minutes pour le petit déjeûner suffisent bien juste : il faut manger hâtivement. Un de mes compagnons de travail me dit qu'il préférerait que le travail commençât à six heures trente et qu'il y eût une heure et demie accordée pour le repas du milieu du jour : « Ce serait plus commode pour ceux qui, « demeurant loin, rentrent manger chez eux ; et puis, « six heures et demie du matin, ce n'est pas une « heure trop matinale. Mais les heures sont fixées « comme cela parce que ça *leur* convient ! » « *Leur* » c'est-à-dire : aux patrons. L'hostilité contre le patronat se révèle jusque dans cette critique de détail, d'ailleurs manifestement fausse : l'horaire semble inspiré par le désir de donner aux ouvriers, demeurant presque tous assez loin de l'usine construite sur un emplacement excentrique et presque désert, le temps de venir à leur travail sans être obligés de se lever trop tôt. La plupart, en effet, demeurent à Barcelone même : beaucoup y rentrent à pied, le soir ; d'autres, le matin ou le soir, prennent le tramway électrique, dépense supplémentaire qui ne les empêche pas toujours de trouver encore quelques sous pour acheter *Papitu* et se délecter de ses obscénités.

A l'*almuerzo* (1), la plupart des ouvriers consomment dans l'atelier même les provisions qu'ils ont apportées. Parfois, l'un d'eux tire *El Progreso* de

1. Petit déjeuner de huit heures.

sa poche et s'occupe à le lire. Quelques-uns se rendent à une *Casa de comida* voisine où ils achètent habituellement cinq centimes de pain, quinze centimes de morue et cinq centimes de vin.

L'installation matérielle de l'usine, moins récente que celle de la fabrique de Sans, n'est pas aussi parfaite : trop de courants d'air parcourent les ateliers insuffisamment compartimentés, au point qu'à certains endroits ou à certains moments il fait un peu froid ; les cabinets manquent de chasse d'eau et le nombre des lavabos est très insuffisant.

Mais l'administration de l'usine met à la disposition d'une coopérative de consommation, formée par ses ouvriers, une cuisine et une salle de restaurant très convenables et tout le matériel nécessaire : excellente initiative dont la valeur éducative est incontestable et qui permet aux ouvriers associés de réaliser sur leur nourriture une petite économie : le repas de midi revient à cinquante centimes, soit trois francs par semaine. Les associés paient à l'avance les trois francs hebdomadaires. Ils y trouvent exclusivement le menu populaire : un jour, bouillon gras avec pâtes, bœuf bouilli et charcuterie avec des pois chiches et des pommes de terre à l'eau ; le jour suivant, riz safrané et viande passée à la poêle avec pommes de terre frites. Chacun doit apporter son pain et payer en supplément le vin et le café ; le café coûte dix centimes. La coopérative appointe deux cuisinières. Les associés sont chargés, à tour de rôle, du service des tables et du service de la comptabilité. Sur trois cents ouvriers, soixante seulement vont à la cantine. Les autres préfèrent aller manger chez eux ou fréquenter les *Casas de comida* voisines où ils trouvent un menu plus varié sans que la corvée du service s'ajoute à la fatigue de la journée de travail. Un des ouvriers catalans me dit un jour : « Vous mangez à la can-« tine coopérative ? Pour y aller, il faut beaucoup « aimer la soupe au bouillon gras. » Et cependant les clients des *Casas de comida* ne s'en privent guère ! Comme les associés de la cantine restent dans la salle, le repas fini, soit pour causer, soit pour jouer aux cartes ou aux dominos, je vois l'un d'eux étaler les incolores et insipides *Noticias* et deux autres le très nettement coloré et boueux *Diluvio*. Un des coopérateurs me dit, en sortant : « Travailler dix heures par jour, c'est trop ; huit « heures suffiraient, quatre le matin et quatre le « soir. » Il préférerait aussi que la journée commençât à six heures et demie et que l'on eût un quart d'heure de plus pour la collation du matin et un quart d'heure de plus pour le déjeuner.

J'ai également fréquenté une *Casa de comida* voisine où se réunissent un tourneur et plusieurs *péons* (1), tous Andaloux. Le patron met *El Diluvio*

1. Hommes de peine.

à la disposition de ses clients : je vois trois d'entre eux successivement parcourir ce journal. Mon déjeuner, composé de pied de mouton, côtelette aux pommes, pain, me coûte soixante-quinze centimes. Je demande, une autre fois, du poisson : le patron, suivant l'invariable coutume du pays, me présente du poisson frit le matin ou la veille et froid. Sur ma prière, il le porte au fourneau et, moins de trente secondes plus tard, me le présente à nouveau. Je m'exclame : « Comment ! déjà ! pas possible ! — « Mais si, fait-il, il est chaud. Voyez plutôt ! » Et il pose sur le poisson le dos de sa main... Pas de couteau, comme partout ailleurs : si vous n'en réclamez pas, on ne vous en donne jamais, en aucune *Casa de comida* de Barcelone ou des environs. Les clients n'en tirent pas non plus de leur poche : pour découper les aliments, ils apportent à la fourchette, s'il est nécessaire, l'aide de leurs doigts.

Je fais remarquer au tourneur andalou qu'à mon sens les Espagnols savent se contenter de mauvaise cuisine et de très peu de nourriture. Il me répond : « C'est parce que nous avons un mauvais gouver-« nement ! Ses soldats se nourrissent d'herbe ! » ajoute-t-il en riant. Il déjeune avec deux grandes assiettées de soupe grasse et un ragoût où de petits débris de viande et d'os courent après de petits débris de pommes de terre au milieu d'un jus indéfinissable : « J'aime beaucoup le *caldo* (1), ajoute-t-« il. Nous autres, Espagnols, nous en prenons tous « les jours, à chaque repas. L'eau, je l'aime bien « pour me laver : je ne me mettrai pas à table sans me « laver les mains. Mais, pour boire, c'est le vin que « j'aime ! » Ses yeux pétillent à cette pensée. Et cet amateur de vin en a tout juste consommé à son repas pour cinq centimes, la valeur d'un verre ! Il lit *Las Noticias*. Ce numéro (2) donne la liste des congrégations hospitalières ou enseignantes ou missionnaires, qu'un nouveau décret royal exempte du service militaire. Il passe le journal à un *peon* qui, voyant cette liste, s'exclame : « Mais c'est quasi tous « les *frailes* ! » (3) en haussant les épaules, avec une expression de tristesse, de déception et de découragement. « Eh ! oui ! » répète le tourneur andalou sur le même ton et avec la même mimique, « *casi todos !* » Il est de toute évidence que, si les *frailes* enseignants, hospitaliers et missionnaires allaient à la caserne, non seulement les écoles, les hôpitaux et la propagation de la civilisation dans le monde en tireraient grand profit, mais la condition de l'ouvrier s'en trouverait tout aussitôt grandement améliorée : qui ne voit du premier coup que la hausse des salaires et la diminution du coût de la

1. Bouillon gras.
2. 14 février 1913.
3. Frères et moines.

vie, la réduction de la journée de travail et la sécurité de la vie ouvrière dépendent d'une réforme de ce genre? C'est par le dérivatif anticlérical que l'ouvrier est maintenu dans sa misère présente. Et il mord à l'appât, pour grossier qu'il soit. Faut-il douter de son jugement? Ne faut-il pas plutôt croire qu'il porte des œillères et qu'il est la victime de redoutables puissances de mensonge?

Je rentre dans la cour intérieure de l'usine. Des groupes d'ouvriers se chauffent au doux soleil d'hiver. L'un d'eux lit *El Porvenir del obrero*, journal hebdomadaire socialiste.

L'Espagne est un pays de progrès, et même avec intempérance. Quand il s'agit d'imiter les mesures publiques d'hygiène prises par d'autres pays, elle y déploie un zèle qui ne connaît pas de mesure. Par la faute de quelques cas de variole, l'administration déchaîne sans relâche sur la population, qui se prête à ses fantaisies avec la docilité d'un troupeau, une armée de médecins: dans toutes les usines où je me rends successivement travailler au cours de ces mois d'hiver, je retrouve sans cesse une nouvelle mobilisation de lancettes vaccinatrices. Ici comme dans les autres fabriques, aucun ouvrier ne semble bien comprendre le sens de cette manifestation médico-légale à répétition ; quelques-uns s'esquivent, presque tous s'y soumettent sans entrain. L'un d'eux s'étant évanoui, ses compagnons se racontent l'incident en l'expliquant par « l'impression » qu'a produite la vue de la lancette et des piqûres faites devant lui : ils trouvent tout naturel qu'une si petite cause produise un aussi gros effet. J'avais été témoin du même épisode à la fabrique d'appareils d'éclairage et j'en avais entendu donner la même explication bienveillante. Comme je rentre travailler à la « section de la vérification », qui est celle à laquelle je suis attaché, un des ouvriers de cette section, jeune Catalan d'une vingtaine d'années, me fait cette réflexion tout imprégnée de l'esprit réaliste de sa province : « Pour nous avoir vaccinés, on devrait « nous donner une gratification de un douro qui « nous permettrait de mieux manger. » Cette double préoccupation — beaucoup d'argent et bien manger — est générale dans toute la Catalogne.

Ma tâche consiste à porter d'une section à une autre, dans des paniers ou sur un petit charriot, des pièces de fer travaillé. Elle me met ainsi en rapports incessants avec les divers ateliers et un grand nombre d'ouvriers spécialistes. Lors de mon arrivée, un de ceux-ci m'a conduit à travers les différentes sections où je devrais me rendre et m'a expliqué en détail ma besogne : il l'a fait avec une simplicité élégante que n'eût point désavouée un homme du monde montrant à des amis sa demeure.

L'*encargado* (1) de la section de vérification est catalan : il garde toujours l'attitude froide et un peu hautaine, le visage immobile et sévère, le commandement sec et tranchant qui sont habituels à tous les Catalans. Un Catalan d'une vingtaine d'années, qui l'assiste et souvent le supplée, présente exactement le même caractère. C'est lui qui, presque toujours, distribue le travail entre les ouvriers et péons de la vérification. Apercevant, un après-midi à l'heure de la reprise du travail, un des péons, Andalou de quarante à cinquante ans, appuyé à la muraille en attendant les ordres, il l'interpelle avec vivacité : « Que faites-vous-là ? L'heure a sonné ! « Vous n'avez pas entendu ? » Un peu surpris, l'autre veut répliquer. « Taisez-vous ! » reprend le jeune assistant de l'*encargado*. « Vous êtes un « *peon* (2) et moi je suis un *operario* ! (3) ». Cette réflexion est typique : dans sa catégorie sociale, l'ouvrier est extrêmement hiérarchiste et montre à cet égard une vive susceptibilité. Je l'ai précédemment constaté, en France, à mainte reprise. On voit qu'il en est de même à l'étranger. Au surplus, le *peon* andalou ainsi rabroué par le jeune *operario* catalan a accepté sans murmure le brutal et humiliant

1. Contre-maître.
2. Manœuvre.
3. Ouvrier de métier.

rappel à l'ordre et à la simplicité de sa condition qui lui était publiquement infligé.

Un samedi, je vois un jeune tourneur danser devant sa machine, tout en la surveillant. Un petit apprenti va porter un objet en esquissant des pas de danse. Ils songent au bal qui les attend ce soir et demain. Peut-être sont-ils originaires d'une autre province : cela expliquerait cette vivacité et ce laisser-aller extérieur, peu compatibles avec la gravité habituelle des purs Catalans. Le même jour, un des ouvriers de ma section, jeune homme d'une vingtaine d'années, siffle et chante à son établi. « Vous savez « la musique ? » lui demandè-je. « Oui, répond-il, je « joue de la clarinette. Toute cette nuit, je danserai. Je « crois que nous autres, en Espagne, nous sommes « plus joyeux que les autres peuples ! » Est-ce contagion ? ou plutôt influence de toute vie d'atelier ? mais j'éprouve très vivement, le samedi soir, le sentiment d'être rendu à la liberté ; je redeviens collégien ; je voudrais que chaque jour fût dimanche ; le dimanche soir, je m'attriste à penser que ces heures si brèves d'indépendance touchent à leur terme déjà. Ce jeune amateur de musique et de danse, dont le type est si profondément sémite-arabe qu'on pourrait le coiffer d'un tarbouch et le lâcher au plus profond des pays d'Islam, loin de présenter le visage sévère, froid, immobile, fermé, des Catalans, offre une physionomie très expressive, très mobile, facilement souriante. Un matin, tout en marquant des pièces, il chante : « Il faut bien, me dit il, se « distraire lorsqu'on travaille ! — Vous êtes Cata- « lan ? — Oui ». Mais, se reprenant presque aussitôt : « Je suis né, en Catalogne, de père et mère Va- « lenciens ». Comme il laissait soupçonner cette hérédité, au physique et au moral ! « Il y a beaucoup « de Valenciens ici, dis-je, et cependant la province « de Valence est riche ? — Oui, mais on y gagne « moins qu'à Barcelone. Et l'on est tout de même « exploité à Barcelone ! » (Pensée socialiste.) « ...Et « vous, vous trouvez-vous bien dans cette fabrique- « ci ? ... Il y en a beaucoup qui ne la valent pas !... » Il baille : « Quand donc sera midi ?... » Puis, vivement : « Et six heures trente ?... » Enfin, la joie aux yeux : « Et samedi soir ?... » C'est le sentiment des élèves d'un triste lycée. Malgré la survivance du type ethnique, il m'a dit, du premier jet : « Je suis Catalan ». Voilà qui vérifie ce que l'on m'a assuré de divers côtés, que les immigrés des provinces conservent tout leur régionalisme, mais que leurs enfants se fondent dans la masse catalane.

Le même phénomène d'assimilation se produit pour les Français. Dans une autre section de l'usine, je trouve un ouvrier âgé de vingt-cinq ans environ, né à Barcelone de père français. Il a voyagé en France, en Suisse, en Allemagne, dans l'Amérique du Sud. Il parle très mal le français et il parle de la France en étranger : « Pour moi, me dit-il, la « cuisine espagnole est le meilleure de toutes ; je la « préfère à la cuisine française. De tous les pays que j'ai vus, c'est Barcelone qui me plaît le plus. » (Même affirmation m'a été faite par des ouvriers purs Catalans). — « Vous dites cela parce que « Barcelone est votre pays? — Sans doute. Et, après « Barcelone, c'est la Suisse et l'Allemagne qui me « plaisent le plus, tellement leurs villes sont d'une pro- « preté merveilleuse, tandis qu'en France, elles sont « dégoûtantes... » Naturellement, nos municipalités ne faisant que de la politique, c'est-à-dire, dans notre régime républicain, de la guerre civile et de la guerre de religion sous les prétextes de bienfaisance, d'enseignement et d'hospitalisation, fonctions qui leur sont essentiellement étrangères, ne peuvent plus s'occuper de la voirie, attribut essentiel des édilités. Quant à l'absorption des Français, la plupart originaires de notre Midi, qui viennent vivre en Catalogne, le fait est général, m'assure-t-on : l'immigré français se marie habituellement avec une Espagnole de Catalogne ou d'une autre province et les enfants sont Espagnols : ainsi, notre pays qui ne se suffit pas par sa natalité s'appauvrit encore de tous les éléments attirés au sud des Pyrénées.

Un autre jeune ouvrier de la Vérification, également âgé d'une vingtaine d'années, m'assure qu'il passerait volontiers toutes les nuits à danser. Sa gaieté, son visage tantôt expressif et tantôt grave, contraste au plus haut point avec le masque toujours sévère et figé des Catalans. Je lui demande, à dessein, s'il est Catalan : « Oui, mais je suis né de « parents Castillans, de Madrilènes ! » Il se réclame, de suite et avec beaucoup de fierté, de cette origine. L'hérédité explique encore son caractère. Et néanmoins, bien qu'il invoque son ascendance castillane, il dit aussi : « Oui, je suis Catalan ». Il ajoute qu' « il « lui plairait bien d'apprendre le français, il avait « commencé à en suivre un cours, mais une maladie « l'avait contraint de l'abandonner ». Et presque aussitôt cette pensée traverse son esprit et il l'exprime avec orgueil : « Les Castillans aiment le plai- « sir et ils s'y entendent à dépenser de l'argent ! » A propos d'un ordre que lui donne le jeune Catalan assistant de l'*encargado* de la Vérification, il se produit entre eux un bref et rapide échange de mots vifs. En moins d'une seconde, le visage du Castillan s'est entièrement transformé, exprimant une grande fureur. Un autre après-midi, il ne cesse guère, tout en travaillant, de siffler, de chanter et même de danser. Je le surprends à plusieurs reprises, battant la mesure avec son mètre sur la pièce qu'il vérifie : il lui siffle des refrains et lui fait faire un tour de valse chaloupée. Rentrant un jour après déjeuner, alors que le superbe après-midi d'hiver — ciel bleu, chaud soleil — invite à la promenade, le Catalan, fils de

Valenciens, me dit, au moment de franchir le seuil de l'atelier : « Comme on irait bien se promener ! Et il « faut rentrer dans cette caserne ! » Le Catalan, fils de Castillans, me rejoint dans l'atelier : « Aujourd'hui, « j'aurais plutôt envie de ne rien faire. On serait si « bien dehors ! » Les Catalans, fils de Catalans, regagnent chacun sa place sans souffler mot.

L'attitude de tous les ouvriers à mon endroit semble indifférente. Il est vrai que, n'étant pas spécialiste ni chargé de conduire une machine, je ne fais pas concurrence aux ouvriers mécaniciens, presque tous Catalans ; les manœuvres, parmi lesquels je compte, sont presque tous originaires des autres provinces. Mais cette indifférence n'est qu'apparente. La correction de l'accueil s'explique, dans ce milieu sélectionné qui échappe à peu près à l'empire des syndicats, par la haute idée que se font tous les Espagnols du devoir d'hospitalité : ils s'estiment tenus au respect de l'hôte et à la plus grande discrétion à son égard. Ils s'abstiennent de me questionner. L'un d'eux, m'ayant demandé : « Vous êtes Fran« çais ? » ajoute aussitôt : « Excusez ma demande. » Un taraudeur m'ayant posé cette question : « De « quelle partie de la France êtes-vous ? » se reprend aussitôt : « Excusez-moi... C'est de ma part simple « curiosité... » D'autres ne m'interrogent pas avec autant de politesse, mais aucun ne se permet de demander un autre détail, ni comment je me nomme, ni d'où je viens. Cette réserve ne doit pas donner le change sur leurs vrais sentiments. Indirectement et d'une façon constante, leur xénophobie ne cesse de se trahir par la même remarque qu'énoncent presque tous les ouvriers catalans qui me parlent pour la première fois : « Vous êtes venu travailler « ici ? Mais, en France, on gagne davantage !... » s'écrient successivement deux Catalans, ouvriers monteurs. C'est toujours par cette réflexion que les ouvriers catalans de l'usine m'accueillent et amorcent la conversation. Je leur fais toujours la même réponse : « Oui, la moyenne des salaires est plus « forte en France, mais la vie est proportionnelle- « ment plus chère encore. En outre, le climat plus « doux dont vous jouissez permet d'appréciables « économies sur le chauffage et le vêtement. » Un de ces deux monteurs me dit que plusieurs compatriotes de ses amis travaillent dans des ateliers parisiens. Un *encargado* catalan, à qui j'apporte un lot de pièces détachées, me demande : « Vous êtes « Français ? Mais en France cependant on gagne plus « qu'ici !... » S'il ne tenait qu'à ces Catalans, comme ils auraient tôt fait d'expulser tous les ouvriers étrangers ! Je lui explique que, malgré la plus grande élévation des salaires, le coût de la vie s'est accru encore davantage : « Les objets de première néces- « sité ? interroge-t-il. — Mais oui ! le vêtement, la « nourriture, l'éclairage, le logement. Et il faut

« faire face aux dépenses supplémentaires qu'exige « un climat pluvieux et froid : chauffage, vêtements « épais, usage continuel de chaussures de cuir. » Il paraît comprendre : « En effet, remarque-t il, ici « on peut ne mettre de bottines que le dimanche et « j'ai, pour douze pesetas par mois, un logement bien « aéré et ensoleillé, qui se compose d'une cuisine, « d'une salle à manger et de trois chambres à cou- « cher. » Un vérificateur catalan me fait la même remarque empreinte de surprise hostile : « Vous « êtes venu travailler ici ? Mais chez vous on gagne « davantage ! » Je lui fournis les mêmes explications. Un tourneur catalan s'écrie : « Vous êtes Français ? « Mais, en France, les ouvriers gagnent plus qu'ici ! « — Oui, mais ils se plaignent tous de la cherté, sans « cesse croissante, de la vie. » Il murmure : « C'est « étonnant ! Vous êtes pourtant en République ! » Réflexion incessante et qui trahit leur naïveté et leur crédulité : ils ne se doutent pas que cette cherté s'explique précisément en partie par cette République avec laquelle il leur semble que la vie chère soit en contradiction. Le régime parlementaire et républicain, régime du parasitisme illimité, du gaspillage, de l'irresponsabilité, des lois de surenchère électorale, inutiles ou dangereuses et toujours coûteuses, suffirait à lui seul à expliquer l'apparition et l'exagération incessante de la cherté de la vie (1).

1. Un exemple récent et typique nous est fourni par la

Une autre fois, deux foreurs catalans m'interpellèrent en ces termes : « On ne gagne donc pas sa vie, « en France, pour que vous soyiez venu travailler « ici ? » Je leur exposai qu'il convient d'envisager moins le taux du salaire que sa puissance d'achat et que le rapport entre le salaire et la dépense nécessaire était plus favorable à l'ouvrier espagnol qu'à l'ouvrier français.

Remarquons que la réflexion tant de fois provoquée par ma présence n'a jamais été formulée dans cette usine que par des Catalans : les Castillans de Madrid ou de Catalogne, les Valenciens de Catalogne ou les péons aragonais ou andalous ne m'ont pas exprimé cette pensée, au fond désobligeante, qui atteste l'existence, chez les ouvriers catalans, d'un nationalisme économique particulièrement actif et presque agressif.

Le jeune assistant de *l'encargado* de la Vérification ne peut énoncer une phrase sans la commencer ou la finir par le « *Me cag...* » immonde et usuel. Il est véritablement atteint du tic blasphématoire. Cette habitude dégradante est d'ailleurs largement répandue parmi le personnel de l'usine. Un des

révolution russe : dès qu'elle fut accomplie, toute la population s'occupa de faire de la politique et non plus de travailler pour produire ; les ouvriers restés dans les usines exigèrent un salaire énorme pour quelques rares heures de travail. Aussitôt, les objets de première nécessité atteignirent des prix fabuleux.

ouvriers ajusteurs s'en vantait même auprès de moi dans les termes suivants : « Le contre-maître de ma « section est un Français ; il a appris l'espagnol et « le catalan et maintenant il dit, comme nous autres, « *me cag...* ! » Les femmes n'échappent pas à la contagion : un soir, j'entends ma vieille propriétaire, une bonne femme d'aspect fort vénérable, émettre tranquillement ce répugnant blasphème, et, un autre jour, c'est une jeune fille que le profère.

Pendant deux jours, je suis exceptionnellement adjoint à un ouvrier chargé d'identifier, d'après les modèles de la maison, des pièces dépareillées, et ensuite de les classer et étiqueter. C'est un mécanicien d'une quarantaine d'années, aux allures correctes, presque distinguées, comme, au surplus, la plupart des ouvriers de l'usine. De temps en temps, mon compagnon exprime en quelques réflexions son amour-propre provincial, ses opinions sociales ou politiques : « Vous avez vu, me dit-il, que Barcelone « est une capitale et une capitale importante. Le « catalan est une langue qui a sa grammaire ; nous « produisons beaucoup de livres écrits en catalan et « quantité de pièces de théâtre catalanes, peut-être « une par jour ! Beaucoup de ces œuvres littéraires « sont traduites en castillan et quelques-unes même « dans toutes les principales langues du monde... » Toute la fierté catalane éclatait dans ces mots. Quand je lui apprends que le coût de la vie, en France, est bien plus élevé qu'à Barcelone, vive est sa surprise; il s'écrie naïvement : « La France est cependant répu-« tée pour son bon gouvernement ! » Quand je lui parle de la grande spécialisation industrielle et de l'absence presque totale d'enseignement professionnel, en Espagne comme en France, il me répond tranquillement : « C'est ainsi parce que cela convient « aux bourgeois; l'ouvrier est attaché à une usine; « il ne peut pas chercher et trouver aisément du « travail n'importe où. » Cette interprétation donne la mesure de l'antagonisme entre employeurs et employés. En réalité, la spécialisation extrême et l'absence d'enseignement professionnel ne résultent pas de la volonté individuelle des patrons, mais de l'inorganisation du travail voulue, innovée et maintenue par la Révolution jacobine et les divers régimes auxquels elle a donné naissance; et les patrons en profitent. C'est toujours cette même cause profonde qui agit. Cette Révolution a été essentiellement capitaliste et bourgeoise. La suprême habileté des bourgeois a été d'enchaîner la pensée ouvrière à la cause de cette Révolution et de faire se battre les ouvriers pour les privilèges de la bourgeoisie.

Quand je raconte à mon compagnon, tout en l'aidant à identifier et ranger les pièces, que dans les grandes villes ouvrières de France il y a parmi les ouvriers beaucoup de misère, il a peine à me croire.

Après un moment de silence où le fige l'étonnement, il me répond : « Je ne l'aurais jamais pensé, car, du « moment que vous êtes en République... » Où l'on constate de quelles illusions les ouvriers espagnols, après les ouvriers de France et d'ailleurs, se repaissent, et comme ils sont trompés par les politiciens. Pour cet ouvrier mécanicien, République est synonyme de richesse comme, pour l'ouvrier de la fabrique de Sans, elle était synonyme de liberté ! Quelques instants plus tard, il me déclare, en conclusion à d'obscures et intimes ruminations : « La Suisse a un « bon gouvernement... » Car on leur propose toujours pour modèles les pays protestants ou républicains. « Elle est grande comme un département, « répondis-je, neutralisée, sans issue sur la mer, « sans grands intérêts à défendre au dehors : la « tâche de ses gouvernants est singulièrement « simplifiée ». Il insiste : « Ses gouvernants sont « animés de bonnes intentions ; ils se proposent l'in- « térêt général. Les nôtres n'ont point de bonnes « intentions ; ils professent à l'égard de nos inté- « rêts une complète indifférence. Ils ne font rien « pour l'agriculture ; des terres qui pourraient pro- « duire restent abandonnées. Du haut en bas règne « la corruption. Nos gouvernants ne pensent qu'à « leur intérêt particulier, non à l'intérêt général... » Comme si ce n'était pas inévitable en un régime où l'État envahit tout et en régime parlementaire ! Une

République exagérerait cet étatisme parlementaire et, par suite, aggraverait dans d'effroyables proportions les maux qu'il engendre. On n'aperçoit de remède que dans la décentralisation, la réduction des fonctions de l'Etat, la diminution corrélative du nombre de ses fonctionnaires, la plus grande rigueur et l'extension de ses pouvoirs de contrôle. Mon compagnon, après un moment de réflexion silencieuse, reprend : « Il y a une cinquantaine d'années, nous « avons eu, au gouvernement, un général, Prim, « qui était plein de bonnes intentions, de bonne « volonté, et honnête. Alors, on l'a tué... Un homme « l'a tué, payé pour ça... »

Cet ouvrier républicain concluait à la dictature. Cependant, l'Espagne a un roi. Pourquoi ne gouverne-t-il pas? Et pourquoi le peuple a-t-il fait des révolutions afin d'obtenir un Parlement? Un autre ouvrier catalan m'avait déjà parlé de Prim avec éloges et regrets.

Tous les autres jours, je passe tout mon temps à porter des pièces, dans un panier ou sur un petit charriot, d'une des sections à la Vérification ou inversement. Lorsque je pénètre dans une section pour y déposer ou prendre des pièces, l'ouvrier avec lequel j'entre en rapport échange parfois avec moi quelques propos. Ainsi, un ajusteur, âgé de trente-cinq ans environ, me dit que plusieurs de ses amis travaillent à Paris, qu'il désire aller travailler en France pour la visiter, mais que Paris l'effraie : « Il y a trop d'occasions de dépense et trop de vice. » Il « aimerait mieux Lyon, qui est une grande ville, « mais où il y a moins de vice qu'à Paris et où l'on « peut dépenser moins d'argent. » Cette réflexion est tout à fait conforme à la réputation que les Catalans, ouvriers ou non, possèdent d'être en général assez économes : par où ils s'opposent aux Castillans justement réputés, comme le disait du reste le jeune ouvrier d'origine castillane, pour leur goût de la dépense.

Je remets des pièces à un autre ajusteur, âgé de vingt à vingt-cinq ans, un Madrilène. « Vous m'en « apportez beaucoup ! remarque-t-il. — Eh bien ! « Vous avez dansé, hier ? Travaillez maintenant ! « Et plus vous travaillerez, plus vous gagnerez. « Vous allez même peut-être devenir riche... » Il se met à rire : « Riche ! soupire-t-il en redressant son « grand nez aquilin et en ouvrant davantage les « yeux. Oh ! riche ! oui, j'aimerais l'être... — Tout « le monde ne peut le devenir. — Il faudrait que « tout le monde fût riche ! » Rêve délicieux, désir charmant, mais que les politiciens exploitent en faisant croire à sa réalisation possible et immédiate par le coup de baguette magique d'une révolution ; et voilà nos somnambules transformés en fous furieux et lancés à travers le monde. Il ajoute : « Madrid ! voilà une capitale ! une plus belle ville

« que Barcelone ! et où il y a encore plus de « richesse !... » Je reprends : « Un proverbe fran- « çais dit que la richesse ne fait pas le bonheur. — « Ça, c'est vrai! tranche-t-il aussitôt. Il y a des « riches qui envient le sort des pauvres. — Mais si « la richesse ne fait pas le bonheur, elle y aide. — « Sans doute! » soupire-t-il. O fils des grands nomades d'Arabie que le mirage de la fortune a poussés à conquérir le vieux monde ! fils des grands aventuriers de Castille que la soif de l'or a jetés sur tout le Nouveau-Monde ! pauvre ajusteur obscur, si heureux encore lorsque tu vivais dans ta fière pauvreté castillane sur le grand plateau dénudé, rêvant de ta *novia* et, une fleur à l'oreille, chantant à tous les vents ton amour, allons! te voilà riche, cinq pesetas par jour : ajusteur, ajuste!

Passant assez souvent auprès de la machine d'un tourneur, Catalan de Gérone âgé d'une trentaine d'années, j'échange de temps à autre avec lui quelques paroles. Il gagne au moins six pesetas par jour (1) : « Six pesetas par jour! soupire-t-il. Quand « on a payé le logement, le vêtement et la nourriture « pour soi et toute sa famille et qu'il y faut ajouter « des frais de médecin et de pharmacien, il ne reste

1. Les ouvriers mécaniciens gagnent ici de six à sept pesetas; ils sont payés aux pièces, avec prime s'ils en fournissent au-delà d'un certain nombre; les monteurs et ajusteurs ne gagnent que quatre à cinq pesetas, et l'un d'eux s'en plaint à moi avec une grande vivacité.

« plus rien ! (1) ». Il m'arrête au passage pour me communiquer ses idées : « Barcelone serait une ville « autrement importante s'*ils* n'avaient pas fait fuir « le monde avec leurs bombes. C'est le gouverne- « ment et les curés qui faisaient ça ! » Quand je reviens : « A Paris, fait-il, on gagne plus qu'ici. « Mais en Espagne on est plus libre qu'en France. « Personne ne vous dit rien. On fait tout ce qui « vous passe par la tête... Dame ! nous sommes tous « des hommes !... L'*encargado*, je lui parle comme « à un autre !... En Espagne, nous respectons tout « le monde, mais toute le monde nous respecte... « Nous sommes tous les mêmes, venus de la terre « où nous retournerons. Je suis aussi libre que le « roi !... Malheureusement, en Espagne, il y a les « curés... » Il ne m'a jamais expliqué pourquoi il leur en voulait tant.

Une autre fois, comme je circule auprès de lui, il s'avance vers moi et, derrière une machine, à l'abri du regard des contrôleurs : « Napoléon est venu « faire la guerre en Espagne. Pourquoi ? Pour rien ! « Pour le plaisir de dire qu'il l'avait conquise. Et il « n'y est pas arrivé ! Il croyait prendre Gérone en

1. La préoccupation de la dépense occasionnée par la maladie se fait jour fréquemment dans leurs propos. Un *encargado*, obligé de faire venir le médecin pour sa femme, me dit : « La santé de ma femme avant tout ! Mais je sais « ce que cela me coûte ! »

« huit jours : il lui a fallu un an ! La guerre ? c'est « bon pour y perdre bras ou jambes, ou la vie. Il « vaudrait mieux tuer les chefs. Je suis antimilita- « riste et anticlérical. Je ne peux voir ni le militaire « ni le clergé... » Un autre jour, il s'étonne du prix qu'atteignent les loyers ouvriers dans les grandes villes de France : « Moi, dans ce faubourg de Bar- « lone, je paie dix pesetas par mois pour un rez-de- « chaussée comprenant cuisine, salle à manger, trois « chambres à coucher, avec cour où j'ai un pou- « lailler ! » L'Espagne tant décriée par nos libres-penseurs mérite qu'on l'envie : les ouvriers y jouissent d'avantages que les nôtres ignorent. Il est surpris — car la propagande malthusienne n'a pas encore pénétré et avili le peuple ouvrier d'Espagne même contaminé par d'autres propagandes — que les familles françaises ne comptent pas généralement plus de un ou deux enfants. J'en conviens avec lui : « C'est une décadence, effet de notre décadence « et cause accélératrice. » Il hoche la tête : « Oui, « notre natalité est pour nous autres, Espagnols, une « force. » Il s'étonne aussi que le gouvernement français ne cherche pas à empêcher les ravages de l'alcoolisme : « Il ne le peut pas, lui dis-je, étant le « produit de l'alcoolisme. Le marchand de vin est « le maître des élections ; l'électeur vote pour celui « qui lui paie le plus à boire. » Il se met à rire et m'assure qu'il comprend très bien que ça doive se passer ainsi. Son anticléricalisme n'a pas encore complètement aboli son jugement.

Je n'ai provoqué aucune de ses petites confidences. Il me les a faites très spontanément. Et me voilà maintenant en possession de toutes ses idées maîtresses : ce qui prouve, à l'encontre d'une opinion assez généralement émise, qu'il n'est pas nécessaire de vivre des années et même de longs mois avec les ouvriers pour les connaître.

Au cours d'un après-midi, le Catalan fils de Castillan passe auprès de moi en sifflottant *la Marseillaise*. « Depuis plus de dix ans, lui fais-je remar« quer, nous ne chantons plus cela, mais *l'Interna« tionale*. — Ah! oui, les socialistes ! — Mais que « nous chantions l'une ou l'autre, la situation de « l'ouvrier ne change pas. — Parbleu! fait-il en « riant, la politique, ce n'est que l'art de mettre dans « sa poche l'argent de tout le monde! ». Ce jeune homme fait preuve d'un esprit singulièrement averti et d'un jugement très réaliste : il ne nourrit pas d'illusions sur les grandes conquêtes politiques de la Révolution française, la vertu principe des Républiques, la justice démocratique et la bienfaisance des Parlements.

Un des Catalans vérificateurs, jeune homme d'une vingtaine d'années, qui s'était tenu pendant toute la première semaine dans une grande réserve à mon égard, me dit, assez soudainement : « En Catalogne,

« nous sommes en majorité républicains. Il en est « de même des ouvriers français? — Leur opinion, « dis-je, a beaucoup changé depuis quelques années. « Les socialistes parlementaires sont vivement com- « battus par les jeunes socialistes syndicalistes. « Beaucoup maintenant se rendent compte que la « République est le gouvernement de la haute ban- « que, que les députés et ministres radicaux ou socia- « listes ne visent qu'à s'enrichir et que la politique « électorale est une industrie. Les ouvriers révolu- « tionnaires de la Bourse du Travail, à Paris, ont, il « y a cinq ou six ans, pendu le buste de la Répu- « blique à la fenêtre de leur Siège social. Ils disent « que la République a trompé tout le monde et par « conséquent ne vaut pas que l'on recommence à se « faire tuer pour elle. Elle n'a pas accordé aux « ouvriers ce que leur ont accordé les monarchies « voisines et elle a tué beaucoup plus d'ouvriers « grévistes que n'en ont tué celles-ci. Sa loi des « retraites pour la vieillesse n'est qu'un impôt hypo- « crite sur les salaires. Les impôts ne cessent de « s'accroître très vite et augmentent tellement le « prix de la vie qu'actuellement toutes les grèves « éclatent à cause de la vie chère. » Il s'intéresse vivement à cet exposé des faits, en comprend de suite la portée, réfléchit, approuve et formule lui-même la conclusion : « C'est aux ouvriers à amélio- « rer eux-mêmes leur sort en s'associant. En Espa-

« gne aussi, les députés ne sont que des ambitieux « qui nous trompent et les financiers sont nos véri« tables maîtres. » Le parlementarisme produit partout les mêmes effets : corruption et tyrannie. L'attitude de mon interlocuteur est d'autant plus frappante que c'est du corps des ouvriers mécaniciens de Barcelone qu'est parti le signal de la révolution ferrériste de 1909.

Le nationalisme catalan souffre de constater que toutes les grandes entreprises sont mises sur pied avec l'argent venu du dehors : « En Espagne, sou« pire un des Catalans foreurs, tout le capital est « étranger ! » Il ajoute avec découragement : « C'est « que nous ne sommes que des ânes !... — Eh ! non ! « ai-je répondu. C'est tout simplement parce que, « pour créer l'industrie, il faut beaucoup de capi« taux qu'un pays agricole ne possède pas. Ce pays « doit les demander aux pays déjà industrialisés : « avec cet argent, il constitue son outillage indus« triel. A mesure qu'il s'industrialise, il acquiert « des capitaux qui lui appartiennent en propre « et, à mesure qu'il les acquiert et les accroît, « il substitue le capital national au capital étran« ger. Mais c'est une question de temps. Cette « acquisition et cette substitution ne peuvent se « réaliser en un jour. » Le foreur semble très bien comprendre, et de suite, cette explication. Je fais sans cesse cette constatation que les ouvriers d'outre-Pyrénées montrent, en général, plus de réflexion et de vivacité d'esprit que les ouvriers français : l'Espagnol écoute son interlocuteur, cherche à s'instruire, pèse les raisons ; visiblement, il réfléchit ; il n'hésite pas à conclure contre les idées courantes, même contre les idées qu'il professe et dont il constate, sur ce point particulier, l'erreur. Le plus fréquemment, au contraire, le Français n'écoute que sa passion politique ou anticléricale, et le compagnon de travail, qui émet un jugement et donne des raisons dont cette passion ne s'accommode pas, se voit aussitôt injurié, malmené, menacé même.

Sans aucun doute, l'opinion dominante, dans le milieu où je me trouve, est républicaine et socialiste. Les conversations la trahissent. De même, les *graffitti*. Dans les water-closet de l'atelier des tourneurs, il n'y a qu'une seule inscription, mais en grandes lettres capitales: « Patrie et République espagnoles. » Dans les cabinets d'une autre section, je relève l'inscription : « Vive le Premier mai ! »

Les mêmes *retretes* s'ornent de nombreux dessins de la dernière obscénité. D'ailleurs, entre eux, les ouvriers font très fréquemment échange de plaisanteries accompagnées de gestes d'une impudeur toute sémite. Leur origine ethnique n'est-elle pas sémite ? En France, on ne constate ni une telle fréquence, ni un tel excès, dans les grossièretés ou gaillardises courantes. Le tourneur « antimilitariste et anticlérical » de Gérone me déclare, avec un accent de grande fierté : « Ici, on fréquente les mai-« sons de p... à n'importe quel âge. Nous faisons « tout ce qui nous passe par la tête ! » Un autre ouvrier me confie qu'il « voudrait bien aller en « France pour voir si les Françaises... »

Un jour, j'aide un *peon* à porter au magasin des pièces pesant fort lourd. Au magasin, c'est, entre ce *peon* et le magasinier, une série de : « Une vraie « *barbaridad !*... Il est bon de travailler, mais non « de se tuer !... C'est une *barbaridad !*... » Ils tiennent ces propos sans colère, d'un ton bon enfant, sur le mode littéraire et à la façon dont les gens bien élevés s'indignent entre eux. Il me semble entendre d'ici le style parlé d'ouvriers français, en pareil cas !

Un autre jour, j'apporte des pièces à un jeune tourneur, Catalan de dix-huit à vingt ans : « Voilà « pour vous distraire. — Oh ! fait-il, c'est toujours « la même chose ; ça n'est pas intéressant. Je n'ai « qu'à regarder aller ma machine : un vrai travail « de *peon !*... Et l'on n'apprend rien, on ne sait « rien... » Remarquons le sérieux de ce jeune ouvrier, son désir de savoir son métier, d'apprendre, de devenir un bon et habile artisan, d'enrichir son expérience professionnelle, et son regret de constater que ce désir ne se réalise pas, qu'il ne peut faire œuvre intelligente, mais qu'il est assujetti à l'accomplissement d'une tâche inférieure, comparable à celle d'un manœuvre. Distinguons ici entre la spécialisation propre à la grande industrie et sans laquelle la grande industrie ne pourrait pas exister et, d'autre part, le correctif qu'un enseignement professionnel méthodique apporterait à cette spécialisation excessive et nécessaire. Le sentiment de ce jeune homme, je l'éprouvais en imagination au spectacle de ces ouvriers mécaniciens : toujours courbés sur les mêmes pièces, toujours surveillant la même machine, ils accomplissent un labeur véritablement abrutissant ; il est impossible que, soumise à une telle discipline pendant des années, l'intelligence vive et ouverte d'une jeunesse bien douée ne vieillisse vite, ne s'alourdisse, ne s'appauvrisse, ne se rétrécisse progressivement. Une éducation professionnelle complète formerait, au contraire, des ouvriers très instruits de tous les détails et aspects de leur profession, assouplis à toutes ses variétés et ses nuances, et sur cette éducation se grefferaient tout naturellement, par extension progressive, les connaissances générales sans lesquelles un homme n'est pas véritablement un homme. Mais l'éducation professionnelle ne peut être efficacement donnée que par la profession, seule qualifiée, par sa nature même, pour la donner. C'est au métier à former les gens de métier. Or, depuis la Révolution jacobine et par elle, et à l'heure où, la grande industrie se déchaînant sur le monde, le métier est plus que jamais nécessaire, le métier n'existe pas.

Cette éducation professionnelle corporative élèverait le niveau intellectuel des ouvriers et les unifierait moralement au sein de la profession. Les trois cents ouvriers de l'Atelier, moins sélectionnés que ceux de la fabrique de Sans, se montrent moins réservés, moins distants ; leur abord est plus facile ; ils se prêtent un peu plus aux conversations ou confidences. Dans une section affectée à des montages grossiers et faciles, les ouvriers, professionnellement inférieurs à ceux des autres sections, apparaissent au premier coup d'œil comme physiquement inférieurs : leur aspect général, leur tenue, l'expression du visage les placent un peu au-dessous de leurs camarades. Si tous les ouvriers du même métier en recevaient la même formation générale, ils porteraient le signe commun de cette éducation première qui, les différences individuelles subsistant seules, leur vaudrait à tous plus de perfection.

Il va de soi que l'association de métier permettrait toutes les élévations de salaires compatibles avec l'état de prospérité réelle de l'industrie. Les manœuvres sont payés trois francs ; les tourneurs, monteurs et ajusteurs gagnent ordinairement de quatre à cinq francs ; les mécaniciens, six et sept. Les uns et les autres disent volontiers : « Nous gagnons « peu... nous ne gagnons pas assez... » Mais ils se plaignent avec un accent de tristesse et de découragement plutôt qu'avec acrimonie.

Un corps de métier enrichi par les cotisations de tous ses membres les affranchirait progressivement de leur sujétion vis-à-vis du Capital en associant ses capitaux à ceux de l'entreprise. Le spectacle de l'atelier montre l'onéreuse complication de son outillage nécessaire. L'ouvrier spécialiste n'a plus qu'à conduire sa machine : on comprend alors qu'abandonné à lui-même, isolé, l'homme devienne le serviteur des capitaux que les machines représentent. Et elles représentent tant de capitaux qu'un seul homme ne suffit ordinairement pas à les fournir : en règle générale, l'association des capitaux est une nécessité. Cependant, par une contradiction insensée, le travail n'est pas associé ! ou il ne l'est qu'en vue d'un effort destructeur, la grève violente, et non pour fonder une œuvre féconde et durable, établir un ordre bienfaisant, agrandir une conquête pacifique. Mais, en vérité, tout « l'ordre social » issu de la Révolution n'est-il pas établi sur le désordre social, la contradiction, la guerre, l'écrasement des faibles systématiquement maintenus dans les conditions qui font leur faiblesse? Lorsque nous disons que l'ouvrier est tributaire des machines et, par suite, du capital qu'elles représentent, n'oublions pas que ce capital n'est pas que du capital-argent, mais aussi du capital-travail représentant la valeur du travail accumulé par les ouvriers constructeurs, de telle sorte que, ce qui pèse sur le salaire de l'ouvrier attelé à la machine, ce n'est pas seulement le capital prêté par le capitaliste pour fabriquer la machine, mais aussi le salaire de l'ouvrier qui l'a fabriquée. Ainsi, dans ce désordre social, l'ouvrier n'est pas seulement assujetti au capital, mais à l'ouvrier ; la collaboration tourne toujours au conflit. La Corporation substituerait au conflit la coopération ; elle corrigerait ces contradictions en associant au capital patronal le capital ouvrier. Le progrès industriel cesserait d'être purement industriel et matériel, dès lors plein de contradictions et gros de périls, pour devenir un progrès vraiment humain. Au contraire, les conditions sociales au milieu desquelles ce progrès industriel est apparu et s'est développé depuis cent ans sont telles qu'elles ont entraîné, non pas un progrès humain, mais une régression humaine. Un des contre-maîtres généraux de l'atelier de construction mécanique me disait : « Un de mes amis, un Jaimiste, a écrit un livre sur « les corps de métiers et leur histoire. Mais c'est le « passé ; cela ne peut plus revenir. » Erreur funeste: le corps de métier constitue l'un des éléments essentiels de la structure d'une société ayant atteint un certain degré de développement qui implique un certain degré d'activité économique ; l'importance de cet élément croît avec la complexité et l'intensité de la vie sociale. Le passé, c'est le libéralisme économique, régime abstraitement conçu et artificiellement imposé à nos sociétés modernes ; c'est aussi l'idée, à laquelle ont pu s'attarder autrefois certains esprits romanesques, d'une résurrection intégrale des anciens Corps de métiers, comme si cette institution ne devait pas être étroitement adaptée aux nécessités de la vie économique moderne; le « passé obscur » (1), mais par malheur menaçant parce que découlant du libéralisme économique lui-même, c'est enfin le socialisme qui constitue un retour aux formes sociales inférieures de l'Antiquité.

§ 5. — TEINTURIERS

A. — Dans le faubourg de Clot
Teinturiers sur pièces de coton

Sur un mur du faubourg, reste apposée une vieille affiche : « Les crimes des couvents ». Une affiche récente annonce pour le soir même, dans le quartier, un meeting d'ouvriers mécaniciens : elle n'indique aucun autre motif à cette réunion que de « traiter la « bourgeoisie comme elle le mérite. »

1. V. *La vie ouvrière.*

Aux excitations par les discours se joignent les incessantes excitations anti-sociales et anti-religieuses par la prédication quotidienne des journaux. Dans la salle de consommation de la *Casa de comida* où je loge, deux journaux achetés par le patron traînent sur la table, à la disposition des clients : à côté de *Las Noticias*, s'étale l'ardent *El Progreso*, dont la quatrième page (1) répand cette annonce :

LIVRES EN VENTE DANS NOS BUREAUX ET A LA LIBRAIRIE X :

« Bossi, *Jésus-Christ n'a jamais existé*.. 1 vol., 1 peseta
« Mirabeau, *La Pornographie de la Bible*. 1 vol., 1 peseta
« Voltaire, *La Morale religieuse*......... 1 vol., 1 peseta
« Haeckel, *L'Origine de l'homme*........ 1 vol., 1 peseta
« Nietzche, *L'Antéchrist*................. 1 vol., 1 peseta »

Quelques jours auparavant, un nouvel hebdomadaire socialiste venait de paraître, salué avec sympathie par *El Progreso* (2) : « *El Syndicalista*, « organe des syndicats ouvriers, écrit par les travail-« leurs et pour eux. » Le premier numéro de ce périodique contenait, en troisième page, un avis concernant un ouvrier français qui s'était présenté dans les bureaux de plusieurs organisations ouvrières avec des lettres de recommandation qu'une enquête avait reconnues fausses. On voit que les comités ouvriers font activement leur propre police. Diverses personnes m'assurent avoir appris que, dans les

1. 12 novembre 1912.
2. 30 octobre 1912.

ateliers, surtout si tout le personnel et le patron sont espagnols, l'arrivée d'un ouvrier étranger provoque des « Que veut celui-là ? » où le soupçon se teinte fortement de xénophobisme. Je n'ai jamais perçu cette phrase que la courtoisie espagnole aura toujours retenue sur les lèvres de mes voisins immédiats.

Dans une grève des ouvriers du gaz, trois « jaunes » qui avaient conduit des charrettes de charbon nécessaire à l'éclairage de la ville ont été assassinés. Les hommes d'Etat subissent quelquefois le traitement infligé par les grévistes aux transfuges. Canalejas vient d'être assassiné. Certains assurent qu'il paie sa résolution de réaliser le programme politique et religieux de la Révolution par des moyens légaux et non révolutionnaires. Mon logeur se montre tout attristé de la disparition du chef des anticléricaux. A des notables de Galice qui lui avaient dit : « Dieu « sauve l'Espagne ! » Canalejas avait répondu : « Nous « n'avons pas besoin de Dieu pour nous sauver ; « l'Espagne se suffit. » (1) C'est depuis qu'elle « se suffit » que l'Espagne libérale, c'est-à-dire jacobine, glisse à l'abime. Canalejas aussi croyait se suffire : les idées dont il était le protagoniste ont armé le bras de son assassin. *El Diluvio*, dans sa chronique (2), écrit : « La vérité est que, soit par la faute

1. Cité par *Monarquia federal*, 14 novembre 1912.
2. 16 novembre 1912.

« de nos hommes de gouvernement, soit par suite du « caractère spécial du pays, ou par les deux causes « à la fois, l'Espagne vit en état de constante inquié- « tude, de mécontentement chronique, que les gou- « vernants en général, loin d'apaiser, exaspèrent « perpétuellement. Entre ceux qui ordonnent et ceux « qui obéissent existe une solution de continuité, « une espèce de divorce, fils d'un antagonisme sys- « tématique. Ce phénomène ne se rencontre qu'en « Espagne, à l'exclusion de tous les autres pays du « monde. » Ce phénomène ne se rencontre pas qu'en Espagne : on le retrouve en tout pays où le Parlement joue, soit un rôle prépondérant, soit l'unique rôle dans l'Etat. Ces gouvernements parlementaires n'apaiseront pas l'inquiétude ni le mécontentement du pays puisqu'ils en vivent ; l'antagonisme entre la faction gouvernante et les factions gouvernées assure le fonctionnement de l'Etat ; le gouvernement apparaît nécessairement comme l'ennemi du gouverné puisqu'il est la faction victorieuse et le gouverné la faction vaincue. Ce déchirement intérieur, cette perpétuelle guerre civile latente, voilà en quoi consiste la Constitution même du pays. Le conflit intérieur est la loi fondamentale du régime parlementaire. L'Espagne en subit les effets, accrus par le caractère national et exaspérés par Canalejas qui avait entrepris de gouverner contre le sentiment le plus profond de la nation, sa Foi religieuse. Le régime parlementaire aboutit à ce résultat paradoxal d'imposer la volonté d'une petite minorité à la presque totalité du pays qu'il prétend représenter : Canalejas, ayant porté à leur maximum les effets du parlementarisme, est donc l'homme qui a le plus divisé et affaibli son pays. Le Parlement, qui est le plus actif des agents permanents de discordes, apparaît comme le plus actif ferment de dissolution de l'Espagne.

Les Jaimistes cherchent avec beaucoup d'activité à réagir contre la propagande révolutionnaire ; mais, à la différence de celle-ci, leur propagande manque des moyens financiers indispensables. Ils publient un quotidien, *El Correo catalan*, quelques hebdomadaires comme *Trinchera*, *Monarquia federal*, *Voz de la tradicion*. Mais, la diffusion de ces feuilles n'étant pas organisée, soutenue par une publicité coûteuse mais nécessaire, on ne les trouve que par exception dans les quartiers ouvriers. *El social* est un hebdomadaire syndicaliste chrétien dont je trouve, par hasard, un numéro accroché à un kiosque des Ramblas. Le syndicalisme catholique est organisé dans toute l'Espagne, surtout dans les provinces du Nord ; dans la seule Catalogne, il groupe quinze mille ouvriers. Le 4 janvier 1912, paraît le premier numéro d'un nouvel hebdomadaire, *Revolucion*, portant en exergue deux poignards tenus en main et cette devise : « Par la force de notre droit,

« par le droit de notre force. » *Revolucion* est un organe du parti de Lerroux. De leur côté, les Jaimistes écrivent que le régime politique actuel touche à sa fin et ils crient à leurs partisans : « Que « ceux qui n'ont pas de fusil en achètent et que ceux « qui en ont le nettoient ! » (1) Les Jaimistes s'emploient activement à créer dans tous les quartiers ouvriers de Barcelone des syndicats ouvriers, des comités et des « Centres » ouvriers qui sont des cercles de récréation, d'étude et d'action. *El Correo catalan* publie chaque jour des notes relatives à l'activité de ces « Centres ». Par exemple, son numéro du 8 novembre 1912 annonce pour le dimanche 10, à quatre heures du soir, au « Cercle traditionaliste » de Sans, « le premier meeting de « vulgarisation du programme traditionaliste. Ac« cours, peuple, écouter la jeunesse sincère qui lutte « contre le fanatisme et l'ignorance. » J'ai assisté à ce meeting qui a réuni trois à quatre cents Jaimistes, presque tous jeunes gens et jeunes hommes appartenant à la classe ouvrière et montrant l'enthousiasme le plus ardent. La mimique des orateurs était extraordinaire : par moments, ils se précipitaient du fond de la scène vers la rampe avec la furie de soldats se ruant à l'assaut et ils envoyaient leur finale avec un jet de tout le bras comme s'ils avaient dû lancer

1. *Monarquia federal*, 2 janvier 1913.

une balle au jeu de paume. Cette dynamique avait toujours le don de déchaîner dans l'auditoire une frénésie d'applaudissements. L'année précédente, les Jaimistes avaient organisé différentes réunions publiques que les révolutionnaires tentèrent de dissoudre par la violence. Les Jaimistes ayant joué du revolver, leurs adversaires, forts contre les timides, prudents à l'égard des forts, adoptèrent le parti de la sage abstention. Les Jaimistes, s'étant fait respecter, restent respectés. Il n'y a même plus, maintenant, de commencement de tentative d'obstruction. La force est nécessaire pour conquérir et conserver les libertés.

Dans le faubourg de Clot, je constate l'existence d'un « Cercle traditionaliste », d'une *Agrupacion obrera*, d'un « Centre fédéral national républicain », d'une « Fraternité républicaine » installée dans un vaste immeuble construit sur la rue principale par cette association et pour elle, d'un « Athénée ouvrier martinien » avec écoles, d'un « Athénée ouvrier catalan ». Pour ajouter à tous ces foyers d'agitation et, le plus souvent, de désorientation et d'affolement de l'opinion, les protestants ont loué, à mi-chemin de la route de Barcelone à Clot, une boutique sur l'enseigne de laquelle on lit : « Service évangélique, dimanche et jeudi, sept heures trente du soir. » L'état de fermentation perpétuelle de la classe ouvrière s'explique sans doute par la présence de tous ces éléments perturbateurs, mais surtout par la facilité avec laquelle ils peuvent exploiter la situation de cette classe à qui le régime moderne refuse les garanties fondamentales dont elle a essentiellement besoin. Les autres classes sociales, si elles ne sont pas organisées, possèdent du moins les ressources matérielles qui assurent leur indépendance intellectuelle et morale : aussi offrent-elles moins d'incohérence et d'instabilité. Mais la classe ouvrière ne possède aucune richesse matérielle, ni intellectuelle, ni morale : elle n'est plus que cette poussière d'individus voulue par la Révolution et où se forment, au hasard des vents et tempêtes soufflés par les génies cachés du mal, des tourbillons ravageurs.

Sous la nouvelle poussée jacobine que l'Etranger inspire, l'Espagne court le risque de se dissoudre; la dislocation la menace. Le Centre et le Sud sont en grande partie pénétrés par des idées politiques, morales et religieuses comparables à celles qu'apportèrent autrefois les envahisseurs Arabes, Wisigoths ou Juifs. Seul, le Nord garde jalousement le dépôt de la Foi qui a fait l'existence, l'unité et la grandeur de l'Espagne : s'il devait redevenir, comme il y a un millénaire, le Royaume catholique indépendant, la lourde mission lui incomberait, comme alors, de libérer la péninsule retombée sous le joug, de reconquérir les provinces infectées par les hérétiques, les Infidèles et les Juifs : ce fut le travail de huit siècles.

J'entre dans une *Casa de comida* du quartier révolutionnaire de Clot et je demande si j'y puis prendre pension. La femme répond avec quelque embarras qu'elle voudrait savoir « qui elle accueille » : curiosité qui surprend dans l'hospitalière et courtoise Espagne et qui montre à quel point le venin révolutionnaire en a altéré les habitudes séculaires de discrétion. Je lui réponds que le meilleur moyen de le savoir est de m'accueillir et qu'il m'est impossible de lui fournir pour l'instant d'autre garantie que ma personne même, mon bagage et le paiement d'une semaine d'avance. Elle appelle son mari qui oppose les mêmes difficultés. Je leur indique alors l'atelier de teinturerie où je suis embauché et où je vais travailler le lendemain. L'homme se décide, sur cette référence, à me montrer la chambre qui lui reste libre ou plutôt le lit qui lui reste à louer, car il y en a deux dans cette pièce et l'autre est occupé. Le local est fort propre, très clair, bien aéré : les deux lits, avec deux chaises et une demi-douzaine de patères, constituent tout le mobilier ; la literie comprend une paillasse, deux draps, une couverture, un oreiller avec taie d'oreiller. On fait sa toilette en bas, dans la cour, au robinet. Le prix est deux pesetas par semaine, y compris le blanchissage. Tous les locataires sont Aragonais comme les patrons. « Vous n'êtes pas amis avec les Catalans ? » Ils me répondent par un hochement de tête affirmatif, accompagné d'une moue significative. Comme dans les autres *Casas de comida*, on ne trouve, sur les tables de la salle de consommation, ni couteaux ni serviettes. Il est très rare d'y voir les clients lire les journaux qui sont laissés à leur disposition : sur une vingtaine d'habitués, deux ou trois seulement jettent sur ces quotidiens un rapide coup d'œil; dans ces milieux populaires, le rôle de la parole est considérable ; presque toute la propagande se fait oralement, par les conversations.

Après le déjeûner, un ouvrier vêtu de toile bleue entre prendre le café. Apprenant par les patrons que j'avais autrefois travaillé comme conducteur de machine : « Ici, me dit-il, vous trouveriez difficile-
« ment du travail en cette qualité. Depuis dix-huit
« mois, beaucoup d'usines ont supprimé leur machine
« à vapeur et l'ont remplacée par un abonnement à
« la Société d'électricité. C'est plus économique :
« plus de machine à acheter, réparer, renouveler ;
« plus de charbon à acheter ; plus de locaux pour le
« charbon et la machine ; plus de conducteur à
« payer ; plus d'accidents. Un certain nombre de
« conducteurs ne trouvent plus à se placer et doivent
« se contenter d'autres travaux moins lucratifs. Si

« vous aviez été ouvrier mécanicien... » Après son départ, la femme me dit : « C'est le patron d'un petit « atelier de construction de machines, tout à côté « d'ici. On y trouve du travail. Mais les semaines « ne sont pas fortes, dix-huit pesetas .. » On mesure ici l'effet produit par une invention nouvelle, sa répercussion sur la vie ouvrière : la transmission de la force électrique apporte du trouble dans l'existence de certains ouvriers. Dans ces circonstances critiques, l'organisation professionnelle leur fournirait un appui appréciable.

A la teinturerie où je suis embauché, la journée de travail dure neuf heures trois quarts : de six à huit heures, de huit heures quarante-cinq à midi et de une heure trente à six heures. Le salaire de début est de trois pesetas cinquante et s'élève, après un ou deux mois, à quatre pesetas. La dépense quotidienne peut ne pas dépasser deux pesetas.

Les ouvriers teinturiers ont fait grève pour obtenir des patrons la reconnaissance officielle du Syndicat. Ils ne permettent pas l'embauchage d'ouvriers non syndiqués. Cette organisation constitue une force dont la valeur se mesure par la direction qu'elle reçoit : malfaisante, si ses maîtres se proposent de détruire ; au contraire, féconde s'ils entendent en user pour édifier et accroître avec le temps cette fortune professionnelle qui permettrait d'améliorer sans cesse les conditions d'existence des gens de métier. Cette conception n'est malheureusement pas celle du syndicat des teinturiers de Clot. Ce syndicat, en fait obligatoire, est placé sous les auspices de Ferrer. Son siège se trouve à la *Agrupacion obrera del Clot*, logée dans une ruelle qui part de la grande artère reliant Barcelone, S. Martin de Provensals (Clot) et S. Andres de Palomar. Au fond d'un petit café, s'ouvre un corridor desservant plusieurs cabinets étroits affectés chacun à un syndicat. Dans ce couloir, j'aperçois une très petite bibliothèque garnie de quelques livres républicains et socialistes fort poussiéreux ; on n'y touche pas souvent. Chaque cabinet est orné d'un portrait du bourgeois F.·. M.·. Ferrer. Dans la salle du café, deux autres *Juntes* vérifiaient leur comptabilité, chacune autour d'une table de marbre, faute d'un local particulier. Les membres du comité du syndicat des teinturiers sont réunis autour d'une table, occupés à vérifier leurs livres de compte et les livrets : visages énergiques, voix impératives, gestes brusques. Une pancarte indique les jours et heures d'ouverture du bureau : le dimanche, de huit heures à midi ; les mardi, jeudi et samedi soirs, de huit heures à dix heures. Je suis accueilli sans aménité. M'étant d'abord trompé de porte, je m'étais adressé au cabinet voisin et l'accueil n'avait pas été moins froid ni moins méfiant. On ne paraît pas goûter les figures nouvelles. « Que désirez-vous ? » me demande un teinturier, sur un ton brusque et autoritaire qui me fait souvenir avec regret de la cordialité des secrétaires de syndicats français. « Vous demandez « à faire partie de la Société des ouvriers teinturiers ? « Où travaillez-vous ? — Je suis embauché à la « teinturerie Pedro où je dois commencer à travailler « demain. — Repassez mardi soir. » Cet ajournement, inspiré par la suspicion, allait leur permettre d'éliminer un étranger inconnu.

Les plâtriers de Barcelone, tous syndiqués, n'admettent pas de syndiqué nouveau qui n'ait préalablement débuté à Barcelone comme apprenti, limitent le nombre des nouveaux apprentis à un par patron et n'acceptent pas d'apprenti étranger à Barcelone. Ces prescriptions, qui montrent à quel point sont développés le nationalisme espagnol, le régionalisme catalan et le particularisme local me font penser à l'accueil bienveillant que la France réserve si souvent aux ouvriers étrangers et à la naïveté internationaliste et humanitaire d'un si grand nombre d'ouvriers français. Remarquons, en outre, le soin avec lequel ce syndicat de plâtriers limite le nombre des apprentis et des syndiqués. Dans le régime de l'association professionnelle libre, on pourrait s'opposer aux excès de ces mesures restrictives par la constitution d'un syndicat ouvrier concurrent. Faut-il donc rejeter le système de la corporation fermée ? On peut se rendre compte de sa valeur par ses effets : les ouvriers plâtriers de Barcelone font la journée de six heures, à une peseta l'heure, et ce sont, au dire d'un patron, six heures très activement et très consciensement remplies. La corporation fermée peut donc assurer aux employeurs un bon travail et aux ouvriers le moyen de bien gagner leur vie. On objectera : que deviendront les nouveaux venus dans la classe ouvrière ? Ils iront travailler ailleurs, soit dans un autre métier, soit dans un autre pays, au lieu d'avilir les salaires et d'empêcher le métier de nourrir son homme.

Tous les métiers, à Barcelone, ne sont pas aussi étroitement syndiqués. Les maçons ne le sont plus. Leur caisse syndicale ayant été à plusieurs reprises l'objet de détournements avant d'être enlevée par un trésorier qui disparut avec tous les fonds, les ouvriers, fatigués de payer des cotisations qui étaient traitées comme le budget de l'Etat par les parlementaires, ont dissout le syndicat et ne l'ont pas reconstitué.

Le lundi matin, je me rends à la teinturerie Pedro. Il est six heures. Depuis plus d'une heure déjà, la rue qui joint Clot à Pueblo Nuevo est parcourue par un flot ininterrompu d'ouvriers se rendant aux fabriques. J'attends pendant quelques minutes dans la cour de l'usine. Survient le contre-maître qui me conduit à la salle de travail et me désigne un coin où je dépose ma veste. Aussitôt, d'un groupe d'ouvriers un homme se détache qui me demande : « Avez-vous un carnet de syndiqué ? — Non, mais « je l'aurai demain soir. J'ai vu, hier matin, le pré- « sident du syndicat qui m'a dit de repasser demain « soir pour me faire inscrire. » L'homme s'éloigne sans ajouter mot.

Les ouvriers se tiennent chacun à son poste. Le contre-maître m'envoie rejoindre une équipe chargée de rentrer des pièces d'étoffe roulées autour d'une pièce de bois. Ces rouleaux sont placés debout sous un hangar. Nous les plaçons debout sur une sorte de râtelier disposé dans la salle aux machines. Puis, les ouvriers de l'équipe étant répartis deux par deux, chaque couple de teinturiers reprend successivement les rouleaux d'étoffe, les accroche horizontalement et les déroule en repliant l'étoffe en accordéon.

Mon compagnon est un Aragonais venu tout enfant à Barcelone. Il me demande d'abord de quel pays je suis et si j'ai déjà travaillé avec les teinturiers. Il me montre comment placer les mains pour dérouler l'étoffe, comment disposer celle-ci, comment régler la cadence de mes mouvements sur les siens ; il me recommande de toujours prendre soin de mouiller l'extrémité de l'axe de bois avant de procéder au déroulement de l'étouffe. Le hall où nous travaillons et où courent très vite les nombreuses courroies de transmission est plein de la vapeur qui monte des cuves ; le sol est couvert de flaques d'eau. Môn compagnon s'arrête au bout de dix minutes pour aller allumer une cigarette. Il revient, la cigarette au coin de la bouche, et se remet avec moi à tirer sur l'étoffe. Son attitude est toujours gracieuse, ses gestes élégants ; il accomplit sa tâche avec condescendance ; il me parle avec une nuance de hauteur bienveillante ; il bavarde très volontiers et, si je n'étais obligé de veiller à ce que je fais sans en avoir encore acquis l'habitude, notre conversation serait bien plus active. Il montre peu de curiosité à mon endroit : je suis Français, je ne suis pas teinturier, je viens d'arriver à Clot, j'habite à tel endroit, cela lui suffit, et, aussitôt, sans transition : « Nous avons « en Espagne, dit-il, un bien mauvais gouverne- « ment. — Cependant vous avez des députés, comme « en France ? — Tous des voleurs. — Comme en « France. » Il me demande : « Y a-t-il, en France, « des prêtres et des moines ? » J'en donne l'assurance à ce citoyen « conscient et éclairé » qui réplique aussitôt : « Alors, c'est comme si vous n'étiez « pas en République. » Pour ces ouvriers, fonder la République, c'est détruire l'Eglise : l'ouvrier étant opprimé et l'Espagne ruinée par l'Eglise, que le catholicisme disparaisse et aussitôt l'ouvrier deviendra libre et riche, l'Espagne puissante et prospère. Nous avons entendu, en France, cette chanson qui ne fait plus recette. L'expérience présente et l'histoire nous apprennent que les pays catholiques se ruinent dans la mesure même où ils ruinent le catholicisme et que l'ouvrier descend synchroniquement la même courbe d'appauvrissement et d'oppression : c'est qu'en effet si, au point de vue chrétien du surnaturel, le producteur vaut plus que le produit et l'employé pour le moins autant que l'employeur, au contraire, au point de vue naturaliste et dans la conception « humaine », l'homme n'est qu'un instrument utile, qu'une force utilisable parmi les autres forces naturelles et demeurant, comme celles-ci, à la disposition des plus intelligents et des plus forts parmi les hommes. L'asservissement du producteur au produit et de l'homme à l'homme, voilà la doctrine « laïque » et « libératrice » que Ferrer et Lerroux ont propagée parmi les ouvriers de Catalogne et, de là, dans le reste de l'Espagne.

Nous avons achevé de dérouler les pièces d'étoffe. Nous transportons les rouleaux de bois dans une salle voisine. Puis, mon compagnon me fait signe de disparaître derrière les appareils : « Si nous « restons au milieu de la salle, le contre-maître, « nous voyant inoccupés, nous assignera de suite « une nouvelle tâche. Attendons ici qu'il vienne

« nous y chercher. » Cela d'ailleurs ne tarde pas. Il nous charge de monter des paquets d'étoffe humide au grenier où d'autres ouvriers les étendent pour le séchage. Portant chacun deux paquets sur une épaule, nous traversons à une allure normale les salles du rez-de-chaussée. Mais en haut de l'escalier et avant de redescendre, mon compagnon me passe la consigne : « Doucement, doucement ! rien ne presse ! » C'est comme en France : mêmes habitudes sous l'empire des mêmes conditions objectives de travail.

Il n'y a pas deux heures que je travaille ; le patron me fait appeler : « Vous allez être obligé de partir « immédiatement. Mes ouvriers m'ont mis en demeure « de vous renvoyer. Dès votre arrivée, ce matin, « leurs délégués sont venus me trouver : ils m'ont « rappelé qu'à la dernière grève ils m'avaient fait « promettre de n'embaucher d'ouvriers, étrangers « au personnel alors employé, que lorsque tout ce « personnel, dont une partie pendant la grève avait « trouvé du travail ailleurs pour un temps déter- « miné, aurait achevé ces engagements et repris sa « place ici. Ces réintégrations n'étant pas encore « toutes effectuées, je n'ai pu justifier votre présence « chez moi et vous ne pouvez y rester plus long- « temps. »

On constate l'action efficace d'une forte organisation ouvrière et l'on saisit le jeu du contrat collectif.

Les ouvriers ne tireront d'une organisation puissante tout le profit qu'elle comporte que le jour où ils l'emploieront à créer l'œuvre durable de la propriété collective du métier avec ses conséquences : l'éducation professionnelle, l'assistance effective des associés dans les accidents, la maladie et la vieillesse, la coopération financière aux entreprises professionnelles. « A Barcelone, me dit mon logeur, « tous les ouvriers teinturiers sont syndiqués et « acquittent régulièrement leurs cotisations ; celui « qui ne la paie pas est exclu du syndicat et ne peut « plus trouver de travail. » L'organisation ouvrière espagnole apparaît donc dans certains cas comme très supérieure à l'organisation ouvrière française qui n'existe le plus souvent que sur le papier.

B) Dans la Cité. — Teinturiers sur écheveaux de laine

A la suite de l'échec, dans un faubourg aussi révolutionnaire que Clot, d'une première expérience, j'entreprends d'en tenter une seconde dans une teinturerie de la Cité. Peut-être serai-je plus heureux, car il existe, à Barcelone, deux syndicats rivaux d'ouvriers teinturiers, celui des teinturiers sur laine et celui des teinturiers sur coton. L'un et l'autre ont également souffert des malversations de divers trésoriers. Econduit par l'un, j'obtiendrai peut-être de l'autr un meilleur traitement.

Tous les ouvriers de cette seconde teinturerie étant également syndiqués et n'admettant que des syndiqués, je me rends rue San Gil, dans un vieux quartier ouvrier voisin de la *Ronda S. Antonio*, chez le marchand de vin où siège le syndicat. Mais là, j'apprends que la *Junta* ne se réunit qu'une fois par quinzaine et que cette réunion n'a précisément pas lieu ce dimanche-ci.

Mon nouveau patron fait travailler de six heures trente à huit heures, de huit heures trente à une heure et de deux heures trente à cinq heures trente ; au total, neuf heures. La journée de neuf heures a été obtenue sous la pression du syndicat, douze ans plus tôt.

J'arrive à l'atelier une dizaine de minutes avant que le travail commence. La plupart des ouvriers sont déjà dans le vestiaire, assis sur des bancs et, en ma présence, obstinément silencieux, affectant de ne me prêter aucune attention. Ils persisteront dans cette attitude jusqu'à ce que je sois inscrit à leur syndicat.

Un coup de sifflet ! Le contre-maître me désigne l'homme avec lequel je dois travailler. Celui-ci me conduit auprès de tréteaux qui supportent les bâtons dans lesquels les écheveaux de laine sont enfilés. Nous les chargeons successivement par paquets sur notre épaule pour les porter à la cuve de teinture. Quand ils y sont tous déposés, baignant dans le liquide, nous les poussons successivement de droite sur gauche à deux ou trois reprises ; puis, nous retournons les écheveaux sur leurs bâtons ; ensuite, nous recommençons à les agiter dans le bain et à les retourner sur leur appui ; enfin, nous les groupons en tas pour qu'ils s'égouttent et nous les transportons sur d'autres tréteaux pour qu'ils sèchent. Un nouveau bain est aussitôt préparé pour d'autres écheveaux pour lesquels la même série d'opérations recommencera. En quelques heures, un étranger est initié à la plupart des manipulations professionnelles ; cet apprentissage rudimentaire rend le métier aisément accessible, d'où absence de sélection du personnel ; d'autre part, la pratique n'exige aucune collaboration de l'intelligence ; il n'est donc pas surprenant que, par leur seul aspect, ces ouvriers teinturiers semblent inférieurs aux ouvriers que je fréquentais à la fabrique de Sans et à l'Atelier de construction mécanique. Néanmoins, si simple qu'elle soit, l'initiation professionnelle n'en reste pas moins nécessaire : les bâtons doivent être chargés d'une certaine manière ; pour agiter les écheveaux dans le bain, il faut que les ouvriers se placent d'une certaine façon et saisissent les bâtons suivant un rythme particulier ; il en est de même pour chaque opération ; l'attitude du corps, la position des mains, le jeu des bras, tout est très minutieusement réglé. « Il y a des raisons pour cela », me dit mon compagnon en rectifiant mes gestes et en m'indiquant comment je dois agir. Ces raisons traduisent l'expérience professionnelle et constituent la tradition du métier. Une tradition n'est pas plus nécessairement mauvaise qu'une innovation n'est nécessairement bonne. Et je constate très vite, en rectifiant mes attitudes et mes gestes, que tout va bien mieux qu'auparavant et qu'ainsi l'expérience collective et traditionnelle du métier a raison, en l'espèce, contre les fantaisies spontanées et les innovations de mon inexpérience.

Mon compagnon me demande presque aussitôt : « Vous êtes depuis longtemps à Barcelone ?... Vous « avez déjà travaillé dans la teinture ?... — Je n'ai « travaillé que dans le sec, pour les écheveaux, et « aussi dans la teinture sur pièces. » Je lui dis mon désir d'être inscrit au syndicat et ma visite inutile, la veille, au siège social. Il répond : « Le secrétaire « du syndicat travaille ici. — Parfait ! A l'*almuerzo*, « désignez-le moi et j'irai lui parler. » Après quelques instants, il s'absente cinq minutes, certainement pour conférer à mon sujet avec le secrétaire et d'autres camarades. Dès son retour : « Vous « n'avez pas apporté de lettre du syndicat fran-

« çais ? me demande-t-il. — Les syndicats français « existent généralement sur le papier plutôt que « dans la réalité. Il n'y en a pas partout et, quand « il y en a, ils comptent, quelques métiers exceptés, « peu de syndiqués. Les Français sont de cœur avec « eux plus que de bourse et en théorie plus qu'en « pratique. — Vous saviez qu'ici nous sommes tous « syndiqués ? — Je l'ai su en arrivant à Barcelone « et j'ai alors demandé l'adresse du syndicat pour « m'y faire inscrire. — Par quelle recommandation « êtes-vous entré ici ? — Tout simplement parce « qu'un Français que je connais m'a recommandé « à votre patron et que celui-ci, qui est Français, a « tenu à aider un compatriote de passage. Il m'a « accueilli pour deux ou trois semaines. Je n'ai du « reste pas l'intention de me fixer en Espagne où « je suis venu — voyage facile pour un célibataire « — par curiosité et pour l'agrément du climat. » Il n'y a pas de doute : sur les indications du secrétaire, il fait une enquête.

On siffle pour l'*almuerzo*. Mon compagnon ne me propose pas de me conduire auprès du secrétaire. Je lui en fais la demande. « Ah ! oui », s'exclame-t-il d'un ton distrait. Et il me le désigne. L'homme est assis dans un coin du vestiaire, mangeant une gamelle de soupe. Je lui raconte ma démarche infructueuse de la veille, au syndicat. Il se borne à me répondre que, demain soir mardi, la Junte se réunira et qu'il lui soumettra ma demande. « Est-ce « que je vous accompagnerai ? — Non. Je vous don- « nerai la réponse ici même, mercredi matin. » Peut-être sera-t-elle négative : mais, outre qu'il est intéressant de voir jouer tout ce mécanisme, c'est pour moi deux jours de gagnés, deux jours que je suis assuré de passer avec eux.

Lorsque je rentre au vestiaire, une demi-heure plus tard, un ouvrier m'aborde : « Vous avez le permis ?... ». « Psst ! » fait aussitôt le secrétaire. L'autre le rejoint ; deux autres se joignent à eux ; ils tiennent un conciliabule à voix basse. L'interpellateur revient ensuite s'asseoir près de moi : « Vous n'étiez « donc pas syndiqué, en France ? — Il y a si peu de « syndiqués ! Volontiers on donne son nom, mais « on refuse son argent. En temps de grève, tout le « monde court au syndicat ; ensuite, tout le monde « s'en va. » L'homme hausse les épaules.

Je reprends mon travail avec mon compagnon du matin. Nous tenons des propos quelconques, sur le temps, sur le prix de la vie en Espagne et en France. Comme tous les Catalans, il est surpris de la cherté de la vie ouvrière en France et mes assertions l'auraient laissé incrédule si un autre ouvrier catalan, qui avait travaillé en France pendant près de deux années, ne lui avait affirmé que la vie y est au moins deux fois plus cher. Mon compagnon me quitte à nouveau, se rend dans la salle voisine où le secrétaire du syndicat travaille et, de retour après quelques minutes, me dit : « Vous ne pourrez pas rester « ici, car il y a beaucoup de chômage en ce mo- « ment et des syndiqués que cette maison emploie « d'habitude se trouvent sans travail. Je ne dis pas « cela parce que vous êtes étranger. Pour un Espa- « gnol, ce serait pareil ! Même pour un Catalan ! « Nous sommes tous des hommes et nous avons le « droit de manger. Mais les associés passent avant « les autres. » Tout cela est parfaitement logique. La solidarité est diverse et, entre les divers ordres de solidarité, il y a hiérarchie : la solidarité des associés passe avant toutes les autres, comme étant l'image de la famille, et la solidarité nationale passe avant la solidarité internationale qui est la plus extensive et par conséquent la plus vague et la plus faible. De plus, ce qui importe par-dessus tout le reste, ce n'est pas que la productivité du métier atteigne son maximum — point de vue de l'économie politique libérale — mais que le métier permette aux hommes de métier de vivre ; et le métier exerce une action bienfaisante lorsqu'il écarte ceux qui l'encombreraient, l'avilieraient et l'empêcheraient de remplir son rôle de nourrisseur d'hommes. Le chômage ne permet vraiment pas d'augmenter le nombre des associés, surtout lorsque le candidat est à la fois étranger au pays et au métier lui-même. Si l'on s'écrie — tyrannie syndicale ! —

je réponds : tyrannie libératrice et bienfaisante puisqu'elle assure la vie de ceux qui s'y soumettent. Le libéralisme économique, qui se dresse contre cette « tyrannie » syndicale, entraîne une autre tyrannie, la plus cruelle de toutes, celle du désordre et de la faim.

Au cours de la matinée, le contre-maître m'envoie travailler avec un autre teinturier. Chez celui-ci comme chez le précédent, comme chez les autres ouvriers que je rencontre dans les salles de travail, presque tous âgés de trente à soixante ans, je ne constate aucune hostilité apparente. Ma conversation avec mon nouveau camarade est cordiale : « Voilà douze ans, me dit-il, que, grâce à notre « syndicat, nous avons la journée de neuf heures ! » Douze ans ! En ce temps-là, en France, on travaillait douze heures, et maintenant encore, dans cette République, on travaille dix heures ! (1) Il ajoute : « Et notre syndicat n'est pas un des meilleurs. Dans « d'autres corps de métiers, dans le bâtiment par « exemple, ils ont la journée de sept heures et la « journée de huit heures, avec de forts salaires. On « a voulu syndiquer les femmes, mais sans succès ; « et elles travaillent dix et onze heures ! Dans les « tissages, dix heures est l'exception, onze heures « est la règle. »

1. Il a fallu la grande perturbation de la guerre pour faire réduire à huit heures la journée de travail.

A une heure de l'après-midi, je vais déjeuner : à la *Casa de comida* voisine, *El Diluvio* traîne sur les tables, à la disposition des clients. J'aperçois dans la rue un vieil ouvrier, à l'aspect minable : il colle un instant sur les vitres un visage creusé et terreux, puis, se décidant à entrer, il va droit à la table la plus proche, où mange un charretier d'une vingtaine d'années, et lui demande un peu de pain. L'autre lui tend tout son pain ; mais le vieux refuse du geste ; il en prend seulement un petit morceau, cueille sur le rebord de l'assiette un os qui y avait été repoussé et s'en va, mangeant.

Réfléchissant aux menus faits de la matinée, je me tenais ces propos : « En somme, qu'est-ce que défendent ces teinturiers syndiqués ? Leur propriété, la propriété de leur travail, propriété professionnelle collective. Si les déclamations contre la propriété ont reçu de la classe ouvrière bon accueil, ce n'est pas parce que les ouvriers sont ennemis-nés de la propriété, mais parce qu'ils sont exclus de la propriété et qu'ils la désirent ; ce n'est pas la propriété qui leur paraît illégitime, mais leur privation de toute propriété. La propriété collective du travail professionnel défendue par le syndicat, comme la propriété collective des capitaux réunis dans une société anonyme, se résout, en réalité, en une participation individuelle à cette propriété : le syndicat réserve aux syndiqués la propriété collective du travail du métier, c'est-à-dire la participation individuelle de chaque ouvrier syndiqué au travail actuel ou possible, c'est-à-dire encore la propriété individuelle d'une certaine quantité de travail et du salaire que cette quantité de travail représente. Parfois, la propriété collective est la meilleure et même la seule garantie de la propriété individuelle. Ce que cherche l'ouvrier, à travers les convulsions d'une société incohérente, c'est une organisation qui lui permettrait, en accédant à la propriété, de garantir sa vie ; et cette organisation, la réalité vivante et vécue l'incline à la chercher là seulement où elle se rencontre, dans le métier. »

A deux heures trente, le travail reprend. Mon compagnon s'étonne que les ouvriers français obtiennent, avec ou sans syndicat, si peu de résultats pratiques. Notre conversation prend ensuite un tour moins sérieux. Mon compagnon de travail en vient vite à parler théâtres, musique, bal et jolies filles : « Barcelone, me dit-il avec une évidente « satisfaction, est la seconde capitale de l'Espagne. » Voilà qui est d'un catalanisme bien modéré. Il me vante la sobriété des Catalans : « Il n'y a pas d'ivro-« gnes parmi nous ; si quelque ouvrier se laisse « aller à boire avec un peu d'excès, c'est un Arago-

« nais ou un Valencien parce que, aussitôt réunis à « la *tienda de vinos*, ils se mettent à chanter en « s'accompagnant de la guitare, ce qui les altère. »

A la fermeture de l'atelier, je m'en vais avec le teinturier qui a travaillé en France : « En France, « remarque-t-il, on est bien plus poli qu'ici ; si vous « achetez seulement pour cinq centimes, on n'omet « jamais de vous dire merci. — Sans doute. Mais ici, « quand vous payez votre repas, on n'omet jamais « de vous dire : qu'il vous profite. Les deux peuples « sont polis, mais ils observent chacun une forme « particulière de politesse. »

Le lendemain, je travaille d'abord avec un teinturier qui estime que « le président de la République « française coûte moins cher à la France que le roi « d'Espagne et l'empereur d'Allemagne à leur pays » ; puis avec le secrétaire du syndicat. Pendant un certain temps, il besogne en silence. Alors, je lui demande : « Combien y a-t-il d'ouvriers teinturiers « à Barcelone ? — Près de mille, tous syndiqués et « répartis entre deux syndicats. Dans les villes « environnantes, ils sont plus nombreux et tous « également syndiqués. En venant à Barcelone, « vous ne saviez pas que tous les ouvriers étaient « syndiqués ? — Du tout. Ni même qu'il y eût un syn- « dicat des teinturiers. — Comment se fait-il que vous « soyiez venu demander du travail dans cette mai- « son-ci ? — Parce que j'avais une recommandation

« pour le patron. — Et vous n'en aviez pas de votre « syndicat pour nous? — En France, il n'y a pas de « syndicat partout où il y a des teinturiers et, lors- « qu'il y en a, on y compte généralement peu de « syndiqués. — Vous êtes vraiment en retard, en « France. Et vous avez la République !... Dans « toute l'Espagne, tous les ouvriers teinturiers sont « syndiqués. Et quel est, à votre avis, le meilleur « régime de travail, le nôtre ou le vôtre? — Le régime « espagnol! c'est clair! » Comme je l'ai déjà noté, les teinturiers espagnols, depuis douze ans, travaillent neuf heures par jour pour quatre pesetas, tandis que les teinturiers français, depuis dix ans seulement, travaillent dix heures pour le même prix et parfois même, malgré la loi, onze heures. On sait (1), du reste, que l'application de la loi de dix heures a provoqué la grève des tisseurs de Roanne à qui elle imposait un régime dont ils ne voulaient pas. Le métier est donc apte à légiférer pour le métier et le Parlement est aussi inhabile à traiter de ces matières que de toutes les autres, publiques ou privées, donc il s'occupe. Le corps professionnel peut seul agir avec compétence, mais à la condition de grouper tous les professionnels, employeurs comme salariés. Il est conforme à la nature des choses que les intérêts du métier soient

1. V. *La vie ouvrière*.

réglés par le métier et que tous les gens du métier soient saisis par lui. Vouloir pour eux la liberté de s'associer ou de ne pas s'associer, c'est décréter l'impuissance des associations qui se constituent. L'exemple de ces ouvriers teinturiers espagnols met en évidence tout le profit que leur a valu leur organisation : non-seulement leur régime de travail est meilleur, mais le travail fourni est meilleur puisque le syndicat élimine de la profession les non-professionnels ; son action ségrégeante a pour effet d'élever le niveau professionnel ; les patrons et les consommateurs y trouvent ainsi leur avantage.

Le filtrage que le syndicat exerce assure, en outre, plus de justice puisque, en temps de chômage, il réserve le travail disponible aux ouvriers les plus anciens qui sont à la fois les plus besogneux (charges de famille) et les plus expérimentés. Enfin, le syndicat est un régulateur de la profession, un stabilisateur : or, l'industrie redoute tout particulièrement les à-coups et les perturbations économiques qu'il entraînent. Pour protéger contre ce trouble un des éléments essentiels de la production, qui est le capital, les patrons ont imaginé les syndicats patronaux et les confédérations de syndicats capitalistes appelés trusts. Mais l'autre élément essentiel de la production, le travail, n'offre pas et n'offrira jamais la même garantie tant que les organisations professionnelles et interprofessionnelles, n'auront pas englobé tous les travailleurs.

Pendant tout l'après-midi, je travaille encore avec le secrétaire du syndicat et, nous penchant au-dessus de la cuve où la laine trempe dans un bain de couleur bleu-ciel, nous échangerons les propos suivants : « Il y a, lui dis-je, en France, depuis « quelques années, un mouvement purement syndi- « caliste qui lutte contre le socialisme parlementaire, « mais qui se heurte à la coalition de toutes les puis- « sances de l'Etat ; les syndicats qui réussissent à « vivre sont surtout ceux dont les dirigeants obéis- « sent aux suggestions gouvernementales ; les grèves « qui réussissent sont généralement celles que le « gouvernement a secrètement suscitées ou favori- « sées dans un but purement politique. — Tant que « vous agirez ainsi, me répond le secrétaire, vous « n'arriverez à rien. Vous aurez des Combes, des « Briand, qui se serviront de vous. Les députés ne « veulent rien de plus que votre vote... — Oui, « interrompt un voisin qui nous a entendus ; avant « l'élection, ils promettent la lune et, après, ils « montrent leur derrière. — Nous ne voulons pas « de députés pour traiter de nos affaires, pour- « suit le secrétaire du syndicat, d'abord parce « qu'ils n'y entendent rien, ensuite parce qu'ils « ne s'en occupent pas en vue de nos intérêts, « mais en vue des leurs ; nos intérêts s'ils les

« connaissaient, leur demeureraient indifférents. « Ils ne songent qu'à... — Leur industrie électo- « rale ! — Cela même. C'est le cas, à Barcelone, de « Lerroux. Il s'était dit syndicaliste au commen- « cement. Mais ensuite nous avons vu qu'il nous « trompait. La Maison du Peuple n'est pas une « institution sociale, mais une institution politique. « Nous ne supportons plus qu'aucun député inter- « vienne dans nos questions professionnelles. Si nous « avions attendu une loi pour régler notre régime « du travail, nous resterions encore actuellement à « l'atelier douze heures par jour et pour cinquante « sous. Un peu plus, un peu moins, tous les métiers « sont organisés, en Espagne. Vous êtes vraiment « très en retard, vous autres Français. Nous som- « mes pour vous une leçon, un exemple. Et vous « avez la République ! Et c'est vous qui avez fait la « Révolution ! » C'est bien pour cela que nous som- mes « très en retard » : la Révolution française à ravi à la classe ouvrière les libertés organisatrices qui étaient son bien et qu'elle cherche éperdu- ment à reconquérir. « Notre situation s'explique, « répliquè-je. Voilà cent ans que nous sommes dans « la main des professionnels de la politique et des « théoriciens. Ceux-ci nous ont imprégnés de rêveries ; « ceux-là ont exploité notre ignorance et nos illu- « sions ; nous avons cru que le salut nous viendrait « de l'Etat ; nous nous sommes habitués à l'attendre

« des hommes qui représentent l'Etat... — Des politi-
« ciens ! interrompt-il, méprisant. Par eux, vous
« serez toujours trompés. — Nous ne faisons que com-
« mencer à nous en apercevoir. Toute notre éduca-
« tion est à refaire sur ce point. — Et elle sera difficile
« et longue à refaire, car vous aurez à chasser de
« très vieux préjugés, très tenaces... » Ayant ajouté
un peu de teinture bleue au bain où avaient plongé
les écheveaux, il reprend : « Voilà sept ans que je fais
« partie de la junte. Savez-vous quel est notre rôle ?
« Nous exerçons sur tous les associés une surveil-
« lance disciplinaire ; si l'un d'eux ne va pas bien,
« nous l'avertissons : tu ne vas pas bien ! Et s'il
« continue d'aller mal, nous l'excluons du métier.
« Parce que je fais partie de la junte, je n'échappe
« pas à ce contrôle ; n'importe qui peut également
« me dire, si je ne vais pas bien : tu ne vas pas bien ;
« change ou prends garde ! — Vous devez ainsi main-
« tenir parmi les ouvriers un bon niveau profes-
« sionnel ? — Assurément. Vous pourrez, de retour en
« France, nous donner comme un exemple à suivre. »
Et presque aussitôt, avec un peu de tristesse : « Com-
« ment sont donc accueillis les ouvriers espagnols
« par les ouvriers français ? — J'en ai vu plusieurs,
« toujours très bien accueillis. — Cependant, des
« camarades qui ont été à Montpellier m'ont dit
« avoir été très mal reçus. — Cela peut dépendre des
« localités ou des provinces, car il en est où l'on

« reçoit mal, non seulement les étrangers, mais « même les Français d'une autre province. » Et, me conduisant à un bain chloré où nous devons laver des écheveaux : « L'ouvrier catalan, dit-il, est le meilleur « de toute l'Espagne, le plus travailleur, le plus intel- « ligent, le plus propre. L'Aragonais a la tête dure, « le Castillan n'aime pas le travail, l'Andalou ne « songe qu'au plaisir, le Gallego est malpropre. » Puis, brusquement : « Depuis le procès Dreyfus, « la France ne m'a plus paru qu'une ordure. » Le Catalan ne repousse Lerroux que pour accepter Ferrer : la violence du premier lui paraît trop modérée et il fuit le mal pour se jeter dans le pire. Il n'est pas près de comprendre que l'ordure, c'est le dreyfusisme, et que l'ouvrier catalan est prisonnier d'une criminelle conjuration internationale.

Glacées par l'eau froide après avoir été brûlées par l'eau bouillante, puis piquées par l'eau chlorée et colorées par toutes les teintures, nos mains doivent s'accommoder de toutes ces sauces. Quand la vapeur monte du bain brûlant, nous chauffe le visage et le corps, nous sentons en même temps la douche d'air froid que nous jettent les fenêtres laissées ouvertes pour balayer ce brouillard. Quelques-uns des ouvriers toussent ; deux d'entre eux sont phtisiques. Ce sont les risques du métier que les plus robustes affrontent sans inconvénient. De lourds sabots protègent nos pieds contre les jets d'eau froide ou d'eau bouillante qui s'échappent de temps à autre des bassins.

Un quart d'heure avant la sortie, l'employé de bureau m'invite à venir parler au patron lorsque je m'en irai. Quelques minutes plus tard, le secrétaire du syndicat me dit : « Demain, une demi-douzaine « d'ouvriers devront chômer et déjà près de la moi« tié des teinturiers chômaient ! — S'il en est ainsi, « répliquè-je, il me paraît que je dois m'abstenir de « revenir demain. Un ouvrier du pays doit, en toute « justice, être préféré, pour le travail du pays, à un « ouvrier étranger. » Il me répond très doucement, presque timidement : « S'il ne s'agissait que d'ou« vriers étrangers ! Mais ceux qui chôment, ce sont « plus que des ouvriers du pays, ce sont de vieux « ouvriers de la maison ! — Le patron m'a fait pré« venir de l'aller voir en sortant ; sans doute m'avi« sera-t-il de n'avoir pas à revenir demain. Déjà, « en raison de l'insuffisance actuelle de travail, il ne « m'avait accepté chez lui que pour peu de temps, « une quinzaine de jours. En outre, ce soir, à la « junte, vous examinerez mon cas et je ferai ce que « vous me direz de faire. C'est le seul moyen de ré« gler équitablement les affaires qui intéressent le « métier. » Il me remercie d'un sourire.

Peu après, le patron me disait en effet qu'il n'y aurait pas de travail pour moi le lendemain, mais qu'il pourrait se faire qu'il y eût, l'un des jours suivants, assez d'ouvrage pour m'occuper. Le travail est fort irrégulier au cours des périodes de morte-saison : à la fin de la journée, lorsque la voiture du patron a terminé sa tournée quotidienne chez les fournisseurs, elle peut ne pas rapporter d'écheveaux de laine à teindre, ou seulement une petite quantité d'écheveaux, ou au contraire une grande quantité et, dans ce dernier cas, il faudra, le lendemain, faire travailler tous les chômeurs. Aussi ceux-ci viennent-ils, chaque soir, demander dans les teintureries si l'on aura besoin d'eux pour le jour suivant.

Le lendemain soir, à l'heure de sortie de l'atelier, je viens donc, à la mode des teinturiers chômeurs, demander si l'on a besoin de moi. Le secrétaire du syndicat m'apprend que la junte m'autorise à me faire inscrire au syndicat le dimanche suivant, mais ne me permet de travailler que si les plus anciens ouvriers ont également de l'ouvrage ; il ajoute qu'il y a des chances pour que, le surlendemain, l'atelier me réclame, des commandes nombreuses et pressées étant attendues pour ce jour-là. Il me prévient que la cotisation des syndiqués est de quinze centimes par semaine ; mais le nouvel inscrit doit payer un droit d'entrée de dix pesetas ; il peut l'acquitter par acomptes, à raison de une peseta par semaine de travail et de cinquante centimes par semaine au cours de laquelle il n'a travaillé que trois jours.

Le surlendemain, je ne suis pas plus heureux dans ma nouvelle démarche : les commandes espérées n'ont pas été reçues. Le contre-maître, m'en ayant avisé, ajoute : « La règle syndicale qui ré« serve, en temps de chômage, le travail disponible « aux ouvriers les plus anciens dans la maison, « offre l'inconvénient d'exclure les plus habiles qui « peuvent n'être pas les plus anciens et elle rend « indifférent à bien accomplir leur tâche ceux qui « se sentent assurés, par cette règle, de ne pas « chômer. » Sans doute, mais rien n'est dépourvu de quelque inconvénient. La règle de la préférence donnée au plus habile n'échapperait pas à l'inconvénient signalé : assuré d'avoir toujours du travail, le plus habile déploierait moins d'habileté ; en outre, le choix d'après le degré d'habileté donnerait lieu à des difficultés d'appréciation auxquelles échappe le choix d'après l'ancienneté.

Enfin, le vendredi soir, j'apprends qu'il y aura du travail pour moi le lendemain, ce qui me fera une semaine de trois jours.

Toute la journée du samedi, je travaille avec un vieil ouvrier taciturne, Catalan ne connaissant d'ailleurs que très peu la langue castillane. Pendant plusieurs heures, nous décolorons au chlore des écheveaux mal teints : les vapeurs de chlore nous irritent les bronches et les yeux. Derrière moi, penché sur une autre « barque », un autre vieil ouvrier qui fait partie de la junte du syndicat chante, en travaillant, la *Marseillaise*. Un autre teinturier, d'une trentaine d'années, me dit, à propos des menaces de guerre que l'on sent peser sur l'Europe(1) : « Si l'Espagne devait faire la guerre, ce n'est pas « moi qui prendrais un fusil ! » (Je suis convaincu qu'il n'hésiterait pas une seconde s'il s'agissait d'une guerre civile !) Un autre teinturier, âgé d'une quarantaine d'années et qui, pendant quelque temps, travaille près de moi, me parle longuement des courses de taureaux, de celle qui doit avoir lieu demain, de celle qui a eu lieu le dimanche précédent, des *toreadores* tués ou blessés dans les récentes courses données en d'autres villes : « Le « lendemain de la course, on vend dans les bouche« ries la viande des taureaux tués. Elle est excel« lente. J'aime beaucoup en manger. » Un autre teinturier me déclare : « Nous sommes Catalans, « mais nous formons avec les autres provinces la « nation espagnole ; nous sommes tous de la nation « espagnole. » Cette opinion régionaliste fait un heureux contraste avec les tendances séparatistes de nombreux Catalans.

Au déjeuner, à une *Casa de comida* fréquentée par des ouvriers, je vois entrer un élégant employé de commerce. Il s'assied non loin de moi et se fait

1. Au début de 1913.

servir une soupe grasse et une salade aux olives : entre deux cuillerées de bouillon, il saisit avec le pouce et l'index une ou deux feuilles de salade et une olive qu'il porte à sa bouche en donnant des signes de vive satisfaction. Son repas s'achève par l'habituelle portion de bouilli aux pois chiches : des deux mains il prélève un os et le suce.

Pour dresser un teinturier capable de seconder un ouvrier expérimenté, quelques jours suffisent. Mais ce dernier, pour conduire le travail, doit avoir pratiqué le métier pendant quelques semaines ou quelques mois. De tels ouvriers n'en restent pas moins fort médiocres. Pour faire un habile teinturier, expérimenté et intelligent, un apprentissage sérieux est, de l'avis des patrons, nécessaire. Comme cette préparation professionnelle fait défaut, les bons ouvriers, d'ailleurs formés au hasard de la routine, sont fort rares. Le rôle du patron devient, de ce chef, difficile ; il doit connaître pratiquement l'art d'obtenir de bonnes couleurs ou nuances et conformes à l'échantillon. Ce résultat ne peut être obtenu, m'assure le patron, avec une certitude scientifique : pour l'atteindre, il faut acquérir un véritable instinct, une sorte de flair subtil dû tout à la fois à des aptitudes naturelles et à une grande expérience. Les contremaîtres doivent apporter au patron, à ce point de vue, une collaboration active et intelligente.

Au vestiaire, mes compagnons, d'ordinaire plutôt taciturnes, se montrent loquaces, exubérants, joyeux : c'est samedi ! Ils rient, ils chantent. Ces hommes de trente à soixante ans semblent des écoliers sur le point de partir en vacances.

Le dimanche matin, je me rends au petit café, siège social du syndicat des teinturiers. Deux autres syndicats s'y réunissent également. Le patron reçoit en dépôt leurs livres et leurs cachets. Les juntes se réunissent dans la salle commune. De dix heures à midi, cette salle est pleine de syndiqués : personne, d'ailleurs, ne prend la moindre consommation. Les juntes vérifient le paiement des cotisations et le constatent par apposition d'un timbre humide sur le carnet de chaque associé. Les contremaîtres sont admis dans les syndicats, mais exclus des juntes. Je reçois quittance de mon droit d'ent[illegible] et de ma cotisation de la première semaine. Le président m'avertit que je devrai toujours agir conformément aux décisions du syndi[illegible]t. Ainsi est une fois de plus administrée la preuve que l'autorité constitue un élément essentiel de la vie sociale : conservateurs, réformateurs, révolutionnaires, tous ont recours à une certaine discipline et font usage de la coercition.

L'atelier de teinture ne me donne pas de travail le lendemain lundi, mais le mardi et les jours suivants. Un de mes compagnons de travail me vante à nouveau la sobriété catalane : « En Catalogne, « l'homme qui s'enivre perd toute considération. Ils « sont d'ailleurs bien rares, les ivrognes... Quant à « la sécurité, à Barcelone, elle est parfaite : il y a « peu de voleurs ou de voyous : on peut se prome- « ner, la nuit, n'importe où, sans crainte ; il est rare « de lire sur les journaux des récits de rixes ou de « vols. — Combien de temps dure votre service « militaire ? — Légalement, trois ans ; mais on ren- « voie toujours les soldats au bout de vingt-six à « trente mois. La garde civile (1), on ne peut plus « la voir, depuis toutes les barbaries qu'elle a com- « mises pendant la semaine sanglante ! Ceux qui en- « trent là-dedans ou dans la police, ce sont les pa- « resseux. — Est-ce qu'il se publie, à Barcelone, un « journal syndicaliste ? — Mais oui ! — Comment « s'appelle-t-il ? — Ah ! je ne sais plus, j'ai oublié... » Et il me parle longuement des courses de taureaux, des théâtres, de la musique. Il me dit avec orgueil : « La nouvelle *Plaza de toros* peut contenir trente « mille personnes ! Nulle part, en Espagne, il n'y en « a d'aussi grande. Il faut la voir, pleine de monde, « avec les dames en *manilles* (2) et des fleurs dans « les cheveux !... » Mais il préfère encore la musique aux courses de taureaux : « Rien qu'au *Parallèle*, « outre deux théâtres de comédie, il y en a trois

1. Gendarmerie.
2. Châles de soie brodés de fleurs.

« d'opéra-comique ! Mais le meilleur de tous les « théâtres est celui du *Liceo* sur la *Rambla*. — Vous « y allez quelquefois ? — Mais oui ! »

Un autre teinturier, travaillant près de moi, me parle des prochaines courses de taureaux. Le goût des distractions est étonnamment développé dans ce peuple : courses, théâtres, musiques, cinémas, tout cela trouve sans cesse une clientèle avide et toujours renouvelée. Les quartiers populaires du *Parallèle* ont un air de fête perpétuel. Le théâtre *Soriano* offre des places à trente centimes le dimanche, à dix centimes les autres jours. Un dimanche où l'on y donne un opéra-comique, je trouve une salle absolument comble : nombre de spectateurs doivent rester debout dans les couloirs. C'est un public exclusivement populaire. Il paraît captivé par tout ce qu'il entend et voit. De temps à autre, il éclate en vifs applaudissements ; des danses andalouses déchaînent son enthousiasme. Les moindres plaisanteries le soulèvent en un rire général. Un décor brillant de lumière, tout plein de couleurs gaies, lui tire des exclamations de joie. Il vibre à toutes les phases du spectacle. Les dialogues des acteurs sont brefs ; les morceaux chantés sont de courte durée ; les danses s'achèvent assez vite. La pièce n'est qu'une succession d'images vives, de tableaux changeants et hauts en couleur. Les danses s'agrémentent d'un jeu des hanches, du ventre et de la croupe qui trahit l'influence immédiate de l'Orient. La réaction du public n'est jamais en retard sur l'excitation : elle lui est parfaitement synchrone ; les rires fusent en même temps qu'est prononcée la répartie destinée à les provoquer et il suffit d'un rien pour les provoquer. Un jeudi, à quatre heures de l'après-midi, la salle *Soriano* est pleine aux deux tiers ; tous les spectateurs sont des ouvriers. On donne une comédie, mais avec un orchestre, quelques chœurs, duos et soli, et quelques danses. Les scènes sont d'une brièveté déconcertante, se succèdent presque à la façon d'une série de clichés cinématographiques.

Le même jour, à cinq heures, le *Théâtre espagnol* dans le voisinage, donne une tragi-comédie médiévale ; les dernières places coûtent trente centimes. Il y a très peu de monde, à peine le quart de la salle, et la moitié des spectateurs appartient à la petite bourgeoisie. Le rideau tardant à se lever, le public manifeste son impatience par des salves d'applaudissements ironiques.

Le *Théâtre lyrique*, dans le même quartier, joue un drame historique sur Marie-Antoinette. C'est un dimanche. La représentation du soir commence à neuf heures trente. La salle est à moitié pleine d'un public presque exclusivement ouvrier. Le prix des dernières places, où il faut rester debout, est de vingt centimes.

Le même soir, le *Teatro comico* (Opéra-Comique) donne sa troisième représentation de la journée ; la salle est pleine, aux deux tiers, de spectateurs appartenant à la classe ouvrière.

Les cafés-concerts obtiennent plus de succès. En France, on y cultive le très décolleté. Ici, naturellement, il y eût surenchère : les femmes finirent par montrer ce qu'elles avaient sous leur dernière chemise. Le succès fut extraordinaire. Ces spectacles étaient annoncés sur les affiches par la formule : « Spectacles verts ». Finalement, ces exhibitions ont été interdites. L'Espagne exagère toujours. Cet exemple indique ce que deviendrait la morale publique et privée si le magistère de l'Eglise cessait quelque jour d'inspirer encore l'action disciplinaire du pouvoir civil, autrement dit si la politique laïque, c'est-à-dire païenne, importée de France, se déchaînait complètement en Espagne. Or, toute l'activité des hautes sphères politiques libérales comme des basses couches politiciennes y prépare.

Le *cine*, à prix égal, recueille toutes les faveurs populaires. Certains cinématographes de ce quartier ouvrier font salle comble même au cours de la semaine et avant que la journée de travail soit achevée. Le plus bas prix est de dix centimes. Un jeudi, à cinq heures trente, dans un premier ciné, au voisinage de San Pablo, les spectateurs, exclusivement ouvriers, sont si nombreux que beaucoup sont obligés de rester debout dans les couloirs : l'écran leur montre une série de faits divers d'actualité, nationaux ou étrangers, fêtes ou catastrophes, qui se succèdent au milieu des commentaires du public, dans un grand et continuel murmure de voix. A six heures, dans un deuxième ciné, tout voisin, je trouve encore une salle bondée d'un public ouvrier. Un mercredi, à quatre heures du soir, un troisième ciné du même quartier est à moitié plein d'ouvriers. A huit heures trente, il est empli aux deux tiers. Un vendredi, à six heures du soir, la salle est pleine de familles ouvrières Un samedi, à six heures, même affluence. Un lundi, à quatre heures du soir, le ciné de la *Ronda S. Antonio*, près du marché, déborde d'ouvriers et de leurs familles. Un jeudi, à huit heures du soir, au cinéma de l'Arc de triomphe, près S. Pedro, la salle est à moitié pleine d'ouvriers et d'artisans : bonne tenue, attitude sérieuse, figures réfléchies. Aux moments pathétiques, un murmure d'émotion parcourt l'assemblée ; on perçoit quelques exclamations étouffées ; si le dénouement est heureux, c'est un bruit confus d'exclamations joyeuses. Les sujets des films sont invraisemblables et peu moraux : la naissance d'un enfant illégitime assure le mariage d'une jeune ouvrière et d'un noble, jeune, riche et doué de toutes les qualités du cœur et de l'esprit ; une héritière s'éprend de son palefrenier et, après diverses péripéties dramatiques, l'épouse.

Ainsi se fausse la conscience morale et s'altère le jugement des classes populaires.

Dans toutes les salles de spectacle et tous les cinés, ce public ouvrier garde toujours une tenue très correcte, bien différente de l'attitude souvent peu convenable des spectateurs ouvriers français. Dans les cinés, à l'apparition, sur l'écran, des légendes explicatives, un grand brouhaha s'élève, tout le monde se mettant à lire à mi-voix. Les films prodiguent les scènes amoureuses ; les attitudes érotiques accentuées y sont très fréquentes. Or, il n'est rien qui tende davantage à se reproduire que le geste perçu ; rien n'a plus de force déterminante qu'une image vivante et lumineuse ; elle s'emmagasine avec le maximum de tendance à se reproduire. Ainsi, bien que je ne regarde l'écran que d'une façon superficielle, distraite et intermittente, étant préoccupé par l'examen du public, cependant, le lendemain, les images ainsi perçues me reviennent en mémoire avec toute l'intensité de leur vivant relief. Il est pourtant certain que j'ai présenté le minimum d'impressionnabilité. On se rend compte ainsi de la force de suggestion physique et psychique de ces représentations sur des enfants et des jeunes gens, alors surtout que ces images sont si fréquemment chargées de leçons licencieuses. Le dimanche et les jours ouvrables, pendant des heures, l'après-midi et le soir, les nombreux cinés des quartiers populaires versent dans l'âme de cette population fermentescible une masse d'images éminemment troublantes.

Cette abondance de spectacles populaires et leur très grand et continuel succès attestent le besoin de vie extérieure et d'extériorisation des sentiments qui est une dominante du caractère espagnol partout retrouvée, dans sa vie privée, sa vie publique, sa vie religieuse et politique, dans ses plaisirs, dans ses deuils, dans ses colères. Violence des sentiments, excès dans leurs manifestations. extériorisation constante : voilà ce que nous constatons sans cesse.

Penchés sur les « barques », les teinturiers aperçoivent en imagination, à travers les vapeurs qui emplissent l'atelier, les séductions des spectacles du quartier du *Parallèle* : les joies matérielles ne subissent plus dans leurs âmes l'action réductrice des images spirituelles, le frein moralisateur des suggestions d'ordre surnaturel. Livrés sans mesure à leurs sens exaltés par l'exclusif attrait des passions inférieures, ils oscillent entre deux pôles, la joie sensuelle et la Révolution : de celle-ci ils attendent celle-là, la grande orgie dans la violence et dans le sang. Et cependant, soumis à une discipline morale supérieure, de quel progrès véritable les bonnes tendances de leur nature ne les rendraient-elles pas susceptibles ? Ils répugnent à l'ivrognerie, ils goûtent la musique, ils aiment les lignes harmonieuses du paysage où s'élargit leur belle ville ornée de palais et d'églises. Le teinturier qui a vécu en France me dit que cela le dégoûtait d'y voir autant d'ivrognes : « Même des femmes !... Mes camarades d'ate-« lier ont cherché bien des fois à me saouler. Je sais « tout de même reconnaître quand je n'ai plus « besoin de boire ! A quoi bon boire, lorsqu'on n'a « plus soif? » Mais à un certain point de vue, un seul, il préfère la France à l'Espagne : « On y trouve, dit-« il, plus de débauche qu'ici. » Un autre ouvrier me vante la beauté de Barcelone, « la capitale », comme il l'appelle ; il m'énumère les grands hôtels, le prix des terrains de la Place de Catalogne, les millions donnés pour la construction de la basilique de la Sainte Famille et de la flèche de la cathédrale. « Mais la « basilique n'avance pas parce que, vous comprenez, « avec tous ces millions, il y a du pillage ; la flèche « de la cathédrale a également permis à bien des « gens de mettre dans leurs poches une partie de « l'argent donné. »

Un autre jour, le teinturier avec lequel je fais tâche commune s'enorgueillit du « progrès » des idées : « A Barcelone, nous sommes plus en avance « que dans le reste de l'Espagne. »

Naturellement, j'entends tous ces teinturiers proférer sans cesse les grossiers blasphèmes qui résonnent dans les rues, les tramways, les *casas de comida*, les cafés, mâchés, remâchés et éructés à tout propos et hors de propos sans que puisse même être invoquée l'excuse de la colère ou simplement de l'impatience.

Peu à peu, une camaraderie de bon aloi s'établit entre les ouvriers de l'atelier et moi : « Un de ces « soirs, me dit l'un d'eux, il faudra que nous allions « ensemble au *Liceo* entendre de la bonne musi- « que. » Et un autre : « Un de ces dimanches, vous « viendrez avec moi à la course de taureaux ? » Le secrétaire du syndicat s'écrie : « J'espère bien que « vous ferez cinq jours de travail, cette semaine ! » Il en paraît tout heureux. Je lui réponds que le patron m'a laissé entendre qu'il ne pourrait me donner du travail pendant plus de trois jours de cette semaine, car il tient à ne pas ajouter au chômage dont souffrent ses collaborateurs ordinaires. « J'es- « père tout de même que si, reprend le secrétaire « du syndicat. Trois jours par semaine, cela fait « douze francs : qu'est ce qu'un homme peut manger « avec douze francs par semaine ? — Sans doute. « Encore est-ce mieux que rien ; cela me permettra « d'attendre la fin, qui ne peut tarder, de cette morte « saison. » Comme je travaille avec lui, il me raconte qu'il ne paie pas plus de treize pesetas par mois pour se loger : « J'ai une cuisine, une salle à man- « ger, deux chambres et une terrasse, au centre de « Gracia, près du tramway, des marchés, des théâ- « tres et des cinés. Et il existe des logements avec « trois chambres pour un douro par mois ! » Je lui parle de la cherté de la vie en France, de l'élévation du prix des loyers ouvriers dans les grandes villes, de l'hostilité que le gouvernement témoigne aux syndicalistes : « Mais alors, s'écrie-t-il, vous avez « une République monarchique ! » République reste pour eux synonyme de toutes les libertés et de toutes les prospérités ; monarchie signifie l'inverse. L'imagination des Français, en 1848, leur ouvrait sur la République les mêmes perspectives enchanteresses. Ces pauvres Catalans ignorent tout de l'histoire réelle de nos trois Républiques et de l'histoire, toute récente, du Portugal dont la République s'est empressée, après avoir jeté les curés en prison, d'y envoyer aussitôt les chefs syndicalistes. Un teinturier s'approche de la « barque » où nous travaillons : « On parle, chez vous, de rétablir le « service de trois ans ? — Mais oui. Et nous devons, « en tout, vingt-sept années de service. — Nous « autres seulement douze ! » Et ils envient la France ! Et ils se la proposent, les uns aux autres, comme le modèle à imiter ! Le secrétaire du syndicat reprend : « Nous avons fait la guerre au Maroc, « nous autres ! — Eh bien ! et les Français donc, « ne la font-ils pas, et bien davantage ? — Si, mais « vous ne faites que la guerre, la guerre toute sim- « ple, tandis que nous, nous faisons la guerre sainte ! » Il en est tout marri. Cette répugnante sottise reste le lien commun de toutes les feuilles anticléricales d'Espagne : d'où cet état de l'opinion qui distingue entre la guerre sainte, c'est-à-dire la guerre faite pour le triomphe d'une civilisation supérieure, et la guerre de conquête, et qui, cette distinction faite, place la seconde au-dessus de la première. Quelle perversion du jugement !

Le teinturier qui a travaillé en France revient encore sur la triste impression que lui a causée le spectacle de l'ivrognerie qui règne dans la classe ouvrière : « Ils s'enivrent pour le plaisir de s'enivrer « et tout leur sert de prétexte, un enterrement comme « un mariage, noyer leur tristesse ou exalter leur « joie ; qu'il leur arrive des parents ou des amis, ils « s'enivrent, et, quand ils n'ont aucun prétexte, ils « se saoûlent tout de même ! »

Pendant que je fais sécher quelques fils d'un écheveau qui a passé au bain de couleur — ce séchage, après l'avivage par lavage à l'eau froide, ayant pour but de permettre de contrôler par rapport à l'échantillon le degré de teinture obtenu — je me trouve auprès d'un jeune teinturier d'environ vingt-cinq ans, occupé à la même opération. Et il me dit, avec une vive irritation : « C'est incroyable, « ce chômage ! Les bourgeois ne s'occupent pas, « cette année, de nous donner du travail ! Ils nous « en donnaient bien, l'année dernière ! Ah ! on n'a- « vait pas le temps de ne rien faire ! — Il y a peut- « être une crise dans les tissages, provoquée par la

« concurrence étrangère ? » A cette question, il reste bouche bée, sans y rien comprendre. Le travail lui apparaît comme un don arbitraire des bourgeois qui s'amusent à l'offrir ou à ne pas l'offrir suivant leur caprice du moment. Dans un métier organisé, qui donnerait l'enseignement du métier, de ses conditions objectives, des lois de son développement, des causes de prospérité, de crise et de décadence et, par suite, des lois générales de l'économie politique, cette ignorance épaisse et dangereuse deviendrait impossible. Dépourvue de toute culture professionnelle, l'intelligence du travailleur manuel subit l'abrutissement progressif de la tâche matérielle de chaque jour : passer toute sa vie à faire glisser sur le bord des barques des bâtons chargés d'écheveaux et à retourner ceux-ci, voilà qui ne développe ni n'enrichit l'intelligence. Ces teinturiers, en raison de la simplicité de leur tâche appartiennent à une catégorie inférieure de la classe ouvrière.

Leur bon sens naturel les a cependant mis sur le chemin des réalités : ils ont compris les nécessités fondamentales de la profession, que résume l'idée d'association, et ils ont doté leur métier d'une organisation embryonnaire. Mais ils ne vont pas plus loin et même, à peine engagés dans cette voie, rencontrent le Tentateur qui les séduit par l'idée mensongère de la conquête immédiate et violente d'un Paradis terrestre : et les voilà jetés sur le chemin de l'abîme.

A la *casa de comida* voisine, pendant le repas, un petit homme entre, le sourire aux lèvres et une Bible au bout du bras tendu. Il va de table en table : « Voulez-vous acheter une Bible ? » Il sourit. Personne n'achète. Mais il tire de sa poche des feuilles volantes qu'il distribue — « *Vie et liberté* », « *Le semeur* » — où le curieux peut lire des propos qui ressemblent à un écho affaibli et altéré des prédicateurs catholiques : si donc ce curieux est un croyant, qu'a-t-il besoin de cette croyance affadie ? Et s'il ne croit pas, que lui importe ce rappel timide à des vérités qu'il a répudiées ? Toute la vanité de l'effort des marchands de Bibles est là. En marge des feuilles volantes, on lit, apposées au timbre humide, l'adresse de ses boutiques : « Réunions évangé« liques à... à huit heures du soir. » La forte logique espagnole ne s'accommode pas de ces hypocrites compromis : quand elle ne va pas droit à construire, elle va tout net à détruire. Au *Semeur*, *El Diluvio* fait un écho renforcé : le catholicisme est « une institution pseudo-religieuse » qui est cause qu'en Espagne, « nous ne pourrons jamais nous « entendre et qu'il ne sera possible de faire la paix « que par le moyen dont parlait certain chef qui « voulait la réaliser dans une île déserte » (1). Il est

1. *El Diluvio*, chronique du 26 février 1913.

impossible de s'entendre et de faire régner la paix en Espagne, parce qu'elle y est troublée par les doctrines d'*El Diluvio*. La paix serait rétablie en Espagne sitôt que l'on aurait transporté dans le lazaret de quelque île déserte *El Diluvio* et ses amis.

La semaine suivante, chômage complet. Je rencontre un des teinturiers de l'atelier : « Toute une « semaine sans travail ! soupire-t-il. Comment faire ? « Je ne puis plus attendre ! » Le syndicat ne remplit donc pas une de ses fonctions les plus essentielles qui est de secourir les syndiqués chômeurs : il croit avoir tout fait lorsqu'il a préparé une grève en vue d'obtenir une diminution des heures de travail et une augmentation des salaires.

§ 6. — CONCLUSION

Sous le ciel clair et le climat doux de la Catalogne méditerranéenne, la vie semblerait ne pouvoir être que toujours heureuse. Les habitants ont le goût du plaisir, un caractère fier, une âme passionnée, une intelligence vive et portée aux opinions extrêmes ; ils passent rapidement de la croyance à l'action. Voici que le régime industriel établit et étend son empire : aussitôt, le Catalan se rebelle ;

s'il admet le travail, il ne se tient ni pour une bête de somme ni pour un esclave et il ne conçoit pas que le travail ne doive et ne puisse faire vivre celui qui s'y adonne. Ainsi, l'âge de la Science, comme disent emphatiquement les absurdes apologistes d'un scientisme inintelligent et d'une science industrialisée, a ressuscité une dure servitude, amené la souffrance et la révolte, l'une plus ressentie, l'autre plus exaspérée dans ces pays de la vie douce et des âmes ardentes.

A la raffinerie de Badalona, nous ne constatons ni difficultés avec le patron, ni exclusivisme jaloux des ouvriers à l'égard de l'ouvrier étranger : la raison en est dans la discontinuité de la vie de l'usine qui apporte un profit supplémentaire à des ouvriers appartenant à différents métiers ou à des paysans devenus par accident, en qualité de manœuvres, des salariés industriels. Les salariés de cette usine ne prennent pas conscience de rapports permanents avec le patronat ; ils se prêtent momentanément à une entreprise, mais ne lui appartiennent pas ; le profit passager qu'ils en retirent leur suffit à peu près.

A la fabrique d'appareils d'éclairage, nous voyons le conflit conjuré grâce aux initiatives prises par le patron en faveur de son personnel : palliatifs aux difficultés sociales et non solution, la prospérité actuelle de cette industrie en général et de cette maison en particulier, jointe à l'idée que le patron se fait de ses devoirs chrétiens à l'égard de son personnel, ayant permis d'améliorer la condition des trois cents ouvriers qui y travaillent. La réunion de deux causes particulières a créé une situation particulière et privilégiée qui reste instable, ses causes étant instables elles-mêmes.

L'atelier de construction mécanique tente d'échapper aux difficultés par une rigoureuse sélection de son personnel — exclusion des syndiqués ou tout au moins des meneurs, embauchage d'ouvriers habiles — sélection que lui permettent des affaires présentement prospères.

La condition générale de l'industrie est fidèlement représentée par l'état des rapports entre ouvriers et patrons teinturiers : c'est l'état de guerre. Ramassés sur eux-mêmes, les ouvriers commencent par se défendre contre l'intrusion d'hommes étrangers au métier, à Barcelone, à la Catalogne, à l'Espagne.

Le provincialisme et le nationalisme des Catalans vont jusqu'à la xénophobie : les sympathies qu'ils se plaisent parfois à marquer à la France ne sont que l'expression de leur courtoisie envers elle ou une forme de leur hostilité à l'égard des Castillans. Au fond, ils restent très antifrançais et se vantent volontiers entre eux d'avoir, pendant les guerres de Napoléon, tué plus de Français que n'en ont tué tous les autres Espagnols. La Catalogne leur semble arbitrairement partagée entre la France et l'Espagne : un Catalan de France reste pour eux un Catalan comme eux. Le relâchement des liens séculaires que le pouvoir central, des deux côtés des Pyrénées, a réussi à établir entre les différentes provinces, pourrait amener un jour le triomphe du séparatisme et la résurrection des petits Etats du Moyen-âge.

Le provincialisme des Espagnols aurait dû provoquer la création, à Barcelone, de groupements ouvriers par province d'origine. Sans cesse, l'observateur y constate la permanence spontanée des groupes provinciaux : les Valenciens, les Aragonais se recherchent, habitent volontiers dans le même quartier, la même rue, fréquentent les mêmes cafés, s'entr'aident mutuellement. Il convenait de les doter d'une organisation régulière. Des associations provinciales d'assistance et de placement, avec siège social, dortoirs et réfectoires, et entretenant des relations constantes avec les autorités de la province, les chefs des villages des émigrants, eussent rendu les plus grands services aux nouveaux venus et surtout régularisé cette émigration à l'intérieur en la réduisant aux besoins exprimés par la demande de bras, en aidant à faire disparaître l'excès de population flottante dont souffre la Barcelone ouvrière. Rien n'a été tenté dans cette voie.

Les groupements provinciaux et les groupements

professionnels permettraient d'obtenir l'épanouissement rapide des belles qualités naturelles de ce peuple ; les ouvriers catalans, en particulier, sont remarquables par leur grande sobriété, leur aptitude au travail, leur caractère sérieux et réfléchi, leur désir d'étudier et de s'instruire, leur intelligence prompte et accessible au raisonnement.

Mais la population ouvrière de Barcelone offre le spectacle d'une grande masse hétérogène dont la pensée est pénétrée, conduite, maniée par une presse, des conférenciers, des comités qui y diffusent des idées fausses sur l'état de la France, les bienfaits de la République, le bonheur socialiste, et qui font méconnaître les privilèges dont jouit l'Espagne comme l'origine réelle des maux dont elle souffre. Sous l'influence de cette pression violente et continue, les salariés ne peuvent qu'entrer en conflit avec leurs employeurs. A lui seul, d'ailleurs, le capitalisme organisé de la grande industrie, entrant en contact avec cette masse flottante et amorphe, suffisait à amener les mêmes résultats que partout ailleurs, multipliés par le caractère d'une race aisément portée aux solutions et aux résolutions extrêmes. La suppression des disciplines religieuses et sociales traditionnelles, l'invasion des idées étrangères et de leurs organes de propagation et d'action, ont préparé le déchaînement d'une barbarie perfectionnée. Telle est l'œuvre de la Révolution française qui, importée d'Allemagne (1), puis exportée en Espagne, y a détruit les corps sociaux et propagé les idées dissolvantes. La plus extrême liberté règne en cette Espagne que nos libres penseurs nous représentent toujours comme écrasée sous le despotisme sacerdotal : on y peut tout dire, écrire et imprimer. Les convulsions de l'Espagne, sa décadence, sa tendance à la désagrégation, en voilà les effets. Le torrent des mensonges, des erreurs, des apologies de toutes les sottises et de tous les crimes, s'est répandu a travers ce pays, submergeant les intelligences et les volontés, ravageant villes et campagnes de son flot de divisions et de luttes, de haines et de guerres. Cette liberté du mal et du pire est en train de détruire l'Espagne. Et l'Espagne n'est pas seule dans ce cas. Par une inversion propre aux gouvernements libres penseurs, le mal est appelé au privilège de jouir de plus de liberté que le bien : au moment où il allait être assassiné, Canalejas s'apprêtait à apporter aux forces vives de l'anticléricalisme l'appui de l'Etat, à employer le bras séculier pour juguler le catholicisme : sa « *loi du cadenas* » devait limiter, pour les catholiques, le droit de s'associer, d'instruire, de prêcher et d'agir. Le protestantisme, le jacobinisme, la libre pensée ont toujours eu recours à ces pratiques agressives, à cette action violem-

1. Ainsi que Maurras, l'a démontré à maintes reprises.

ment conquérante. La masse de la nation, toute pénétrée de l'idée religieuse et intimement attachée à ses croyances, est broyée comme par deux mâchoires entre le gouvernement libéral, coupable de connivences secrètes ou serf de la peur, et une opinion publique falsifiée ou terrorisée par une minorité bruyante, puissamment organisée, largement soudoyée et toujours prête à faire éclater l'émeute. C'est dans ce but destructeur que la population ouvrière est organisée.

L'éparpillement individualiste des ouvriers, voulu par la Révolution au moment où l'ère de la grande industrie aurait exigé plus que jamais l'existence de puissantes corporations de métiers, a fait place à un regroupement ouvrier qui, sous l'apparence professionnelle, vise exclusivement à préparer, par une Révolution formidable, l'anéantissement de toute civilisation. Ces syndicats et toutes les sociétés révolutionnaires sont abondamment pourvus d'argent : leurs beaux immeubles, leur presse nombreuse, leur propagande coûteuse attestent que les capitaux nécessaires, dont les cotisations hebdomadaires à quinze centimes n'expliquent pas l'origine, leur sont sans cesse fournis. Un des chefs de la Révolution a fondé une banque destinée, à n'en pas douter, à masquer ces mouvements de fonds et leur provenance. Le vieux jacobinisme a donc rendu possible, par le capitalisme, l'asservissement économique des travailleurs et, par le parlementarisme, l'asservissement politique des citoyens. L'un et l'autre permettent aux Juifs de s'insinuer secrètement dans le fonctionnement de la société et d'en assumer la direction occulte. Le collectivisme, qui serait l'universalisation du capitalisme anonyme et du gouvernement anonyme, porterait à sa plus haute perfection le système de l'invisibilité du gouvernement réel masqué par un gouvernement apparent, et de la liberté illusoire masquant une servitude réelle. On comprend que l'Etat juif international pousse de toutes ses forces à la transformation des Etats, déjà pénétrés et à demi-conquis, en vastes Sociétés anonymes qui lui permettraient d'en accaparer la direction. C'est pour les faire servir à la réalisation de cet impérialisme secret que les ouvriers, en proie aux plus folles suggestions, ont été tirés de leur isolement et, non pas réintroduits dans les cadres sociaux des corps de métiers, mais, sous l'étiquette syndicale, mobilisés dans l'armée de la guerre civile. Après le parlementarisme, le syndicalisme révolutionnaire les exploite. Les sociétés secrètes les inspirent. L'argent de la Haute-Finance internationale les soudoie. La libre pensée les réduit au dur esclavage de l'ignorance et de la débauche. Tous les mauvais génies leur soufflent l'illuminisme de la Révolution palingénésique qui entraîne au cataclysme le vieux monde.

TABLE DES MATIÈRES

CONTENUES DANS CE VOLUME

TABLE GÉNÉRALE DES MATIÈRES

Imp. JOUVE et Cie, 15, rue Racine, Paris. — 6066-19

www.ingramcontent.com/pod-product-compliance
Ingram Content Group UK Ltd.
Pitfield, Milton Keynes, MK11 3LW, UK
UKHW021103220726
13924UKWH00005B/2217

9 782019 917845